W0188246

Aus dem Programm Huber:
Psychologie Lehrbuch

Wissenschaftlicher Beirat:
Prof. Dr. Dieter Frey, München
Prof. Dr. Kurt Pawlik, Hamburg
Prof. Dr. Meinrad Perrez, Freiburg (Schweiz)
Prof. Dr. Hans Spada, Freiburg i. Br.

Weitere Werke über Fragen der Evaluation und verwandte Themen beim Verlag Hans Huber:

Jochen Fahrenberg
Psychologische Interpretation
Biographien – Texte – Tests
441 Seiten (ISBN 3-456-83897-2)

Willi Hager / Jean-Luc Patry / Hermann Brezing (Hrsg.)
Evaluation psychologischer Interventionsmaßnahmen
Standards und Kriterien: Ein Handbuch
289 Seiten (ISBN 3-456-83245-1)

Stephan Jeff Rustenbach
Metaanalyse
Eine anwendungsorientierte Einführung
Etwa 500 Seiten (ISBN 3-456-83802-6)

Weitere Informationen über unsere Neuerscheinungen finden Sie im Internet unter:
http://verlag.hanshuber.com oder per E-Mail an: verlag@hanshuber.com

Heinrich Wottawa
Heike Thierau

Lehrbuch Evaluation

3., korrigierte Auflage

Verlag Hans Huber
Bern · Göttingen · Toronto · Seattle

Umschlagbild: Ausschnitt aus dem Triptychon «Das jüngste Gericht» (1443) von Roger van der Weyden (Musée Hôtel-Dieu, Beaune, Burgund). Der Erzengel Michael bei der Durchführung der «ultimativen Evaluation».

Adresse des Erstautors:

Prof. Dr. Heinrich Wottawa
Ruhr-Universität Bochum
Fakultät für Psychologie/Methodenlehre, Diagnostik und Evaluation
D-44780 Bochum
E-mail: Heinrich.Wottawa@rz.ruhr-uni-bochum.de

Lektorat: Dr. Peter Stehlin
Herstellung: Peter E. Wüthrich
Druckvorstufe: Konkordia GmbH, Bühl
Umschlag: Atelier Mühlberg, Basel
Titelillustration: siehe oben
Druck und buchbinderische Verarbeitung: Konkordia GmbH, Bühl
Printed in Germany

Bibliografische Information der Deutschen Bibliothek
Die Deutsche Bibliothek verzeichnet diese Publikation in der Deutschen Nationalbibliografie; detaillierte bibliografische Daten sind im Internet über http://dnb.ddb.de abrufbar.

AUSGESONDERT

23.06.21

Datum   Kurzz.

Dieses Werk, einschließlich aller seiner Teile, ist urheberrechtlich geschützt. Jede Verwertung außerhalb der engen Grenzen des Urheberrechtes ist ohne Zustimmung des Verlages unzulässig und strafbar. Das gilt insbesondere für Vervielfältigungen, Übersetzungen, Mikroverfilmungen sowie die Einspeicherung und Verarbeitung in elektronischen Systemen.

Anregungen und Zuschriften bitte an:
Verlag Hans Huber
Länggass-Strasse 76
CH-3000 Bern 9
Tel: 00 41 (0)31 300 4500
Fax: 00 41 (0)31 300 4593
E-Mail: verlag@hanshuber.com
Internet: http://verlag.hanshuber.com

3. Auflage 2003
©1998 / 2003 by Verlag Hans Huber, Bern
ISBN 3-456-84051-9

1513
Universitäts-
bibliothek
Inventarnr.

Inhaltsverzeichnis

Vorwort zur zweiten Auflage

Seit der ersten Auflage vor acht Jahren haben sich einige für den Evaluationsbereich sehr relevante Veränderungen ergeben, die wir jetzt durch eine entsprechende Textänderung berücksichtigt haben. Die neue Situation in der Evaluation betrifft zum einen die Veränderung des Betrachtungsschwerpunktes. War 1987 noch eine «interne» Sichtweise dominierend, etwa die begriffliche Abgrenzung von «Evaluation», die Unterschiede und Gemeinsamkeiten von Evaluation und Wissenschaft oder die Bemühungen, die Vielzahl der unter dem Evaluationsbegriff laufenden Arbeiten in ein logisch-systematisches Begriffsfeld zu strukturieren, so nehmen heute, in Gleichklang mit der zunehmenden Tendenz zur verstärkten Outputsteuerung in unserer Gesellschaft, die pragmatischen Aspekte (Was bringen Evaluationsstudien? Wie kann man sie so anlegen, daß sie den optimalen Nutzen erbringen?) größeren Raum ein. Eine andere wichtige Veränderung erfolgt im Zusammenhang mit der inzwischen auch in Deutschland großen Verbreitung der Zertifizierung nach DIN EU ISO 9000 ff/2. Diese Norm für das Qualitätsmanagement in Dienstleistungsorganisationen erfordert, neben einer Vielzahl von bürokratisch-organisatorischen Regelungen, die systematische Überprüfung der erbrachten Qualität auch durch bereichsunabhängiges Personal und die Abhaltung regelmäßiger Qualitätsaudits. Im Gegensatz zu dem Qualitätsmanagement von Produktionsunternehmen, bei denen die damit verbundenen Meß-, Design- und Interpretationsfragen eher auf einer physikalisch-technischen Ebene liegen, bedeutet dieses Konzept der Qualitätskontrolle im Dienstleistungsbereich naturgemäß eine erhebliche Herausforderung an psychologische bzw. sozialwissenschaftliche Methodik zur Messung der relevanten Variablen und der sachgerechten Interpretation der Ergebnisse. Auch wenn die historischen Ursprünge der beiden Denkrichtungen «Evaluation» und «Qualitätsmanagement» völlig verschieden sind, und sich auch sehr unterschiedliche Forderungen zum Beispiel bei Untersuchungsdesigns ergeben, erschien es als doch zweckmäßig, im Rahmen dieses Buches zumindest auf die Grundzüge dieses neuen und für einschlägig vorgebildete Personen potentiell interessanten Arbeitsfeldes einzugehen. Diese neuen Entwicklungen machten größere Veränderungen des Textes in den Kapiteln 1, 2, 3 und 5 erforderlich. Darüber hinaus haben wir uns insgesamt bemüht, die Klarheit und didaktische Aufbereitung der Formulierungen zu verbessern, zumindest einen kleinen Teil der zwischenzeitlich neu erschienenen Evaluationsliteratur zu berücksichtigen und die technische Gestaltung der Diagramme, die stark unter den vor acht Jahren noch üblichen technischen Möglichkeiten der Textverarbeitung gelitten hat, zu verbessern. Die Arbeit an dieser Neuauflage wurde wesentlich unterstützt von Frau Eva-Maria Oenning und Herrn Stefan Müller. Wir danken ihnen und allen Kolleginnen und Kollegen sowie allen Studenten, die uns durch Hinweise auf Schwachstellen der 1. Auflage geholfen haben.

Bochum, im Mai 1998
Heike Thierau
Heinrich Wottawa

Vorwort zur ersten Auflage

Es gibt viele Möglichkeiten, sich dem weiten Feld «Evaluation» zu nähern. Unser Zugang war die Praxis: Die Verbesserung des Wohnungsbaus durch die Stadt Wien, die Festlegung der zweckmäßigsten Reihenfolge des Baus von Autobahnabschnitten, die Bewertung integrierter Studiengänge durch Studierende und Arbeitgeber an der GHS Kassel, die Diskussion über Gesamtschulen, die Evaluation der Weiterbildungsarbeit einer großen Versicherung – für alle solche Fragen ist es selbstverständlich, daß man sich bemüht, die Realität durch den Einsatz von Forschungsmethodik und Befunden aus der Psychologie bzw. den Sozialwissenschaften positiv zu beeinflussen. Man muß dabei nicht unbedingt darüber nachdenken, in welches «Kästchen» der wissenschaftlichen Systematik das jeweilige Projekt paßt. Wichtig ist der Effekt, zumindest ein wenig zur Verbesserung realer Bedingungen beigetragen zu haben. Die Beschäftigung mit Meta-Überlegungen zur Evaluation folgte erst danach. Ein wichtiger Anlaß dafür war das von den Herren Krapp, Will und Winteler in München veranstaltete Symposium zur Evaluation in der beruflichen Aus- und Weiterbildung. Es war faszinierend zu erleben, wie manche (gar nicht wenige) Teilnehmer mit hohem emotionalen Engagement stundenlang über die Frage diskutierten, ob «Evaluation» nun Wissenschaft sei oder etwas anderes – eine Frage, die sich in der bisher erlebten Evaluationsarbeit eigentlich nie gestellt hatte. Dieses einschneidende Erlebnis führte zur Reflexion der bisherigen Gewohnheiten. Nach einer Literaturdurchsicht entschlossen wir uns dann zu dem Versuch, den Studierenden dabei zu helfen, die Grundlagen für eine praktische, professionelle Evaluationstätigkeit während ihrer Aus-

bildungsphase zu erarbeiten. Dabei wollten wir in Abgrenzung zu den üblichen «Lehrbüchern» der Evaluation unser Schwergewicht nicht auf methodische oder wissenschaftstheoretische Aspekte legen, sondern auf jene Punkte, die man in der Praxis besonders benötigt. Dazu gehört natürlich auch ein Konzept über die wissenschaftlich-theoretischen Grundlagen von Evaluation; ein solches hätte, rückblickend gesehen, vielleicht den einen oder anderen Fehler unserer praktischen Evaluationsarbeit weniger krass ausfallen lassen. Die Arbeit wurde von vielen Kollegen gefördert, denen wir herzlich danken wollen. Ganz besonders verpflichtet sind wir den vom Verlag zu Stellungnahmen gebetenen Gutachtern, die uns sowohl für das Ausgangskonzept als auch bei der Realisierung im Detail viele wertvolle Anregungen gegeben haben. Der Einstieg in die geistesgeschichtlichen Grundlagen wurde wesentlich durch die freundliche Unterstützung von Herrn Prof. Dr. König und Frau Dr. Engels von der philosophischen Fakultät an der Ruhr-Universität Bochum erleichtert. Auch Herrn Prof. Wittmann, Erlangen, dem Autoren eines bekannten Evaluationsbuches, möchten wir für den direkten und indirekten Zugang zu wertvollen Detailinformationen danken. Zusätzliches erhielten wir durch Kollegen und Kolleginnen auf dem im Dezember in Bochum durchgeführten und von der DfG unterstützten Rundgespräch zum Thema Evaluation wertvolle Anregungen. Die vorliegende Ausarbeitung wäre ohne die tatkräftige Unterstützung studentischer Mitarbeiter und Mitarbeiterinnen nicht möglich gewesen. Hervorzuheben ist der Beitrag von Frau Martina Stangel, die nicht nur bei der Literaturaufarbeitung, sondern auch bei der selbständigen Erarbeitung von Übersichten, insbesondere zu Rechtsfragen, wertvolle Hilfe geleistet hat. Ebenso wollen wir den Beitrag von Frau Iris Gluminski, die besonders für den Bereich des Projektmanagements eine große Unterstützung für uns war, hervorheben. Die teilweise sehr mühsamen technischen Arbeiten wurden von Frau Andrea Ludwig und Herrn Markus Saxen in kooperativer und sehr effizienter Weise durchgeführt. Allen gilt unser

Dank, insbesondere für ein über zwei Jahre andauerndes angenehmes und gutes Arbeitsklima. Unsere Leser möchten wir bitten, uns eine Evaluation dieses Buches zu ermöglichen, indem sie uns möglichst viel Rückmeldung über didaktische Schwachstellen, fachliche Lücken und evtl. auch Irrtümer zukommen lassen. Wir werden uns gerne bemühen, alle diese Hinweise in einer späteren Auflage zu berücksichtigen.

Bochum, im August 1989   Heike Thierau
                                Heinrich Wottawa

1. Wissenschaft, Moral und die Grenzen der Planbarkeit

1.1 Definitionsversuche von «Evaluation»

Evaluation ist ein außerordentlich vielfältiger Begriff. Er umfaßt eine Menge möglicher Verhaltensweisen und entzieht sich somit prinzipiell einer abstrakten, die Wirklichkeit gleichzeitig voll umfassenden Definition. Trotzdem hat sich in der Literatur, wohl vorwiegend zur Ausdifferenzierung des Begriffes und zu didaktischen Zwecken, eine große Zahl von Definitionen bzw. (besser) beschreibenden Begriffserläuterungen etabliert (vgl. dazu Rossi und Freeman (1993); Rutman (1977); Wittmann (1985); Wulf (1972)). Nicht zu unrecht behaupten Franklin und Trasher (1976, S. 20):

«To say that there are as many definitions as there are evaluators is not to far from accurate.»

Die schillernde Vielfalt der mit dem Begriff «Evaluation» assoziierten Vorstellungen reicht dabei in der Wissenschaft noch immer von der Auffassung, unter Evaluation sei jegliche Art der Festsetzung des Wertes einer Sache zu verstehen (vgl. Scriven, 1980) bis hin zu der Ansicht:

«Evaluation research is the systematic application of social research procedures in assessing the conceptualization and design, implementation, and utility of social intervention programms» (Rossi & Freemann, 1993, S. 5).

Zur Vereinheitlichung der gesamten Definitionsthematik und zur Systematisierung der begrifflichen Diskussion schlug Suchman (1967) die Unterscheidung von Evaluation und Evaluationsforschung vor. Dabei kommt den einzelnen Begriffen die folgende Bedeutung zu:

Evaluation (Bewertung): Prozeß der Beurteilung des Wertes eines Produktes, Prozesses oder eines Programmes, was nicht notwendigerweise systematische Verfahren oder datengestützte Beweise zur Untermauerung einer Beurteilung erfordert.

Evaluation research (Evaluationsforschung): explizite Verwendung wissenschaftlicher Forschungsmethoden und -techniken für den Zweck der Durchführung einer Bewertung. Evaluationsforschung betont die Möglichkeit des Beweises anstelle der reinen Behauptung bzgl. des Wertes und Nutzens einer bestimmten sozialen Aktivität.

Abramson (1979) nimmt später eine verfeinerte Unterscheidung in Evaluation, Programmevaluation und Evaluationsforschung vor.

Sowohl Suchman's als auch Abramson's Systematisierungsversuche konnten sich jedoch bislang nicht durchsetzen.

Zum Wortfeld Evaluation gehört auch eine Reihe verwandter Begriffe, die in verschiedenen sozialen Kontexten teilweise synonym, teilweise im Sinne einer spezialisierten Form von Evaluation verwendet werden. So spricht man etwa von Erfolgskontrolle, Effizienzforschung, Begleitforschung, Bewertungsforschung, Wirkungskontrolle, Qualitätskontrolle usw. Der Schwerpunkt des folgenden Textes liegt auf der wissenschaftlich gestützten Evaluation, andere Vorgehensweisen kommen nur in Grenzbereichen zur Sprache.

Allgemeine Kennzeichen wissenschaftlicher Evaluation

In Anbetracht der bestehenden Definitionsvielfalt ist es zweckmäßiger, statt einem weiteren Definitionsversuch die allgemeinen Kennzeichen wissenschaftlicher Evaluation herauszuarbeiten.

- Ein allgemeiner Konsens, der hier auch schon durch die Wortwurzel von «Evaluation» vorgezeichnet ist, liegt darin, daß alle solche Tätigkeiten etwas mit «Bewerten» zu tun haben. Evaluation dient als Planungs- und Entscheidungshilfe und hat somit etwas mit der Bewertung von Handlungsalternativen zu tun (vgl. Wottawa, 1986)
- Evaluation ist ziel- und zweckorientiert. Sie hat primär das Ziel, praktische Maßnahmen zu überprüfen, zu verbessern oder über sie zu entscheiden.
- Es besteht im wissenschaftlichen Sprachgebrauch ebenfalls ein Konsens darüber, daß Evaluationsmaßnahmen dem aktuellen Stand wissenschaftlicher Techniken und Forschungsmethoden angepaßt sein sollten.

Weitere Definitions- bzw. Beschreibungsversuche hierzu geben etwa Biefang (1980), Bortz & Döring (1995), Hellstern & Wollmann (1984), Pollard (1986), Rossi & Freeman (1993), Scriven (1972), Stufflebeam (1972), Weiss (1974), Will, Winteler & Krapp (1987), Wittmann (1985).

Ethisch-moralische Verantwortung

Bezieht man den Begriff der (psychologie- oder sozialwissenschaftlich gestützten) Evaluation auf die Bewertung von Maßnahmen zur Beeinflussung relevanter menschlicher Verhaltensweisen, so stellt sich – unabhängig von der technologischen Machbarkeit dieser Zielsetzung – die Frage nach der ethisch-moralischen Bewertung. Im Gegensatz zur Grundlagenforschung, in der Erkenntnisgewinn ohne oder zumindest ohne unmittelbaren Verwertungsbezug nach theorieinternen Aspekten erarbeitet wird, hat die Bewertung von Sachverhalten ja nur dann Sinn, wenn darauf Entscheidungen, und damit praktische Maßnahmen, folgen.

Es sollte natürlich für jeden mündigen Bürger einer demokratischen Gesellschaft (und damit auch für jeden in einer solchen Gesellschaft arbeitenden Wissenschaftler) selbstverständlich sein, nicht nur die Funktionalität, sondern auch die Moral seiner Arbeit und die Zielsetzung zu überdenken. Dieser allgemeinen Forderung kommt wegen des unmittelbaren Praxisbezugs von Evaluationsprojekten in diesem Feld eine besondere Bedeutung zu. Evaluatoren verändern durch ihre Arbeit beratend (manchmal sogar auch als Entscheider) die Lebensumstände anderer Menschen gezielt und erheben dabei den Anspruch, aufgrund ihrer «Wissenschaftlichkeit» über Kompetenzen zu verfügen, die dem «Laien» fehlen; gerade diese, die Glaubwürdigkeit und Überzeugungskraft erhöhende wissenschaftliche Basis ist ja häufig der Grund für die Einschaltung speziell ausgebildeter Evaluatoren.

Es ist manchmal nicht ganz einfach, Evaluationsprojekte ohne unsachgemäße Beeinflussung durch die Werthaltung des Evaluators durchzuführen. Die Komplexität von Evaluationsvorhaben erfordert vom Untersucher eine Vielzahl von Festlegungen (zum Beispiel die Auswahl der erhobenen Variablen, die genaue Definition der zu untersuchenden Alternativen, die interpretative Bewertung der Ergebnisse und deren Aussagekraft), bei denen natürlich die persönliche Werthaltung eine Rolle spielen kann. Die dadurch mögliche Verzerrung kann manchmal auf ethisch-moralischen Überzeugungen beruhen (man denke etwa an Projekte zur Feststellung der Folgen von Abtreibungen oder von Sterbehilfe), oft aber auch von persönlichen Vorlieben des Evaluators (zum Beispiel Überzeugung von der Richtigkeit einer bestimmten therapeutischen Vorgehensweise oder einer verkehrstechnischen Maßnahme) abhängen. Hilfreich ist, neben der besonderen Sorgfalt bei der Projektplanung und Explikation aller durchgeführten Festlegungen, die Offenlegung der eigenen Position durch den Evaluator (s. dazu auch Kap. 6).

Trotz dieser Probleme liegt der große Vorteil empirisch-wissenschaftlich begründeter Evaluation gerade darin, eben nicht bei den «Meinungen» von Experten stehenzubleiben, sondern auf der Basis von Fakten, deren Zustandekommen zumindest kritisch nachvollzogen werden kann, zu entscheiden. Anzustreben ist natürlich, daß der Evaluator zwar ein hohes Interesse an der untersuchten Frage hat (zum Beispiel Verbesserung der Pflegesituation in psychiatrischen Kliniken), aber den vergleichend evaluierten Alternativen (zum Beispiel verschiedenen konkurrierenden Pflegekonzepten) neutral gegenübersteht. Allerdings stellt sich auch dann eine Reihe von ethischen Fragen, in diesem Beispiel etwa nach der Rechtfertigung der Optimierung von psychiatrischen Kliniken (wahrscheinlich für viele unproblematisch, man denke aber an die heftigen Diskussionen um zum Beispiel Sterbe- oder Abtreibungskliniken) oder die Verantwortbarkeit der Nutzung der Untersuchungsergebnisse zur landesweiten Durchsetzung eines der Pflegekonzepte, obwohl evtl. die Aussagekraft der Daten eine so weitreichende Entscheidung nicht ausreichend fundiert.

Da Evaluation in dem hier verwendeten Sinn im Regelfall unter der Beteiligung wissenschaftlich vorgebildeter Personen erfolgt, wird im 1. Abschnitt dieses Kapitels das Problem von Wissenschaft und moralischer Verantwortung angerissen. Hat man (persönlich) zufriedenstellende Zielsetzungen seines Handelns festgelegt, kann man Evaluationsvorhaben dazu benutzen, die Erreichung der angestrebten Ziele zu optimieren. Im nächsten Abschnitt wird daher auf der Basis von allgemeinen Vorstellungen über menschliches Handeln gezeigt, welche unter den weiten Bereich der Evaluation fallenden Beiträge von seiten der Wissenschaft zur Verbesserung der Praxissituation eingebracht werden können, was gleichzeitig eine feinere Strukturierung des Evaluationsbegriffes ermöglicht. Im letzten Abschnitt dieses Kapitels wird versucht, ein wenig auf die Unterschiede und Beziehungen zwischen «Evaluation» und «Wissenschaft» einzugehen, da die Erfahrung in mehreren und zum Teil sehr intensiven Gesprächen gezeigt hat, daß dieser Punkt für viele wissenschaftlich Ausgebildete nicht nur ein sachliches, sondern offensichtlich auch ein stark emotionsbehaftetes Problem ist.

1.2 Wissenschaft und moralische Verantwortung

Im deutschen Sprachraum dürfte kaum ein anderer so qualifiziert sein, über die moralische Verantwortung des Forschers etwas auszusagen, wie Karl-Friedrich von Weizsäcker (zuerst Professor der Theoretischen Physik in Straßburg, später Abteilungsleiter am Max-Planck-Institut für Physik in Göttingen, 1957 zum ordentlichen Professor der Philosophie an der Universität Hamburg ernannt). Eine kurze und übersichtliche Stellungnahme von ihm, die gleichzeitig einige hochinteressante Aspekte für den Bereich der Evaluation aufweist, ist in leicht gekürzter Form im **Diagramm I/1** wiedergegeben.

Bei näherer Betrachtung fallen einige Besonderheiten auf, die auch typisch für das Verhalten vieler Evaluatoren im Praxisfeld sein dürften:

- Die Begriffe bleiben etwas unklar, zum Beispiel «Wissenschaft» (als abstraktes System im Sinne eines Gegenstandsbereiches, Aussagen über diesen und Überprüfungsmethoden? Als Synonym für alle Forscher? Oder ist vielleicht das soziale System Wissenschaft mit den dazugehörenden Rollenerwartungen und Sanktionen gemeint?) oder «produktive Verantwortung» (im Sinne eines Appells? oder wer ist wem bei Beachtung welcher Sanktionen verantwortlich?) und ermöglichen dadurch eine auch in den einzelnen Absätzen wechselnde Perspektive (Gleiches findet man, nur weniger elegant, in vielen Evaluationsberichten, wenn vorher keine ausreichende Explikation erfolgte; vgl. dazu Abschnitt 4.1.2).

- Das Gleichnis des dreijährigen Kindes mit seinen Eltern und dem Streichholz muß man unter dem Gesichtspunkt des Perspektivenwechsels betrachten; es mag dem Wissenschaftler oder doch zumindest den wissenschaftlich Ausgebildeten erbauen, sich in die Rolle der «Eltern» versetzt zu sehen und im Hinblick auf Fachwissen und Verantwortungsgefühl den Entscheidungsträgern unserer Gesellschaft (zum Beispiel Politikern, Leitenden Beamten, Wirtschaftsführern, Journalisten) ebenso überlegen zu sein, wie es Eltern üblicherweise gegenüber einem dreijährigen Kind sind. Es ist aber zu bezweifeln, ob dieser Vergleich von den mit dem Kind identifizierten Gruppen in gleicher Weise akzeptiert werden könnte, und auch, ob er überhaupt sachlich angemessen ist. Die damit leicht zu assoziierende Selbstüberschätzung von Wissenschaftlern gegenüber anderen Berufsgruppen ist eine ganz ent-

Diagramm I/1
Über die moralische Verantwortung des Forschers (gekürzt aus Weizsäcker, 1983)

Im Jahre 1939 hatte Otto Hahn die Uranspaltung entdeckt. Den Völkern wurde die Atombombe 1945 sichtbar. Ihr verdanken wir einen nun schon über 25 Jahre dauernden Waffenstillstand der Weltmächte (...).

Die Illusion der sechziger und siebziger Jahre, wir lebten schon im gesicherten Frieden, schwindet rapide dahin. Ich habe sie nie geteilt. Die Frage nun lautet: Wie muß man die Naturwissenschaft treiben, wenn Naturwissenschaft solche politischen Folgen hat?

Es ist evident, daß es sich hier nicht nur um die spezielle Frage der Atombombe und überhaupt nicht um das Problem des Krieges handelt. Daß die moderne Technik, die erst durch die Naturwissenschaft möglich wird, die Welt verändert, das weiß man spätestens seit dem 19. Jahrhundert (...).

Es gibt eine moralische Einsicht, der ich mich nicht habe entziehen können. Sie heißt, in einem Satz zusammengedrängt: Die Wissenschaft ist für ihre Folgen verantwortlich.

Der Satz sei zunächst gegen ein paar mögliche Mißverständnisse abgesichert.

Erstens: Der Satz meint nicht, die Wissenschaft sei um ihrer weltverändernden Folgen willen betrieben worden. Aber Wissen ist Macht, auch wenn man es nicht um der Macht willen gesucht hat (...).

Jedenfalls aber ist moralische Reife einem Menschen nicht erreichbar, der sich für die faktischen Folgen seines Handelns nicht verantwortlich weiß. Wenn die Eltern dem dreijährigen Kind zeigen, wie man ein Streichholz anzündet, und bei der Rückkehr vom Spaziergang ihr Haus in Flammen finden, so hat nicht das Kind die Streichhölzer «mißbraucht». Das fällt mir immer ein, wenn ich die Rede von Mißbrauch der Wissenschaft durch die Inhaber der Macht höre.

Zweitens: Der Wissenschaftler ist für die Folgen seiner Erkenntnis nicht legal, sondern moralisch verantwortlich (...).

Der Begriff der legalen Verantwortung entlastet uns von der unlösbaren Aufgabe, unserem Mitmenschen moralisch ins Herz zu sehen. Vor dem Gesetz ist der Unternehmer, der Techniker, unter Umständen auch der Forscher, für diejenigen Folgen des Handelns verantwortlich, die in einer vom Gesetz zu definierenden Weise von seiner eigenen Entscheidung abhängen. Die Wissenschaft, global gesehen, ist für ihre Folgen nicht legal verantwortlich. Moralische Verantwortung hingegen betrifft in ihrem Kern Vorwürfe, die ich nicht anderen Menschen zu machen habe und die anderen nicht mir, es sei denn als Freunde, als echte Pädagogen, sondern ich mir selbst.

Wird die Wissenschaft angegriffen, dann stehe ich zu ihr. Aber als Wissenschaftler unter Wissenschaftlern kann ich uns von keiner der guten und schlechten Folgen, die wir ausgelöst haben, freisprechen. Der Grad moralischer Reife der sozialen Gruppe der Wissenschaftler bemißt sich nach der produktiven Verantwortung für die Folgen ihrer Erkenntnisse, die sie praktisch übernimmt.

Drittens: Produktive Verantwortung der Wissenschaft bedeutet also offenbar nicht den Verzicht auf Wissenschaft. Nicht den Verzicht auf Wahrheitssuche; das hieße unserer Kultur das Herz herausoperieren. Auch nicht den Verzicht auf ihre Öffentlichkeitsform. Dürrenmatts «Physiker» ironisieren vortrefflich die Sinnlosigkeit dieses Weges. Geh ins Irrenhaus, um deine Erkenntnisse zu verbergen, und der Irrenarzt wird sie dir entlocken und verwenden. Die heutige Gesellschaft mit der Privatisierung der Kultur ist eine Spielart dieses Irrenhauses. Die Aufgabe ist schwerer und schöner als der Verzicht es wäre. Der Wissenschaftler als Staatsbürger und Weltbürger hat, mit den Gaben, die er als Person jeweils in sich vorfindet, an der Gestaltung der unvermeidlichen Gesellschafts- und Weltveränderungen mitzuwirken. Diese Gaben sind verschieden. Nicht jeder Wissenschaftler hat den

Mut, die Einsicht, die Schlauheit und die Nüchternheit, ohne die man nicht erfolgreich politisch handeln kann. Aber jeder Wissenschaftler hat den Verstand, die Wichtigkeit dieser Aufgabe sehen zu können. Die Handelnden bedürfen stets des Chores derer, die mitdenken, vernehmlich kritisieren und vernehmlich zustimmen. Die Wissenschaft hat insbesondere die spezifische Verantwortung, ihre eigenen Folgen und Verstrickungen selbst rational zu durchdenken. Von dieser Verantwortung kann sie sich nicht freisprechen bei Strafe des Untergangs.

Es ist zu fürchten, daß wir Menschen dieser Zeit das, was wir tun müssen, erst in einer ungeheuren Leidenserfahrung lernen werden (…).

Die Wissenschaft selbst ist nicht erwachsen: Ihre Denkmittel, ihre Verhaltensregeln sind dem Leben in der von ihr selbst erzeugten Welt nicht angemessen (…).

scheidende Grundlage für erhebliche Kommunikations- und Kooperationsprobleme bei Evaluationsprojekten (vgl. Abschnitt 2.2.1 und 5.1.1).

- Die praktische Konsequenz der Weizsäcker-Ausführungen ist letztlich für die Wissenschaftler außerordentlich erfreulich. Sie können im Prinzip alles so tun wie bisher. Da sowohl der Verzicht auf Forschung als auch eine «Geheimwissenschaft» abgelehnt wird (zurecht!), verbleibt neben einigen kaum verhaltensrelevanten Appellen nur die Forderung, daß die «Wissenschaft» aus einer (etwas unklaren) spezifischen Verantwortung heraus ihre eigenen Folgen rational durchdenken soll. Dies wäre eine zusätzliche Arbeitsaufgabe für die Wissenschaftsgemeinschaft, die heute zweifellos noch nicht konsensmäßig als legitimer Bestandteil aller Teildisziplinen gesehen wird (und die Änderung dieses Zustandes dürfte das Kernziel der Ausführungen von Weizsäcker sein). Zusätzliche Arbeit kann aber nur entweder auf Kosten der bisherigen Leistungen (was eine Reduzierung des wissenschaftlich-technischen Fortschrittes wäre) erbracht werden, oder man verwendet dazu zusätzliche Ressourcen (was heißt, daß mit der Begründung der moralischen Verantwortung des Forschers die Anteile der gesellschaftlichen Mittel für diese Berufsgruppe zu steigern wären). Eigentlich eine für viele wissenschaftlich Tätige sehr befriedigende Konklusion.

Der für den Evaluationsbereich besonders interessante Aspekt des letzten Diskussionspunktes ist, was eigentlich einen Fachwissenschaftler befähigen soll, in besonderer Weise (man denke an den Vergleich von Eltern, Kindern, Wissenschaftlern und Entscheidungsträgern) die «Fallen und Verstrickungen» der disziplinbezogenen Forschung bzw. Technologie zu durchdenken. Wissenschaftlicher Fortschritt entsteht heute (man mag dies bedauern) nahezu ausschließlich auf der Basis hoher Spezialisierung der Forscher, und ein etwa in der Feinstruktur der Materie hervorragend ausgewiesener Kollege verfügt im allgemeinen nicht einmal über elementare Kenntnisse sozialwissenschaftlicher Theorien oder Methodik. Woher sollte er die Kompetenz nehmen, über das «normale» Niveau eines gebildeten, politisch und gesellschaftlich interessierten Menschen (etwa eines Verwaltungsbeamten) hinausgehende Maß die gesellschaftlichen Konsequenzen der Entdeckung eines neuen Materieteilchens abzuschätzen? Und warum sollte ein tierexperimentell arbeitender Psychologe, dem ein entscheidender Durchbruch in der Psychoimmunologie gelingt, die möglichen Konsequenzen aus einer weiter zunehmenden Überalterung der Industriegesellschaften als Experte abschätzen können?

Wie umstritten die moralische Bewertung von Fortschritten in der wissenschaftlichen Erfassung von «evaluationsrelevanten» Aspekten sein kann, zeigt sich zum Beispiel in den einfachen, billig gewordenen Möglichkeiten der Ultraschalldiagnostik, die es auch in einem Land wie Indien ermöglicht, das Geschlecht des Kindes schon in einer frühen Phase der Schwangerschaft zuverlässig zu bestimmen und dort zum gezielten Abbruch von Schwangerschaften mit weiblichen Föten führt. Ähnliche

Diskussionen finden sich auch in Europa, etwa im Zusammenhang mit den verbesserten gentechnischen Möglichkeiten der frühzeitigen Feststellung von Behinderungen. Hier ist unabhängig von der eigenen Werthaltung des Fach-Wissenschaftlers die Möglichkeit zu dieser Art von «Evaluation» an sich gesellschaftlich umstritten, man kann sich aber kaum vorstellen, daß die «richtige» Vorgehensweise ein Verzicht auf diese medizinisch-diagnostischen Möglichkeiten wäre oder deren Entdecker moralisch negativ zu bewerten wären. Nicht Erkenntnisverzicht, sondern der überlegte Umgang mit den dadurch gewonnenen Handlungsmöglichkeiten muß die Lösung sein.

Diese Überlegung spricht dafür, daß man die Verantwortung der «Wissenschaft» für das Durchdenken ihrer Konsequenzen eher so versteht, daß zu diesem sozialen System auch (verstärkt) Subsysteme hinzutreten sollten, die diese spezialisierte Aufgabe auf entsprechendem Expertenniveau übernehmen. Da man solche Spezialisten in den einleitend ausgeführten Teilbereichen als «Evaluatoren» bezeichnet, läßt sich die Forderung nach mehr Stellen für diese Berufsgruppe offensichtlich stringent aus einer akzeptierten «moralischen» Forderung ableiten. Diese Ableitung gilt aber nur dann, wenn tatsächlich spezialisierte Wissenschaftler solche Bewertungsprobleme strukturell besser lösen können als andere Berufsgruppen, was nur für Teilbereiche dieser Aufgabe plausibel begründet werden kann (siehe dazu Abschnitt 1.3). Da selbst bei größtem Aufwand für solche «Ethikspezialisten» nicht bei jedem Projekt oder bei jeder Projektplanung ein solcher mit hinzugezogen werden könnte, bleibt ein erhebliches Maß an Eigenverantwortung bei jedem Wissenschaftler bzw. Evaluator selbst.

1.3 Handlungsoptimierung durch Evaluation

Der Mensch als planendes und handelndes Subjekt

In weiten Bereichen der Psychologie wird aus sachlichen, den Gegenstandsbereich angemessenen Gründen heraus der Mensch nicht als eine «abhängige Variable» im Sinne eines von außen gesteuerten, kausal determinierten Individuums gesehen. Sicher gibt es auch solche erlernten Stimulus-Response Verhaltensketten. In vielen Fällen ist menschliches Verhalten aber zielorientiert geplant. Man möchte ein bestimmtes Ergebnis erreichen und wählt unter oft vielen möglichen Aktionen jene aus, die subjektiv am günstigsten erscheint. Der damit erreichte Erfolg, der benötigte Aufwand und evtl. aufgetretene unbeabsichtigte Nebenwirkungen werden rückgemeldet, subjektiv bewertet und führen gegebenenfalls zu einer Optimierung des Verhaltens. Dies gilt sowohl für die ständige Kontrolle des Verhaltens und seiner Ergebnisse mit der Möglichkeit, die Problemlösung sofort zu verbessern (vgl. «formative» Evaluation im **Diagramm II/2**) als auch für eine nachträgliche Bewertung des Vorgehens («summative» Evaluation) als Grundlage eines günstigeren Verhaltens in einer später auftretenden, vergleichbaren Situation. In diesem Sinne reagiert der Mensch (in manchen Situationen) nicht, sondern er handelt.

Handlungsmodell

Ein einfaches Handlungsmodell ist in **Diagramm I/2** dargestellt (vgl. Heckhausen, (1989); Lantermann, (1980), Werbik, 1978). Betrachtet man nur so einen einfachen Fall, ist das Optimierungsproblem relativ leicht zu lösen – aus der Menge der zur Verfügung stehenden Verhaltensweisen ist jene auszuwählen, die bei geringsten «Kosten» (u. a. im Sinne von Nebenwirkungen) das gewünschte Ziel in besonders effektiver Weise zu erreichen gestattet. Leider ist die faktische Situation um vieles komplizierter.

Handlungsoptimierung in komplexen Situationen

Einfache Übersichten wie im **Diagramm I/2** vernachlässigen vieles, was für menschliches Handeln in realen Situationen bestimmend ist. Einerseits sind die einzelnen Ziele in übergeordnete Zielhierarchien eingebettet, andererseits schafft die Zielerreichung (und die dazu eingeschlagenen Wege) selbst Bedingungen, die das System ihrerseits wiederum beeinflussen.

Die Einbettung jeder Teilzielerreichung innerhalb eines Ursache-Wirkungssystems hat zur Folge, daß die Bewertung der Zielerreichung (bzw. der dafür eingesetzten Maßnahmen) nicht am jeweiligen Teilziel allein, sondern nur innerhalb des Gesamtbeziehungsnetzes erfolgen kann. Diese Vernetzung von Kausalbeziehungen läßt eine «endgültige» Bewertung einer Maßnahme erst dann zu, wenn das System, auf das diese Maßnahme einwirkt, nicht mehr besteht. Konzentriert man sich etwa auf einen Einzelmenschen, so kann man erst nach dessen Tod feststellen, welche (und wie zu bewer-

tende) Folgen eine bestimmte Maßnahme tatsächlich auf sein ganzes Leben bezogen hatte. Für die Gesamtgesellschaft müßte man sogar bis zum Aussterben der Menschheit auf eine «endgültige» Bewertung warten (siehe dazu das «Ultimate Criterion», Thorndike, 1949). Schon aus diesem Grund ist es unmöglich, mit empirischer Fundierung letztendlich gültig den Effekt einer Maßnahme zu bewerten. Durch die prinzipielle Offenheit des «Systems» (sei es der Einzelmensch mit den vielen nicht vorhersagbaren Einflüssen, denen er ausgesetzt ist, sei es die Gesamtgesellschaft mit den nicht überblick-

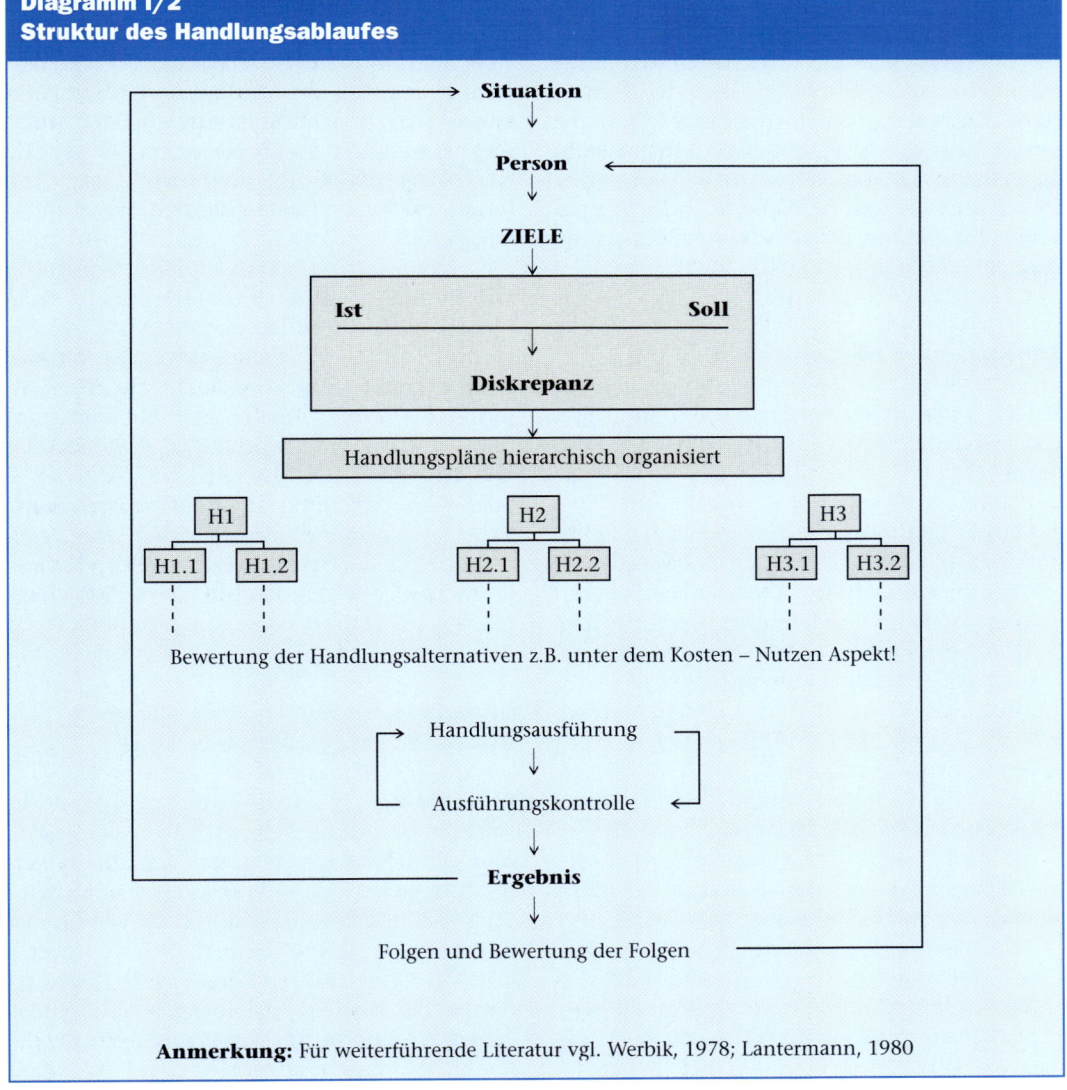

**Diagramm I/2
Struktur des Handlungsablaufes**

Anmerkung: Für weiterführende Literatur vgl. Werbik, 1978; Lantermann, 1980

baren wechselseitigen Verbindungen) ist es auch nicht möglich, mittels Optimierung von Zwischenschritten sequentiell ein optimales Gesamtergebnis zu erreichen. Man vergleiche dazu etwa das Schachspiel: Das Erreichen eines an sich positiv zu bewertenden Zwischenzieles in Form eines bestimmten Figurengewinns oder einer bestimmten Position kann, bei entsprechend nicht vorhergesehener Reaktion des Spielpartners, sich insgesamt gesehen als negativ spielentscheidend auswirken.

Die Konsequenz aus dieser nicht vermeidbaren Tatsache ist, daß man «Spielregeln» für die Bewertung von Zwischenzielen bzw. Zwischenergebnissen benötigt, in gleicher Weise, wie beim Schachspielen durch persönliche Erfahrung, Lehrbücher oder Computerprogramme die Spielsituationen vorläufig bewertet werden, ohne den Anspruch einer endgültigen Prognose des Spielausgangs zu erheben. Vieles, wenn auch nicht alles von dem, was man als «moralisch angemessen» bezeichnet, dürfte sich auf solche Bewertungen von Zwischenstufen zurückführen lassen.

Konsequenzen für die Evaluation

Für die Arbeit an Evaluationsfragestellungen ergeben sich aus diesen Überlegungen zwei Konsequenzen:

- Kein Evaluationsprojekt kann die «endgültigen» Folgen einer Maßnahme bewerten; es ist immer notwendig, Zwischenziele festzulegen und die Optimierung des Verhaltens an einem solchen, letztlich willkürlich gesetzten Zwischenstadium auszurichten
- Mit naturwissenschaftlichen Methoden allein läßt sich das Bewertungsproblem nicht lösen; zwar vermag der Wissenschaftler aufgrund seiner Theorie- und Methodenkompetenz in vielen Fällen bessere Aussagen über die Zusammenhangsstruktur innerhalb des «Netzwerkes» der Kausalketten zu machen und damit die Zeitperspektive gegenüber dem Laien ein wenig nach vorne zu verschieben, vielleicht auch umfassender darzustellen. Da sich aber das Bewertungsproblem einer «guten» oder «schlechten» Zwischenstufe aus den genannten Gründen nicht auf analy-

sierbare Kausalketten zurückführen läßt, ist eine zusätzliche, wertende Festlegung erforderlich.

Rolle des Auftraggebers für die Evaluation

Die Konsequenz für Evaluatoren ist, daß sie in ihrer Rolle als wissenschaftliche Experten viele wichtige Fragen in Evaluationsprojekten nicht in eigener Verantwortung entscheiden können (bzw. sollten). Sie sind auf die Kooperation mit einer im folgenden als «Auftraggeber» bezeichneten Instanz angewiesen, die sowohl die Zeitperspektive festlegt als auch bestimmt, welche Folgen wie zu bewerten sind. Es besteht natürlich eine große Versuchung, vor allem bei entsprechend hoher Einschätzung der eigenen Kompetenz (vgl. das Kind/Eltern-Gleichnis im **Diagramm I/1**), in Evaluationsprojekten auch diese Funktionen zu übernehmen. Eine solche Kompetenzanmaßung beinhaltet aber die Gefahr, daß ein wissenschaftlich vergleichbar kompetenter Kollege mit der gleichen inneren Überzeugung eine andere Bewertung vornimmt, die natürlich ebensowenig fachwissenschaftlich abgestützt werden kann wie die eigene Position. Die darauf folgenden Auseinandersetzungen erwecken leicht negative Eindrücke über wissenschaftliche Evaluation (zum Beispiel die Unterstellung der «Kaufbarkeit» von Wissenschaftlern, explizit bei Frister, 1972; oder die Vermutung auch fachwissenschaftlicher Inkompetenz ganzer Fachbereiche; Kritik an den Kosten der Evaluationsprojekte, da diese ja doch nichts «Eindeutiges» erbracht haben u. ä.).

Evaluation als unverzichtbare Form wissenschaftsgestützten Lernens

Es wäre falsch, vor dem Hintergrund der nicht lösbaren Problematik des «Ultimate Criterion» und die notwendigen Setzungen durch den «Auftraggeber» den Beitrag systematischer Rückmeldung bzw. Evaluation zur Verhaltensoptimierung gering einzuschätzen. Es gibt letztlich keine andere Möglichkeit des «Lernens», als gestützt auf (eigener oder übermittelter) Erfahrung sein Verhalten an die konkrete Situation anzupassen und jene Maßnahme auszuwählen, die am ehesten erfolgversprechend ist. Selbstverständlich verarbeitet dann auch jeder Mensch die damit erzielten (und bewerteten) Resultate zu einer Verbesserung seiner Handlungssteuerung, und daß dieser Prozeß faktisch funktionieren muß, zeigt die enorme Steigerung der Fähigkeit des Menschen, seine Lebensbedingungen gemäß seinen Vorstellungen zu gestalten. Vermutlich wurde dieser Prozeß durch das zumindest beim Menschen nachgewiesene Motiv einer «Kontrollkompetenz» (vgl. dazu Langer, 1983; Osnabrügge et al. 1985) wesentlich gefördert. Werden die zu bewertenden Verhaltensweisen, Programme oder Interventionsmaßnahmen in ihrer Gestaltung und ihren vielfältigen Auswirkungen so komplex, daß der Einzelne ohne entsprechende wissenschaftsgestützte Erhebungen nicht mehr die Zusammenhänge zu erkennen vermag (und dies trifft sicher für viele Steuerungs- und Gestaltungsmaßnahmen in modernen Gesellschaften zu) muß die Rückmeldung über entsprechende Evaluationsprojekte gesichert werden.

Übelminimierung statt Ideallösung

Bei oberflächlicher Betrachtung könnte man meinen, daß zwischen der Unmöglichkeit einer idealen, ohne letztlich willkürliche Setzungen von Ziel-Zeitpunkten und Teilbewertungen auskommenden Evaluation einerseits und dem Nutzen, ja der Unverzichtbarkeit solcher Projekte für moderne Gesellschaften andererseits ein Widerspruch bestünde. Dieser läßt sich aber dadurch lösen, daß man auf absolute Bewertungsmaßstäbe, die Suche nach Wahrheiten oder allgemein zwingend verbindliche Problemlösungsvorschläge verzichtet. Die Evaluation kann dazu dienen, innerhalb eines wissenschaftsexternen, vorläufigen und in gewissen Grenzen willkürlichen Rahmens die Wahrscheinlichkeit für die Auswahl einer besonders guten Verhaltensalternative zu erhöhen und analog dazu die Wahl einer besonders schlechten Alternative zu verringern. Eine letztlich absolut sichere Aussage, wie sie eigentlich nur in den Formalwissenschaften und manchen anderen Geisteswissenschaften möglich ist, ist bei Evaluationsprojekten keine sinnvolle Zielsetzung. Daraus folgt zwingend, daß man

bei allen Evaluationsprojekten immer Kritikpunkte finden wird, da die ideale Konzeption eines solchen Vorhabens selbst bei unbegrenzten Ressourcen aufgrund der geschilderten Problemlage niemals realisierbar ist und einschränkende Setzungen durch den Verantwortlichen eines solchen Projektes erfordert. Es sollten daher nur jene Personen in diesem Feld berufstätig werden, die mit der «Übelminimierung» anstatt «Ideallösung» leben können und auch mit den nicht selten auftretenden Konflikten mit Kollegen bei entsprechend anderer Wertsetzung umgehen können (vgl. dazu die Abschnitte 2.1.1, 6.1.2 und 6.1.3). Evaluationsvorhaben rechtfertigen sich nicht aufgrund des Findens von absoluten Wahrheiten, sondern aufgrund ihres Beitrages zu einem Entscheidungsprozeß bzgl. der Auswahl von Verhaltensalternativen, der in jedem Fall ein Ergebnis (in Form der Auswahl einer bestimmten Verhaltensweise) erbringen muß. Selbst relativ gering verbesserte Prognosequoten über die Güte der einzelnen Alternative sind bei tatsächlich bestehendem Entscheidungszwang ein Fortschritt.

Vorschau auf die folgenden Kapitel

Im Sinne der in diesem Abschnitt besonders betonten Praxisbezogenheit der Evaluationsarbeit werden in den folgenden Kapiteln die grundlagenwissenschaftlichen Aspekte, die für die Projektarbeit von hoher Bedeutung sind, nur relativ kurz aufgenommen und zur Vertiefung auf die vorhandene Literatur verwiesen. Statt dessen wird:

- der Bereich «Evaluation» ausführlicher strukturiert (Kap. 2)
- Anwendungsaspekte und Fallstudien diskutiert (Kap. 3)
- eine Übersicht über die wichtigsten Techniken zur rationalen Erfassung von Zielsetzung, Planung und Durchführung von Evaluationsstudien gegeben (Kap. 4, 5 und 6)
- eine subjektiv gefärbte allgemeine Bewertung von wissenschaftsgestützter Evaluation und den bisher gewonnenen Erfahrungen im 7. Kapitel dargestellt

Diese Ausführungen sollen insgesamt einen Rahmen bieten, innerhalb dessen die spezifischen substanzwissenschaftlichen Befunde und methodischen Instrumente, deren Vermittlung ja einen großen Teil der Studienangebote ausmacht, für die spezifischen Bedingungen der Arbeit in Evaluationsprojekten nutzbar gemacht werden können.

Wenn Evaluation an sich nicht ein Bestandteil von Wissenschaft ist, kann eigentlich auch ein Lehrbuch zu diesem Thema kein rein «wissenschaftliches» Werk sein. Es wird daher gebeten, den teilweise «wissenschaftsfernen» Ausführungen in Anbetracht der besonderen Bedingungen des Bereiches Evaluation Verständnis entgegenzubringen.

Übersicht Kapitel 1:
Wissenschaft, Moral und die Grenzen der Planbarkeit

Definitionsversuche von Evaluation

Evaluation

jegliche Art der Festsetzung des Wertes einer Sache	systematische Anwendung sozialwissenschaftlicher Methoden …	Verwandte Begriffe : Erfolgskontrolle Qualitätskontrolle Controlling

Allgemeine Kennzeichen wissenschaftlicher Evaluation

- dient der Planungs- und Entscheidungshilfe
- ist ziel- und zweckorientiert
- soll dem aktuellen Stand wissenschaftlicher Forschung angepaßt sein

Wissenschaft und die moralische Verantwortung der Forscher für die Konsequenzen ihrer Forschung

- Stellungnahme von WEIZSÄCKER
- Forderung nach Evaluation
- Aufgaben und Grenzen der Evaluation

Optimierung von Handlungsmodellen durch Evaluation
unverzichtbare Form wissenschaftsgestützten Lernens

Ziel der Evaluation
Übelminimierung statt unrealistischer Ideallösung

2. Grundlagen sozialwissenschaftlich gestützter Evaluation

Wenn Evaluation nicht ausschließlich wegen des wissenschaftlichen Interesses, als Folge freier und selbstbestimmter Forschung erfolgt (auf die Probleme und die Seltenheit einer solchen Evaluationsgrundlage wurde im Abschnitt 1.3 eingegangen) wird sie nur dann stattfinden, wenn der «Auftraggeber» einen Bedarf nach Evaluationsprojekten hat. Dies setzt voraus, daß es:

- Ziele gibt, die mit psychologischen bzw. sozialwissenschaftlichen Evaluationsvorhaben erreicht werden können (2.1)
- Beiträge der Wissenschaft für solche Fragestellungen aus der Sicht des Auftraggebers einen Nutzen haben, der die erwarteten «Kosten» übersteigt (2.2).
- Die Verfügbarkeit kompetenter Evaluatoren und anderer Ressourcen das Evaluationsprojekt überhaupt durchführbar macht (2.3).

Auf diese 3 Gesichtspunkte wird in den folgenden Abschnitten dieses Kapitels näher eingegangen. Für ausführlichere Diskussionen bzw. andere Auffassungen vgl. Hellstern und Wollmann, 1984; Rossi et al., 1993; Weiss, 1974; Wittmann, 1985.

2.1 Zielsetzungen bei Evaluationsvorhaben

Für eine Analyse der Zielsetzungen bei Evaluationsprojekten ist zu beachten, daß erst dann konkrete Ziele angestrebt werden können, wenn der Evaluationsgedanke aufgrund der historischen und psychologischen Bedingungen überhaupt akzeptabel ist (2.2.1). Auf dieser Grundlage können erst entsprechende Vorha-

ben geplant werden. Daher ist es zweckmäßig, zwischen den typischen Nutzenerwartungen potentieller Auftraggeber (2.1.2) und der Detail-Zielsetzung innerhalb konkreter Projekte zu unterscheiden.

2.1.1 Grundlagen für die Akzeptanz von Evaluation

Evaluationsvorhaben können erst dann einen sinnvollen Beitrag zur Zielerreichung bzw. Problemlösung bieten, wenn die notwendigen psychologischen Bedingungen für eine empirische, erfahrungsgestützte Vorgehensweise geschaffen sind. Sie können auch nicht unabhängig vom erreichten historischen Entwicklungsstand einer Gesellschaft gesehen werden.

Psychologische Voraussetzungen

Die Grundlage von Evaluation ist die Akzeptanz der Veränderbarkeit und Veränderungsbedürftigkeit relevanter gesellschaftlicher Einrichtungen, Maßnahmen oder Techniken , was eine erhebliche Loslösung von Gewohnheiten, von Autoritäten und von den durch simple Wiederholung von Verhalten ausgelösten Lerneffekten erfordert. Eine entsprechende Denkweise ist keineswegs selbstverständlich. Warum sollte ein Vertreter einer therapeutischen Richtung, der jahrelang und (subjektiv) erfolgreich eine bestimmte Technik nutzte, diese plötzlich in Frage stellen? Ein «starker» Vorstand eines Unternehmens die Optimalität seines «erfolgreichen» Führungsverhaltens anzweifeln (und evaluieren)? Ein Universitätsprofessor seine Vorlesung, die doch schon seit zwanzig Jahren ausgereift ist und von hunderten Studenten erfolgreich besucht wurde, überdenken? Ein Bildungsanbieter sich die Frage stellen, ob ein dort tätiger Dozent wirklich noch der beste ist, oder vielleicht doch durch einen mit mehr Akzeptanz bei den Kursteilnehmern ausgetauscht werden sollte, obwohl man ihn schon seit vielen Jahren persönlich kennt?

Der für evaluationsgestützte Optimierung nötige affektive Entwicklungsstand der Beteiligten muß gelegentlich erst geschaffen werden, etwa durch Personal- oder Organisationsentwicklungsmaßnahmen in Wirtschaft und Verwaltungen oder massive Aufklärung der Öffentlichkeit über die Nachteile lang eingeführter Mechanismen, zum Beispiel im Gesundheits- oder Sozialwesen, falls in diesen Bereichen Innovationen angestrebt werden.

Eine weitere wichtige psychologische Voraussetzung ist die Bereitschaft, sich zu Zwecken der Verbesserung des bestehenden Verhaltens («Hoffnung auf Erfolg») dem Risiko des Scheiterns («Furcht vor Mißerfolg») auszusetzen. Jeder in der Vergangenheit relativ erfolgreiche Lösungsweg (Erzeugung von Nahrungsmitteln, Disposition von Gütern, Regelungen des sozialen Umganges miteinander) hat sich in gewissem Sinne «bewährt» und ist hinsichtlich seiner Nebenaspekte (Aufwendungen, Kosten und dgl.) annähernd durchschaubar. Er wird daher nach den Lerngesetzen «Lernen am Erfolg», «Lernen durch Wiederholung» und «Lernen am Modell» (der Vorgänger, Kollegen und andere, die es ja ebenso machen bzw. machten) verstärkt (zu Lerngesetze siehe Bolles, 1975; Hilgard und Bower, 1981; Mayer, 1979; sozialkognitive Lerntheorie, Bandura 1986). Das Beibehalten kommt auch der Tendenz zur Vermeidung von Verantwortung sehr entgegen, da übliche Verhaltensweisen nicht nur häufig einen (relativen) Erfolg bringen, sondern auch im Falle des Mißerfolges eine externale Attribuierung nahelegen – wenn ich alles nach den herrschenden Vorstellungen «richtig» gemacht habe, ist der Mißerfolg auf äußere Umstände und nicht auf meine Entscheidung zurückzuführen (zu den motivationspsychologischen und attributionstheoretischen Überlegungen siehe etwa Heckhausen, 1989; Heider, 1958; Meyer und Schmalt, 1984; Weiner, 1984). Zusätzlich zur theoretischen Erkenntnis der Veränderbarkeit muß also die Erwartung des Erfolges, das heißt der Glaube an einen vom Menschen rational beeinflußbaren Fortschritt, treten.

Aber selbst Fortschrittserwartung wird in der Regel nur dann zu Innovationen führen, wenn sich für den Entscheidungsträger dadurch ein das Versagensrisiko wettmachender Nutzen ergeben kann. Ein schönes Beispiel für die Folgen des Fehlens einer solchen Nutzenerwartung ist der Vergleich der Entdeckungsreisen im 15. Jahrhundert zwischen Europäern und Chinesen. Beide Kulturen erforschten etwa zur gleichen Zeit die Seewege nach Indien und Afrika, China mit in großem Stil staatlich unterstützten Forschungsexpeditionen unter militärischer Führung, die Europäer anfänglich im wesentlich kleineren Rahmen. Für die Chinesen war, neben dem allgemeinen wissenschaftlichen Erkenntnisdrang, ein praktischer Nutzen aus neuen, auf diese Ergebnisse gestützten Verhaltensweisen nicht erkennbar (ausreichende Versorgung mit allen in den neu «entdeckten» Gebieten verfügbaren wichtigen Handelsgütern im eigenen Herrschaftsbereich war gegeben), währenddem für die Europäer als Folge der politischen Veränderungen durch das Erstarken eines feindlich eingestellten osmanischen Reiches und den Niedergang von Byzanz die bisherigen Handelswege über Land verlorengingen bzw. aufgrund hoher Abgaben nicht mehr rentabel waren (siehe ausführlicher bei Atiya, 1964). Die Folgen der darauf eingeleiteten, und natürlich in keiner Weise vorher sozialwissenschaftlich evaluierten Entwicklungen sind bekannt und zeigen gleichzeitig, wie verschieden die «Nutzen»-Bewertung bei wechselndem Zeithorizont (vgl. dazu Abschnitt 1.2) sein kann.

Eine dritte psychologische Grundlage, ohne die sinnvolle Evaluation nicht denkbar ist, ist die Bereitschaft der Entscheidungsträger zur Akzeptanz von Fakten. Gerade wenn Neuerungen von einer bestimmten Sollvorstellung über den Menschen ausgehen, wenn sie das Ziel haben, die Verhältnisse nicht so zu lassen wie sie sind, sondern einen «besseren» Zustand anstreben, sind die Innovatoren empirisch fundierten Argumenten strukturell wenig zugänglich, da sie ja gerade die derzeit aufzeigbare Faktenlage verändern wollen. Als Konsequenz davon wird gesellschaftlich relevante sozialwissenschafliche

Forschung immer dann unterdrückt, wenn die Ergebnisse Schwächen der herrschenden Ideologie aufzeigen könnten (ein Beispiel aus jüngster Zeit dafür ist die Bewertung psychologischer Diagnostik und damit zusammenhängender Persönlichkeitsforschung unter Hitler, Stalin, radikalen Teilen der 68er Bewegung und Teilen der extremen Rechten in den USA, siehe dazu etwa Wottawa und Hossiep, 1987, S. 97 ff., ausführlicher bei Drenth, 1969).

Es ist aber keineswegs nur eine solche massive, mit gesellschaftlicher Macht verbundene Unterdrückung von Fakten, die empirisch-wissenschaftliche Evaluationen in bestimmten Bereichen unmöglich macht. Die praktische Erfahrung mit Evaluationsprojekten zeigt, daß auch in kleinerem und stärker konkretisiertem Rahmen immer wieder Argumente zu hören sind, die auf zumindest teilweise fehlende Ausprägung der diskutierten psychologischen Grundlagen hinweisen: Entscheidungsträger, die «unerwünschte» Berichte ablegen statt nutzen, Geldgeber (auch öffentliche), die zu bestimmten Zeiten bestimmte Evaluationsprojekte nicht finanzieren, «Experten» aller Richtungen (Therapeuten, Pädagogen, Führungskräfte, Professoren …) die trotz der Befundlage ihr Verhalten änderungsresistent beibehalten, Studenten, die entgegen den aufgezeigten Fakten tradierte Vorurteile gegenüber einem bestimmten Dozenten weiter pflegen – alle solche Beispiele zeigen, daß von einer zwingenden Akzeptanz von Fakten auch heute keineswegs ausgegangen werden kann.

Die anspruchsvollen psychologischen Erfordernisse für die Akzeptanz sozialwissenschaftlicher Evaluationen machen es verständlich, daß die heute relativ günstige Situation erst im Laufe eines langen Entwicklungsprozesses mit teilweise sehr schmerzhaften Rückschlägen erreicht wurde. Es ist sicher noch viel Aufklärungsarbeit nötig, um die Akzeptanz dieses Optimierungsinstrumentes dauerhaft zu sichern.

Diagramm II/1
Grobe Übersicht über die geschichtliche Entwicklung von «Evaluation»

Urgesellschaft

Erste Evaluationsversuche technischer Art durch die Berücksichtigung empirisch erworbener Kenntnisse über Materialeigenschaften bei der Herstellung von Gerätschaften und Waffen.

Später Umsetzung von erkannten biologischen Gesetzmäßigkeiten in Ackerbau und Viehzucht (z.B.: Männliche Schafe bekommen keine Junge und geben keine Milch; entfernt man aber *alle* «unnützen» Tiere dieser Art aus der Herde, entfällt bald die gesamte Fleisch- und Milchproduktion). Erste gesellschaftliche Arbeitsteilung (Ackerbau, Viehzüchter) überlagert aufgrund nutzenorientierter (bewerteter) Erfahrungen die frühere Arbeitsteilung nach Alter und Geschlecht.

Griechisch-römische Antike

Bereits Aristoteles fordert die empirische Nutzenbestimmung zur Bewertung gesellschaftlich relevanter Maßnahmen, insbesondere zur Überprüfung von Staatsformen – damit wird die Gestaltung der Gesellschaft zu einer auf Evaluationsbasis aufbauenden Optimierungsaufgabe. Zunächst bleibt es aber bei der theoretischen Forderung ohne praktische Konsequenzen. Bei den Römern erfahrungsbedingter Wechsel zwischen Demokratie und (in Krisenzeiten) befristeter Diktatur, was als Anwendung dieser Optimierungsidee gedeutet werden kann.

Europäisch-lateinisches Mittelalter

Die Nutzen-Überlegungen aus der Antike bleiben erhalten, aber ohne Umsetzung solcher theoretischer Forderungen. Die umfassendste weiterführende Systematisierung des aristotelischen Verständnisses von Nutzen erfolgt durch Thomas von Aquin. Generell gilt aber, daß im Mittelalter die Handlungsorientierung auf einem religiös fundierten Gut/Böse-Prinzip beruht und die empirische Überprüfung des Nutzens einer Sache oder Maßnahme weit hinter die spekulative, religiös-moralische Bewertung zurücktritt. Dies bedingt auch eine erhebliche Innovationsschwäche und die Unterbrechung der in der Antike begonnenen empirischen Wissenschaftsansätze.

Renaissance

Weitreichende geistige Umwälzungen. Die Unterbrechung der Handelswege nach Asien durch die Osmanen bedingt hohes Interesse an neuen geographischen Entdeckungen (Vasco da Gama, Columbus); eine Vielzahl neuer wissenschaftlicher Erkenntnisse wie geozentrisches Weltbild (Kopernikus, Galilei), in der Mechanik (Leonardo da Vinci), Medizin, Bergbau, Botanik und Zoologie prägen die Zeit. Der starke Aufschwung der empirischen Wissenschaft (die «Erfahrung» wird zunehmend über Schriften und überlieferte Tradition gestellt) geht mit Innovations- und Evaluationsversuchen in den verschiedensten Gebieten einher.

Das Manufakturzeitalter

Der enorme Aufschwung der Naturwissenschaften im 17. Jahrhundert bringt eine gezielt nutzenorientierte Veränderung der technischen und ökonomischen Entwicklung mit sich. Die Festigung und Institutionalisierung der empirischen Forschung steht im engen Zusammenhang mit der europäischen Aufklärung.

In der Philosophie breitet sich mit dem Utilitarismus eine Denkweise aus, die versucht, allgemein verbindliche Normen mit wissenschaftlichen Mitteln (also «evaluationsgestützt») zu begründen (eingeleitet durch J. Bentham und später verfeinert durch J.S. Mill). In der utilitaristischen Ethik liegt eine wesentliche geistige Wurzel der modernen Evaluation. Gerade Bentham versucht, Ethik und Politik, Gesetzgebung und Verwaltung zu

einer empirisch verifizierbaren und rational kalkulierbaren Wissenschaft zu machen. Als einziges und höchstes Beurteilungskriterium von Moral und Recht gilt das Prinzip des Nutzens.

Zeitalter der industriellen Revolution

Zur Mitte des 18. Jahrhunderts entwickelt sich auf der Grundlage technischer Innovationen (Werkzeugmaschinen, Dampfmaschine) das Fabriksystem und damit die kapitalistische Produktionsweise. Die empirischen Wissenschaften werden immer zielgerichteter nutzenorientiert zur Lösung gesellschaftlicher Probleme eingesetzt (soziale Evaluation). Auf dieser Grundlage erwächst schließlich die bürgerliche Gesellschaftsordnung und die Durchsetzung demokratischer Staatsformen. Durch die damit einhergehende Flexibilisierung gesellschaftlicher Systeme und Institutionen erstarkt das utilitaristische Gedankengut.

20. Jahrhundert

Explosionsartige Vermehrung des Wissens in den empirischen Wissenschaften, allmählicher Aufbau eigenständiger, empirischer Gesellschaftswissenschaften (Soziologie, Ökonomie). Entwicklung spezifischer Evaluationsforschung als stark expandierende Arbeitsrichtung in den empirischen Verhaltens- und Sozialwissenschaften, die vor allem in den besonders wenig traditionsgebundenen Gesellschaften (USA!) in nahezu allen gesellschaftlichen Bereichen (Bildung, Wirtschaft, Politik und Verwaltung, Umwelt, Gesundheit, Wohnungsbau, Militär) eine wesentliche Gestaltungshilfe wird.

Für weiterführende Literatur vgl. Mittelstraß, 1983; Wußing, 1983; Lange, 1983; Ritter und Gründer, 1982; Aristoteles, 1981; Hoffe, 1975; Birnbacher und Hoerster, 1976; Hoerster, 1971; Mason, 1961.

Ein wichtiger Einflußfaktor ist die Unternehmenskultur bzw. der Führungsstil der jeweiligen Institution, die «fehlerfreundlich» und

innovationsunterstützend sein muß (vgl. dazu Briam, 1996, Osterhold, 1996, Schein, 1995, Zink, 1994).

Geschichtliche Entwicklung des Evaluationsgedankens

Für die Idee einer empirischen, sozialwissenschaftlich gestützten Evaluation wurden erst im Laufe einer langen geistesgeschichtlichen Entwicklung die erforderlichen Grundlagen geschaffen. Eine grobe Übersicht ist im **Diagramm II/1** enthalten.

Versucht man, diese Entwicklung unter psychologischem Gesichtswinkel nachzuvollziehen, so dürfte der entscheidende Schritt gewesen sein, daß den Menschen bewußt wurde, auch gesellschaftlich relevantes Handeln unter Optimierungsaspekten selbst rational gestalten zu können. Ein solches zielorientiertes, bewußtes Handeln ist in keiner Weise selbstverständlich, auch heute nicht. Zumindest im christlichen Europa dürfte die als frei erlebte Konzeption gesellschaftlicher Strukturen erst möglich gewesen sein, nachdem das geozentrische Weltbild und die damit verknüpfte Überschaubarkeit des von Gott beobachteten Universums, die Einzigartigkeit der von Menschen bewohnten Erde in Frage gestellt wurde. Die Reaktion der damals Mächtigen, vielleicht sogar ohne eine bewußte, rationale Durchdringung der durch solche Denkprozesse ausgelösten potentiellen Veränderungen, war entsprechend heftig. Man vergleiche dazu etwa Leben und Werk von Giordano Bruno (siehe etwa Brockmeier, 1980; Huber, 1965) oder die bekannteren Vorgänge im Zusammenhang mit Galilei (Mason, 1961; Wußing, 1983; s. auch Brecht, 1963)

Die dominierenden Steuerungsformen gesellschaftlicher Systeme sind aber nicht nur für die ferne Vergangenheit relevant, sondern prägen auch die Durchführungsbedingungen aktueller Evaluationsprojekte. Eine wesentliche Unterscheidung unterschiedlicher Formen der Systemsteuerung ist dabei die Trennung zwischen Input-, Verhaltens- und Output-Steuerung (siehe dazu **Diagramm II/2**).

Wenn ein System (wenn auch sicher nicht ausschließlich) durch Input-Kontrolle gesteuert wird, wie es zum Beispiel hinsichtlich der Professoren an Universitäten in Deutschland der Fall ist, dann werden sich entscheidungsrelevante Evaluationsprojekte vorwiegend mit verschiedenen Formen der Gestaltung dieses Auswahlverfahrens (zum Beispiel das Ausmaß der Berücksichtigung von Forschungs- oder Lehrleistungen in der Vergangenheit, Zusammensetzung der Entscheidungsgremien, Zugangsberechtigungen zum Auswahlverfahren) befassen. Ist ein System primär verhaltenskontrolliert (wie typischerweise die öffentliche Verwaltung, aber im Prinzip der gesamte öffentliche Dienst und viele Innendienstbereiche der Wirtschaft), dann konzentrieren sich Evaluationsvorhaben auf die Compliance gegenüber den Vorschriften und Maßnahmen zu deren Erhöhung (zum Beispiel durch entsprechende Motivationsanreize oder Leistungsbeurteilungen für die Systemangehörigen), auch auf eine möglichst effiziente und schnelle Umsetzung von Veränderungen im Vorschriftensystem. Es wäre in einem solchen Denksystem aber völlig unangemessen, zum Beispiel eine neue Bestimmung im Rahmen eines Evaluationsprojektes hinsichtlich ihres Nutzens (Outputs) zu bewerten – ein Gesetz ist dann richtig, wenn es ordnungsgemäß beschlossen wurde, nicht, wenn seine Auswirkungen einen konkreten Nutzen für die Bürger zeigen (zumindest gilt dies in klassischen, verhaltenskontrolliert denkenden Bürokratien). Innerhalb dieser Systeme ist eine solche Art von Bewertung auch sinnvoll, man könnte zum Beispiel die Bestimmungen einer Prüfungsordnung nicht danach optimieren, ob einzelne Studenten durch deren Anwendung (zum Beispiel Verbot von allzu vielen Prüfungswiederholungen) in irgendeiner Weise «glücklich» werden.

Im Gegensatz dazu würden sich in output- bzw. ergebnisorientierten Systemen die Evaluationsvorhaben schwergewichtig mit der Optimierung des erlebbaren Nutzens beschäftigen, also zum Beispiel verschiedene «Verhaltensvorschriften» nach solchen nutzenbezogenen Kriterien vergleichend bewerten. Wichtig für Evaluationsprojekte ist, daß es vielen Gesprächspartnern außerordentlich schwer fällt, Evaluationsvorhaben auf der Basis einer anderen prinzipiellen Form der Systemsteuerung als der selbst erlebten überhaupt akzeptieren zu können. Manchmal werden solche Vorschläge als ausgesprochen unsinnig, vielleicht auch tabuverletzend erlebt. Wer käme zum Beispiel ernsthaft auf die Idee, selbst in der derzeitigen gesellschaftlichen Situation Deutschlands, die

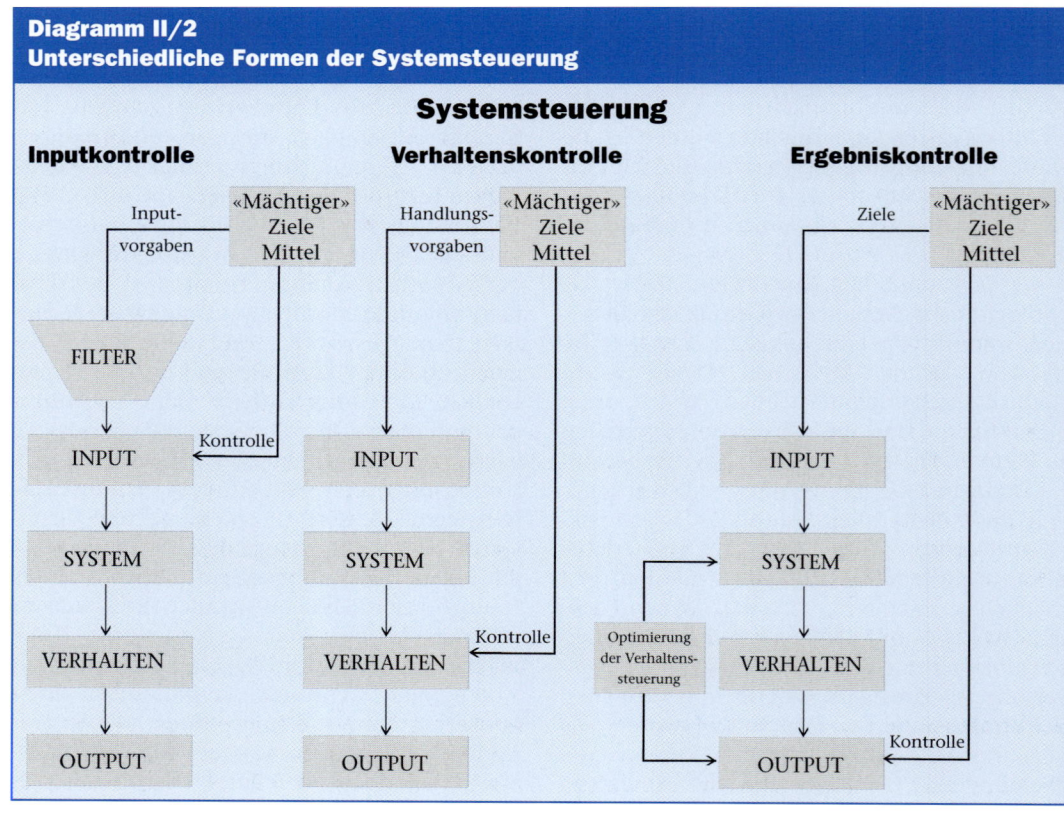

Diagramm II/2
Unterschiedliche Formen der Systemsteuerung

Systemsteuerung

Inputkontrolle   **Verhaltenskontrolle**   **Ergebniskontrolle**

im Selbstverständnis vor allem der Wirtschaft stark ergebnisorientiert geprägt ist, die Maßnahme «Verteilung eines großen Teiles wirtschaftlicher Macht durch das Vererben des Besitzes von kleinen und mittelständischen Unternehmen» (eine klassische Form der Input-Kontrolle durch die Regelungen zur Erbberechtigung) hinsichtlich ihres gesamtgesellschaftlichen Nutzens mit anderen Verteilungsmöglichkeiten (zum Beispiel auf der Basis psychologischer Eignungsdiagnostik in Form der Feststellung des unternehmerischen Potentials) zu bewerten und ggf. darauf eine Veränderung der bestehenden Regelungen aufzubauen? Man muß wirklich nicht in das Mittelalter zurückgehen, um klare Grenzen möglicher bzw. sinnvoller evaluativer Vorhaben in Abhängigkeit von Grundlagen der Systemsteuerung zu finden.

Auch im alltäglichen Rahmen der Evaluationsarbeit zeigen sich entsprechende Einflüsse. Es macht für die Projektgestaltung einen großen Unterschied, ob man etwa die Bildungsabteilung eines Unternehmens mit der heute etwas altmodisch erscheinenden Input-Kontrolle (Auswahl guter Dozenten und von gutem didaktischen Material, der Rest wird schon laufen!) als Auftraggeber hat, ob die Bildungsabteilung stark verhaltenskontrolliert (bis hin zu detailliertesten Einzelanweisungen für das Trainerverhalten) gesteuert wird, oder ob es sich bereits um ein modernes «Profit-Center» mit eindeutigem Streben nach (auch wirtschaftlicher) Optimierung des Outputs handelt. Der in den letzten Jahren deutlich gewordene gesellschaftliche Wandel hin zu mehr Output-Kontrolle, gerade in den früher stark bürokratisierten Bereichen, bringt auch entsprechende Veränderungen in der Schwerpunktsetzung von Evaluationsprojekten mit sich (vergleiche dazu auch **Diagramm II/3**).

2.1.2 Nutzenerwartungen des Auftraggebers

Da die sozialwissenschaftlich gestützte Evaluation in praktisch allen gesellschaftlich relevanten Bereichen des menschlichen Verhaltens eingesetzt werden kann, gibt es eine sehr große Vielfalt von Zielen bei den potentiellen Auftraggebern.

Eine erschöpfende Darstellung ist daher nicht möglich, die häufigsten dürften die folgenden sein:

- Bewertung ohne detaillierte Zielsetzung
- Verantwortungsdelegation
- Durchsetzungshilfe
- Entscheidungshilfe
- Optimierungsgrundlagen
- Kontrolle der Zielerreichung

Sie werden im folgenden kurz skizziert.

Bewertung ohne detaillierte Zielsetzung

Häufig spricht man hier nicht von Evaluation, sondern von «Überprüfung» oder «Kontrolle». Ausgang ist wohl meist ein diffuses Unbehagen, wie zum Beispiel «Was leistet eigentlich unsere Bildungsabteilung?» Oder «Hat diese Verordnung auch nur annähernd das erbracht, was wir damit wollten?».

Gesucht wird eine möglichst umfassende Information über die ausgelösten bzw. von der jeweiligen Institution zu verantwortenden Effekte, meist auch mit dem Hintergedanken, daß die Evaluatoren im Sinne eines normenbezogenen Vergleiches mit den «durchschnittlichen» Resultaten ähnlicher Maßnahmen auch eine Bewertung ermöglichen.

Da ein solcher Auftrag zwangsläufig ein gewisses Mißtrauen gegenüber den Verantwortlichen, Befürwortern oder Nutznießern der zu evaluierenden Einrichtung bzw. Maßnahme zum Ausdruck bringt (ansonsten bräuchte man die Evaluation ja nicht), muß der Evaluator mit emotionalen Problemen, verdeckten oder offenen Widerständen und der Gefahr von Fehlinformation durch die Beteiligten rechnen (vgl. Abschnitt 4.1).

Verantwortungsdelegation

Vor allem bei unter großer Unsicherheit getroffenen Innovationsentscheidungen (Einrichtung eines Modellversuchs mit öffentlichen Mitteln, Änderung eines Ausbildungskonzeptes, Schaffung einer neuen Abteilung oder gravierende Organisationsänderungen im Personalwesen) gibt es eine gewisse Tendenz, die Verantwortung für die eingeführte Maßnahme wenigstens zum Teil auf andere zu verlagern. Es bietet sich an, selbst ohne sinnvoll erscheinende und ausgearbeitete Alternativen, also ohne eine explizite Entscheidungssituation, eine begleitende Evaluation durchführen zu lassen. Man bekundet damit Vorsicht und hofft vielleicht darauf, daß die Tatsache der Evaluation als solche schon ein wenig zur Verbesserung beiträgt (vgl. dazu die «Wissenschaftliche Begleitung» von Modellprojekten).

Durchsetzungshilfe

Bei diesem Ziel des Auftraggebers sind zwei, für die Durchführung und emotionale Akzeptanz von Evaluationen sehr verschiedene Teilziele zu unterscheiden:

- Die Durchführung der Evaluation selbst, unabhängig von den Resultaten, soll die gewünschte Maßnahme erleichtern oder die unerwünschte Maßnahme verhindern;
- Die Ergebnisse sollen so beschaffen sein, daß es der eigenen Zielsetzung entspricht;

Der erstgenannte Aspekt ist meist, wenn auch vielleicht ungewollt, eine notwendige Folge wissenschaftlich sinnvoll gestalteter Evaluationsprojekte. Möchte man zum Beispiel eine politisch umstrittene Schulform einführen, ist ein «probeweises» Einrichten einiger Schulen dieser Art um vieles leichter möglich als eine globale Systemänderung, es gibt weniger unmittelbar Betroffene, und es ist auch außerordentlich schwer, rational gegen den Vorschlag «Sehen wir nach, was herauskommt» zu argumentieren. Durch das Schaffen von Fakten setzen Gewöhnungsprozesse ein, die Neuerung wird nach einiger Zeit nicht mehr als neuartig erlebt und ist damit leichter einrichtbar (für solche Vorgehensweisen wird häufig auch der Begriff «Salami-Taktik», die Veränderung in kleinen Portionen, gebraucht). Andererseits haben die Gegner der Innovation dadurch die Möglichkeit, Zeit zu gewinnen. Für größere Evaluationsprojekte muß man mit mehreren Jahren Laufzeit rechnen, in dieser Zeit mag der Elan der Befürworter der Neuerung nachlassen, andere politische Inhalte werden dominierend. Für beide Seiten bildet die (auch aus wissenschaftlichen Gesichtspunkten völlig berechtigte) probeweise Einführung von Neuerungen auch eine bessere Chance, «glaubwürdige Zeugen» für die eigene Auffassung aus den Reihen der Personen zu finden, die mit der Innovation persönliche Erfahrung gesammelt haben und diese positiv oder negativ bewerten. Ein interessantes Beispiel im Zusammenhang mit dieser Zielsetzung von «Evaluationen» sind übrigens die öffentlichen Diskussionen und die in Auftrag gegebenen Versuche zum Themenbereich «Tempo 100 auf Autobahnen» (siehe dazu auch Will et al. 1987, S. 25 ff.).

In Anbetracht dieses spezifischen Nutzens, den sowohl Gegner als auch Befürworter von Innovationen bei (nicht unbedingt nur politisch) umstrittenen Vorhaben aus Evaluationsprojekten ziehen können, überrascht es, daß nicht wesentlich mehr Aufträge vergeben werden.

Der zweite Durchsetzungsaspekt, der Drang nach «erwünschten» Ergebnissen, ist leichter offen zu diskutieren. Die Hoffnung des Auftraggebers, mit dem Resultat des Evaluationsprojektes seine vorgefaßte Meinung stützen zu können, ist wohl menschlich verständlich und häufig die eigentlich relevante Entscheidungsgrundlage für die Vergabe des Projektes. Problematisch kann es sein, wenn der Auftraggeber ergebnisorientierten Einfluß auf Durchführungsbedingungen, Personalauswahl oder Berichtlegung nimmt. Hier sind die Durchsetzungsstärke und die professionelle Verantwortungsbereitschaft der Evaluatoren (vgl. dazu Abschnitt 2.3.3) manchmal massiv gefordert, was natürlich Probleme bereitet, wenn diese rechtlich (Unterstellungsverhältnis, Anweisungsbefugnisse) oder faktisch (finanzielle Abhängigkeit, Drang nach Folgeaufträgen) vom Auftraggeber abhängen. Aus diesem Grund werden zumindest bei wichtigen und umstrittenen Vorhaben bevorzugt unabhängige Evaluatoren herangezogen, soweit dies möglich ist.

Entscheidungshilfe

Diese Zielvorstellung dürfte dem Selbstverständnis der meisten Evaluatoren entgegenkommen. Im Idealfall gibt es zwei oder mehr ausgearbeitete Alternativen (etwa verschiedene Varianten einer Umgehungsstraße, von Marketingkonzeptionen, von stationären Alteneinrichtungen); außerdem einen (umfassenden) Katalog der für wichtig gehaltenen Auswirkungen, inklusive einer konsensmäßig festgelegten Bewertung der Ausprägungsgrade des «Nutzens» der einzelnen Effekte und deren Kompensationsmöglichkeiten (also etwa die Angabe, wie man die Aspekte «höhere Eigenaktivität der Bewohner eines Altenheimes» , «geringere Möglichkeit zur Machtausübung durch Pfleger», » geringere Kosten durch Rückgang der Pflegebedürftigkeit» und »weniger Bedarf/weniger Arbeitsplätze für Pflegepersonal» zu einem Gesamtnutzen verrechnen kann). Die Aufgabe des Evaluators wäre es dann nur, die entsprechenden empirischen Resultate zu erheben und gemäß der bereits feststehenden Verrechnungsform zu verknüpfen.

Leider sind Projekte dieser Art selten, auch wenn es häufig zum Selbstverständnis des Evaluators gehört, einen solchen Zustand zumindest nach Durchführung des Projektes annähernd zu erreichen (vgl. dazu insbesondere Kapitel 4). Es gibt im Gegensatz zum ersten Anschein nur wenige Entscheidungssituationen, in denen alternative Möglichkeiten sowie die Kosten/Nutzen-Bewertungen explizite ausgearbeitet sind. Meist wird man sich schon freuen müssen, wenn die Ergebnisse von Evaluationsstudien wenigstens indirekt, in diffuser, vielfach vermittelter und kaum nachvollziehbarer Weise in die tatsächliche Entscheidung mit eingehen.

Optimierungsgrundlage

Eine ebenfalls sehr positiv zu bewertende Zielsetzung des Auftraggebers ist der Versuch, die fragliche Maßnahme durch systematische Rückmeldung zu verbessern (zum Beispiel bei Mitarbeitern festgestellte Defizite oder «förderungswürdige Bereiche» durch Bildungsmaßnahmen zu beheben, Schwächen eines Gesetzestextes durch Novellierung zu verbessern, eine Didaktikkonzeption und die dazu verwendeten Lehrmaterialien vor weiterer Anwendung aufgrund der bisherigen Erfahrungen zu optimieren). Der Evaluator wird bei Wahrnehmung dieser Rolle nicht zu einer Selektion zwischen verschiedenen Alternativen veranlaßt, sondern er soll Hinweise geben, welche Aspekte einer Maßnahme verbesserungsbedürftig erscheinen (und womöglich auch sagen, in welcher Form man dies erreichen könnte). Die damit verbundene Interventions- bzw. Gestaltungsaufgabe dürfte von vielen in diesem Bereich Tätigen als befriedigender erlebt werden als die reine Selektion von Alternativen, setzt aber auch in stärkerem Maße Fachkenntnisse aus dem evaluierten Bereich (und nicht nur zur Durchführung von Evaluationen als solchen) sowie häufig auch eine intensive Kooperation und Konsensbildung mit den Betroffenen voraus.

Kontrolle der Zielerreichung

Gerade im Zusammenhang mit Maßnahmen des Qualitätsmanagements werden Evaluationsprojekte immer wichtiger, bei denen man sich bemüht, das Erreichen eines vom Maßnahmenträger zugesagten Ergebnisprofils zu überprüfen. Grundlage der Bewertung ist dann nicht wie bei der summativen Evaluation als Entscheidungshilfe der Vergleich zwischen verschiedenen Maßnahmen, sondern der Vergleich zwischen erzieltem Ergebnis und erwartetem Profil. So kann etwa der nach den Grundsätzen des Qualitätsmanagements (vgl. dazu insbesondere die DIN EN ISO Norm 9000 ff.) an einen Bildungsträger vergebene Auftrag lauten «Die Kosten des Trainings müssen geringer sein als die durch die im Training vereinbarten Projekte im Laufe eines Jahres eingesparten Kosten, gleichzeitig ist die durchschnittliche Zufriedenheit der Teilnehmer mit dem Training mit mindestens 1,5 auf einer Schulnotenskala zu erreichen». Wenn eine solche (in der Praxis noch wesentlich präzisere) Festlegung des zu erreichenden Zieles im vorhinein feststeht, braucht von Seiten des Evaluators nur die entsprechende Messung durchgeführt und aufbereitet werden. Damit werden viele Schwierigkeiten vermieden, die sich bei vergleichender Evaluation stellen (siehe dazu Abschnitt 2.2.4).

Es soll nochmals betont werden, daß die hier versuchte Darstellung einiger wichtiger Ziele des Auftraggebers im Regelfall keine eindeutige Zuweisung eines Evaluationsprojektes zu einer dieser Zielsetzungen erlauben, schon gar nicht auf der Basis des publizierten Berichtes. Ob zum Beispiel ein Personalchef die Weiterbildungsangebote externer Trainer evaluieren läßt, ohne eine genaue Zielsetzung zu haben (vielleicht, weil sein Kollege in einem anderen Unternehmen dies auch tut), oder damit seine Verantwortung für die Auswahl der Anbieter delegieren möchte, vielleicht auch nur eine Möglichkeit sucht, unauffällig einem Bekannten einen Auftrag zu verschaffen (da dieser ja die Voraussetzung ist, um auch dieses Angebot evaluieren zu können), wirklich ohne vorgefaßte Meinung eine rationale Entscheidungshilfe erhofft, oder ob er sogar bestrebt ist, durch eine entsprechende Auswertung der Ergebnisse den schwächeren Anbietern bei der Optimierung ihrer Seminargestaltung zu helfen, ist aus dem Auftrag als solchem in keiner Weise ersichtlich. Oft wird man mit Mischformen rechnen müssen, und die allgemeine multifaktorielle Bestimmtheit von menschlichem Verhalten findet sich eben auch bei der Vergabe von Evaluationsprojekten.

2.1.3 Schwerpunkte konkreter Evaluationsprojekte

Ausgehend von einer relativ einfachen Auffassung des Begriffes «Evaluation» bzw. «Bewertung» wurden immer mehr Erfahrungen mit Evaluationsprojekten gesammelt. Dabei zeigte sich, daß es eine Fülle von Detail-Zielen gibt, die innerhalb des jeweiligen Vorhabens angestrebt wurden. Es verbessert das eigene Planen, sich anhand der inzwischen ausgearbeiteten umfangreichen Begriffsbildungen klar zu machen, welche Fragen im Vordergrund stehen. Außerdem wird deutlich, in welch vielfältiger Weise Evaluationen zur Zielerreichung des Auftraggebers (und anderer Gruppen) beitragen können.

Es gibt heute kaum einen Bereich der angewandt-sozialwissenschaftlichen Projektarbeit, dem nicht irgendein vorhandener Evaluationsbegriff zugeordnet werden könnte. Eine die wichtigsten begrifflichen Ausdifferenzierungen umfassende Darstellung ist im **Diagramm II/3** gegeben, wobei sich die Gliederung an den einzelnen Arbeitsschritten eines typischen Evaluationsprojektes orientiert.

Rahmenbedingungen

Zum Bereich der Kontextevaluation gehört die bewertende Untersuchung der Voraussetzungen, die schon vor der sachgerechten Planung einer später zu evaluierenden Maßnahme durchgeführt werden soll. Hierzu gehört die Erarbeitung der (tatsächlichen, nicht evtl. vorgeschobenen) Ziele des Projektes, die auch ethische Bewertung der durchzuführenden Interventionen und der geplanten Verwendung der Evaluationsergebnisse sowie deren absehbaren, kontextbedingten Nebenfolgen. Evaluierungen dieser Art bilden häufig die Grundlage für die Bereitschaft des Evaluators,

---

Diagramm II/3
Wichtige Evaluationsbegriffe, strukturiert nach typischem Projektablauf

Rahmenbedingungen
(Kontextevaluation)
↓

• parteiliche versus überparteiliche Evaluation   • offene versus geschlossene Evaluation

Grundsätzliche Ziele
↓

• praxisorientierte Evaluation   • entwicklungsorientierte Evaluation   • theorieorientierte Evaluation

Gerichtetheit der Fragestellung

• Input-Evaluation   • Mikro-Evaluation   • Makro-Evaluation
z.B. Personal, Medien, Material,
 Unterweisung

Zeitpunkt

vor einer Maßnahme   *während einer Maßnahme*   *nach erfolgter Maßnahme*
antizipatorisch prognostisch   Prozeß- oder   Ergebnis- Output- oder
prospektiv   dynamische Evaluation   Produktevaluation

Kosten-Nutzen-Überlegung

• strategische Evaluation   • Management-Evaluation

Bearbeitungsform

• intrinsische vs. extrinsische Evaluation   • Compliance- vs. Program-Impact   • innere (Selbst-) vs. äußere
                -Evaluation   (Fremd-) Evaluation

• summative vs. formative Evaluation   • vergleichende vs. nicht-vergleichende Evaluation

Meta-Evaluation

• Programm-Design-Evaluation   • ergebniszusammenfassende Meta-Evaluation

das Projekt überhaupt durchzuführen. So hat es keinen Sinn, bestimmte Maßnahmen zur Verbesserung der Situation einer Schule prospektiv zu untersuchen, wenn von Seiten der Leitung keine Bereitschaft besteht, wirklich eine Veränderung durchzuführen oder die Motivationsstruktur des Kollegiums offensichtlich jede mit zusätzlicher Arbeit für die Lehrer verbundene Neuerung unmöglich macht. Nicht selten findet man das offene oder latente Ansinnen parteilicher Evaluation (die Studie ist so anzulegen, daß unabhängig von der empirischen Faktenlage ein bestimmtes, gewünschtes Ergebnis auftritt), was leider mit dazu führen kann, daß es fast schon zu den üblichen gesellschaftlichen Ritualen gehört, daß sich bei manchen Themen «Gutachter» und «Gegengutachter» widersprechen (etwa Studien zu Müllverbrennungsanlagen, Autobahnerweiterungen oder anderen großen Bauvorhaben, Standorte Forensischer Kliniken etc.).

Grundlage für solche vom Auftraggeber gewünschte Parteilichkeit kann etwa die Bekräftigung einer bestimmten politisch-ideologischen Position bei öffentlichen Projekten, der Nachweis der eigenen «Tüchtigkeit» im Unternehmen (etwa bei Marketingmaßnahmen) oder massive finanzielle Interessen von Systemteilgruppen (etwa im Gesundheitswesen) sein. Mißbrauchsmöglichkeiten sind insbesondere bei geschlossener Evaluation (die Ergebnisse werden nur der auftraggebenden Stelle, zum Beispiel einer bestimmten Behörde oder Institution bekannt) naheliegen, so daß man grundsätzlich auf eine Publikation der Ergebnisse wert legen sollte. Einer solchen sinnvollen und der wissenschaftlichen Ethik entsprechenden Forderung können aber auch sehr berechtigte Interessen des Auftraggebers entgegenstehen, etwa die Konkurrenzsituation zwischen verschiedenen Firmen.

Grundsätzliche Ziele

Setzt man das Projekt fort, ist (schon zur Vermeidung späterer Diskordanzen) die grundsätzliche Orientierung des Projektes zu bestimmen. Diese kann sich ausschließlich auf das Bewerten konkreter Praxiseffekte konzentrieren (etwa den Erfolg einer psychologischen Therapie für

eine definierte Personengruppe), sie kann aber auch eher entwicklungsorientiert sein (die Zielsetzung wäre dann die Verbesserung der Interventionsmaßnahmen für spätere Anwendungen) oder besonders theoriefördernde Aspekte betonen (zum Beispiel eine Prüfung theoretischer Überlegungen auf der Basis des Erfolges bestimmter therapeutischer Vorgehensweisen). Da bei wissenschaftlich vorgebildeten Evaluatoren häufig eine stärkere Tendenz zum theorieorientierten Vorgehen besteht, als dies vom Auftraggeber aus naheliegenden Gründen gewünscht wird, sollte über die Hauptrichtung des Vorhabens ein Einvernehmen erreicht werden.

Ebenso wichtig für die Ausarbeitung der Projektdetails ist, ob der Schwerpunkt der Fragestellung im Micro- oder im Macro-Bereich zu sehen ist. Von Micro-Evaluation spricht man üblicherweise dann, wenn nur Details (etwa die didaktische Aufbereitungen eines Unterrichtstextes) interessieren, Macro-Evaluation liegt vor, wenn komplexere Einheiten (zum Beispiel Fragen der Schulorganisation) untersucht werden.

Zeitperspektive

Auch hinsichtlich des Zeitpunktes der Evaluation im Rahmen des Gesamtablaufes der Maßnahme wurden verschiedene Konzepte ausdifferenziert. An zeitlich erster Stelle steht die sogenannte strategische Evaluation, bei der es darum geht, zu beurteilen, ob die Ursachen des in Frage stehenden Problems richtig erkannt und die vorgesehene Problemlösungen bzw. Maßnahmen voraussichtlich angemessen sind. Damit verwandt ist der Begriff der prospektiven bzw. antizipatorischen Evaluation, bei der es darum geht, eine Maßnahme vor deren Realisierung auf der Basis geeigneter Sozialtechniken zu bewerten. Ein typischer Fall dafür ist etwa die Auswahl einer bestimmten unter verschiedenen möglichen Baumaßnahmen (durch Experten oder Betroffene). Es hätte ja keinen Sinn, die Maßnahme (zum Beispiel eine bestimmte Straßenführung) zuerst konkret durchzuführen und erst im Nachhinein bewerten zu lassen. Von prognostischer Evaluation spricht man, wenn die Untersuchung dazu dienen soll, eine empiriegestützte Prognose über den Erfolg einer später durchzuführenden Maßnahme abzugeben. Dafür typisch sind etwa Untersuchungen auf der Basis von Testmärkten (ein neues Marketingkonzept wird zunächst nur in einem relativ kleinen Gebiet in der Bundesrepublik, meist Berlin oder das Saarland, eingeführt und von den Ergebnissen dort das vermutliche Resultat bei Einführung im Bundesgebiet prognostiziert) oder Versuche im Schulbereich, die zunächst nur mit ausgewählten Modellschulen durchgeführt werden.

Bei der sogenannten Input-Evaluation geht es darum, die für eine bestimmte Maßnahme eingesetzten Ressourcen (im weitesten Sinne) zu bewerten. Sie kann sich sowohl auf die materielle Ausstattung beziehen (wenn diese zum Beispiel qualitativ oder quantitativ unzureichend für das Erreichen des angestrebten Zieles ist), aber auch auf beteiligte Personen, zum Beispiel die Motivation von Teilnehmern an einer Weiterbildungsmaßnahme oder die emotionale und kognitive Vorbereitung von Lehrern innerhalb eines Schulversuches.

Zumindest bei längerfristigen Interventionsprogrammen empfiehlt es sich, auch während der laufenden Maßnahme dynamisch vorzugehen, also den Prozeß fortlaufend zu evaluieren und ggf. bei dem Auftreten von Störungen, unvorhergesehenen und unerwünschten Ergebnissen oder einer Änderung der Rahmenbedingungen und Zielsetzungen sofort korrigierend einzugreifen. Besonders wichtig ist hier die fortlaufende Überprüfung der (Lern-)Ziele, die Kontrolle und ggf. Optimierung des für die Maßnahme eingesetzten Materials bzw. Techniken, sowie die erfahrungsgestützte Bewertung der zur Prüfung der Ergebnisse eingesetzten Instrumente (etwa Skalen für den Therapieerfolg, Tests zum Feststellen des Lernergebnisses oder Methoden zur Effektivitätsprüfung einer Maßnahme).

Eine dynamische Konzeption des Evaluationsprojektes ist vor allem bei stark praxisbezogener Fragestellung von erheblichem Vorteil und manchmal auch aus ethischen Gründen (unerwünschte Nebenfolgen!) unverzichtbar, hat aber den erheblichen Nachteil, daß Dauer und Kosten zu Beginn des Projektes nicht zuverlässig kalkuliert werden können. Es kann daher zweckmäßig sein, die begleitende Evaluation längerer Vorhaben in mehrere kleine verbundene Einzelprojekte aufzuteilen, und

den Folgeauftrag für das nächste (Teil-)Projekt erst dann zu vereinbaren, wenn auf der Basis der zunächst vorliegenden Ergebnisse eine konkrete Planung möglich ist.

Nach endgültig abgeschlossener Maßnahme ist im wesentlichen nur noch eine Bewertung des Ergebnisses (auch Output- oder Produktevaluation) möglich. Der Schwerpunkt kann hierbei auf einer statischen bzw. vergangenheitsorientierten Bewertung der gefundenen Ergebnisse oder auf einer eher veränderungsorientierten, die Durchführung neuer und verbesserter Maßnahmen anregenden Interpretation liegen.

Nutzenüberlegungen

Soweit sich die Bewertung einer Maßnahme und eines Programms auch auf Kosten-Nutzen-Überlegungen stützt, sollte man von Anfang an klären, ob ausschließlich die Feststellung der Kosten und des damit erzielten Nutzens oder auch die (relative) Effektivität der Maßnahme von Bedeutung ist. Die erste Vorgehensweise stellt für sozialwissenschaftlich gestützte Interventionen meist eine bescheidenere Forderung dar, da bei halbwegs sinnvoller Planung und nicht allzu ungünstigen Rahmenbedingungen die getätigten Aufwendungen meist geringer sind als der damit erzielte Nutzen, soweit sich dieser ausreichend quantitativ erfassen läßt. Schwieriger ist die Erzielung zufriedenstellender Effektivität, da hier durch die Berücksichtigung des Nutzens pro Aufwandseinheit ein Vergleich mit alternativen Maßnahmen naheliegt und vor allem größere (und damit auch entsprechend aufwendige) Projekte dabei schlechter abschneiden können als einfache, schnell und billig durchzuführende praxeologische Maßnahmen, die zwar vom absoluten Betrag her gesehen auch weniger Nutzen erbringen, aber bezogen auf den Aufwand die höhere «Rendite» zeigen.

Bearbeitungsformen

Hinsichtlich der verschiedenen Bearbeitungsformen innerhalb eines Evaluationsprojektes können hier nur einige besonders wichtige Begriffe skizziert werden. Von extrinsischer Evaluation spricht man, wenn (wie häufig) eine Maßnahme aufgrund ihrer Auswirkung bei den jeweiligen Adressaten überprüft wird, von intrinsischer, wenn die Bewertung unabhängig von konkreten Auswirkungen dieser Art erfolgt (zum Beispiel bei der ideologiekritischen Untersuchung eines Curriculums oder bei der Bewertung eines Personalentwicklungssystems hinsichtlich seiner Passung zur jeweiligen Unternehmenskultur durch die Befragung der dortigen Führungskräfte). Eine andere Unterscheidung ist die Trennung der Bewertung der Programmauswirkungen (Program Impact) im Gegensatz zur Compliance-Evaluation, bei der es darum geht, wie weit eine Maßnahme überhaupt befolgt wurde. Besonders wichtig ist dies etwa bei medikamentöser Behandlung (fehlende Compliance liegt vor, wenn die Patienten die vorgeschriebenen Medikamente nicht einnehmen, was häufig der Fall ist) oder bei der Erprobung neuer Curricula oder Lehrformen (haben sich die Lehrer überhaupt an die Programmvorgaben gehalten?). Für die Bewertung einer Maßnahme spielt es natürlich eine große Rolle, ob ein negatives Resultat auf fehlende Compliance oder fehlende Programmeffektivität zurückzuführen ist.

Unter innerer (oder Selbst-)Evaluation versteht man Vorhaben, bei denen die Mitarbeiter einer Institution (im Extremfall sogar der Planer und Durchführer der jeweiligen Interventionsmaßnahme) auch für die Bewertung verantwortlich sind, von äußerer, wenn eine entsprechende personelle Trennung erfolgt. Zur Vermeidung massiver Beurteilungsfehler sollte eigentlich stets bei wissenschaftsgestützten Projekten (im Gegensatz zum subjektiven Lernen während der persönlichen Berufspraxis) von einer äußeren Evaluation ausgegangen werden, doch scheitert dies gelegentlich an den dafür erforderlichen finanziellen Mitteln.

Eine weitere wichtige Unterscheidung, die ähnlich schon weiter oben angesprochen wurde, ist die Trennung von summativer (eine globale, zusammenfassende Bewertung abgebender) und formativer (vorwiegend zur Gestaltungsverbesserung angelegter) Evaluation. Ein formatives Vorgehen ist meist befriedigender, da man dabei mehr Gelegenheiten hat, auf der Basis entsprechender Fachkenntnisse gestaltend tätig zu werden. Manche Auftraggeber sind aber an «klaren Entscheidungen» interessiert, sei es an der Auswahl der besten aus mehreren Alternativen (vergleichende Evaluation) oder der Bewertung einer Maßnahme an normativen Standards oder vorgegebenen Zielsetzungen (nicht-vergleichendes Vorgehen).

Erfahrungsaufbereitung

Nach Abschluß von Evaluationsprojekten sollten die dabei gemachten Erfahrungen nach Möglichkeit aufbereitet und zusammengefaßt werden, was man allgemein als «Meta-Evaluation» bezeichnet. Dabei ist zu unterscheiden, ob diese Zusammenfassung die über eine bestimmte Maßnahme erzielten Ergebnisse integrierend darstellen soll, also etwa globale Aussagen über die Effektivität einer bestimmten Therapie oder einer bestimmten Organisationsform gewünscht werden; in diesem Fall spricht man von summierender Meta-Evaluation, dafür wurden auch eine Reihe spezieller statistischer Techniken entwickelt (Smith & Glass, 1981). Eine andere Art der zusammenfassenden Auswertung besteht darin, Hinweise für die verbesserte Gestaltung neuer Evaluationsprojekte zu erhalten, sei es für das verwendete Instrumentarium, Techniken zur Feststellung der Ziele und Konsequenzen oder für die jeweils gewählten Untersuchungsdesigns (Program-Design Evaluation). Erfahrungsaufbereitungen dieser Art sind die Grundlage, auf der sich allmählich die Leistungsfähigkeit professioneller Evaluation weiter optimieren läßt.

Die hier am Ablauf eines Evaluationsprogrammes strukturierte Begriffsbildung ist in keiner Weise erschöpfend, leider finden sich in der Literatur gelegentlich auch widersprüchliche Auslegungen des gleichen Begriffes. Für eine weitergehende Vertiefung in die spezielle Begriffswelt der Evaluation empfiehlt sich etwa Gell und Pehl 1970, Wittrock und Wiley 1970, Wulf 1972, Attkinson und Broskowski 1978, Biefang 1980, Hellstern und Wollmann 1984, Wittmann 1985.

2.2 Wissenschaft als mögliche Grundlage von Evaluation

Die im vorhergehenden Abschnitt dargestellten gesellschaftlichen Bedürfnisse erfordern in gewissem Umfang die Durchführung empirisch gestützter Evaluation. Diese muß aber nicht unbedingt «wissenschaftlich» sein. Es gibt zahlreiche Kontrolleinrichtungen, denen man dieses Prädikat sicher nicht zuordnen würde (Rechnungshöfe, Controlling-Abteilungen, Jahres- bzw. Rechenschaftsberichte von Firmen, Instituten oder Bildungseinrichtungen, die Zusammenfassung von empirisch belegbaren Vorkommnissen als Grundlage einer Kritik durch Vorgesetzte u.s.w.), die aber den größten Teil empirisch fundierter Evaluation in unserer Gesellschaft überhaupt bestreiten. Dies wirft die Frage auf, was eigentlich Wissenschaft im besonderen für dieses Problemfeld leisten kann.

Grundvoraussetzung für einen sinnvollen Beitrag ist, daß das soziale System «Wissenschaft» bereit ist, an (praxisbezogenen) Evaluationen teilzuhaben. Hier wäre zu überprüfen, ob es sich bei der Evaluation überhaupt um wissenschaftliche Forschung, oder ein eigenständiges Anwendungsgebiet, mit eigenen Normen und Werthaltungen handelt (2.2.1). Außerdem muß der «wissenschaftliche» Beitrag einen die Kosten übersteigenden Nutzen haben und zumindest partiell den nicht-wissenschaftlichen Alternativen überlegen sein (2.2.2). Schließlich sollten auch die Alternativen zur wissenschaftsgestützten Evaluation bedacht und gegeneinander abgewogen werden (2.2.3). Ein Sonderfall, mit zunehmender Bedeutung für Bildungs- und Gesundheitswesen, aber auch die Arbeit in der Wirtschaft, ist dabei das Qualitätsmanagement auf der Basis der DIN EN ISO-9000 ff. (s. 2.2.4).

2.2.1 Evaluation als wissenschaftsgestütztes Handeln

Beziehung zwischen Wissenschaft und Evaluation

Vor einer näheren Diskussion des Problems, ob es sich bei der Evaluation um wissenschaftliche Forschung oder ein eigenständiges Anwendungsgebiet handelt, wäre es an sich erforderlich, den Begriff «Wissenschaft» eindeutig zu klären. Allerdings stellt sich hier ebenso wie im Abschnitt 1.1 das Problem, daß sich real existierende Systeme einer letztlich befriedigenden Formaldefinition entziehen.

Faßt man wissenschaftliche Forschung als abstraktes System von einem Gegenstandsbereich, darüber getroffenen Aussagen und vereinbarten Überprüfungsmethoden auf, so können Evaluationsprojekte innerhalb dieses Rahmen dazu dienen, ebenso wie andere empirische Studien Grundlagen für die Gewinnung oder Überprüfung von Hypothesen zu erhalten. Als Beispiel: Folgt aus einer wissenschaftlich-theoretischen Überlegung, daß die Arbeitszufriedenheit von Montagearbeitern bei Einräumung eines größeren persönlichen Handlungsspielraumes steigen sollte, wäre die Evaluation einer darauf aufbauenden Maßnahme im Prinzip geeignet, Rückschlüsse auf die Gültigkeit bzw. erforderliche Detailsspezifikationen dieser These zu erarbeiten. Evaluationsprojekte wären bei diesem Verständnis nur eine besondere Form des wissenschaftlich-empirischen Arbeitens, die sich durch eine eher anwendungsorientierte Hypothesenformulierung auszeichnet. Ansonsten wären sie ein integraler Bestandteil des Kreislaufes empirischer Forschung (vgl. dazu Wottawa, 1988, S. 22). Evaluation in dieser Betrachtung wäre nur ein Teilgebiet von «Wissenschaft», allerdings bei Ausklammerung der spezifisch wertenden Aspekte.

Hilfreicher ist die Unterscheidung von Cronbach und Suppes (1969, S. 20 f.) in entscheidungsorientierte (decision-orientated) und schlußfolgeorientierte (conclusion-orientated) Forschung.

Von entscheidungsorientierter Forschung sprechen Cronbach und Suppes dann, wenn es die Aufgabe des Forschers ist, im Rahmen einer Auftragsuntersuchung, die von den Entscheidungsträgern gewünschten Informationen zu liefern.

Im Rahmen der schlußfolgernden Forschung formuliert der Forscher selbst die ihn interessierenden Hypothesen, ohne nennenswerten Einfluß eines externen Entscheidungsträgers. Oberstes Ziel ist dabei nicht die konkrete Umsetzung der Ergebnisse zum Beispiel in einer Institution, sondern die begriffliche Erfassung und Erklärung des ausgewählten Problems.

Die Parallelen zwischen entscheidungsorientierter Forschung und der Evaluation sowie zwischen schlußfolgeorientierter Forschung und der wissenschaftlichen Forschung im üblichen Sinne sind hier unübersehbar.

Dabei handelt es sich natürlich nicht um zwei scharf abgegrenzte Bereiche. In der Übergangszone zwischen Evaluation und wissenschaftlicher Forschung dürften sogar eher die meisten Untersuchungen angesiedelt sein.

Glass (1972, S. 169f.) führt die Unterscheidung zwischen Evaluation und Forschung konsequent weiter, indem er definiert, daß Evaluation den Wert, Forschung dagegen die wissenschaftliche Wahrheit einer Sache einzuschätzen versuche. Dabei setzt er Wert gleich gesellschaftlichem Nutzen und identifiziert Wahrheit an Hand der beiden Kriterien «empirische Überprüfbarkeit eines allgemeinen Phänomens mit allgemeinverbindlichen Forschungsmethoden» sowie «logische Konsistenz».

Rolle des Evaluators

Sieht man wissenschaftliche Forschung in dem von Glass beschriebenen Sinne, so wird die Unterschiedlichkeit der «Berufsrolle» des Wissenschaftlers und des Evaluators deutlich. Auf der einen (extrem gezeichneten) Seite steht der unabhängige, frei nach Wahrheit suchende Forscher, der nur sich und der Wissenschaft verpflichtet ist; auf der anderen Seite steht der auftragsabhängige, von den Interessen und Vorlieben der Auftraggeber determinierte Evaluator, der zwar fachlich und organisatorisch kompetent sein mag, aber in einem völlig anderen, wissenschaftsextern geprägten Normensystem lebt (bzw. leben muß, um akzeptiert zu werden und weitere Aufträge zu erhalten).

Da für viele, gerade an Universitäten tätige Forscher die (relative) Unabhängigkeit ihrer Berufsgruppe ein ganz entscheidendes Merkmal für ihr Selbstverständnis und Selbstwertgefühl ist, war die Bewertung der Rolle des eben nicht nur «rein wissenschaftlich» agierenden Evaluators zunächst mehr als zurückhaltend (vor diesem Hintergrund sind auch die Ausführungen von Weizsäcker im **Diagramm I/1** verständlich). Auch heute noch dürften nur wenige Kollegen innerhalb ihrer relevanten Wissenschaftssubgruppe voll akzeptiert sein, wenn sie ausschließlich Evaluationsprojekte durchführen und nicht wenigstens zusätzlich auch «echte» Forschung betreiben. Es ist naheliegend, daß manche mit Evaluationsprojekten beschäftigte Forscher versuchen, auch in diesen Studien möglichst nach wissenschaftsinternen Gepflogenheiten vorzugehen. Eine professionelle Arbeit setzt aber voraus, daß man auch als Wissenschaftler die notwendigen, sachgerechten Besonderheiten der Evaluation emotional akzeptiert.

Der Evaluator muß, soweit er seine eigene Rolle und die Interessen des (meistens finanzierenden) Auftraggebers auch wirklich ernst nimmt:

- Die Rahmenbedingungen und Zielvorgaben des Auftraggebers akzeptieren, was der Selbstbestimmung von Forschung widerspricht; bei ethisch nicht akzeptablen Zielen oder unsachgemäßen Bedingungen ist ein Projektangebot natürlich abzulehnen;
- Im Sinne der Wahrung der Auftraggeberinteressen Einschränkungen der zu untersuchenden Fragestellungen, ja sogar der Publikation der nach Konsensfindung gewonnenen Ergebnisse akzeptieren (man denke etwa an einen wissenschaftlichen Bericht, in dem steht, daß die Schule unter Leitung des Direktors Y ein besonders schlechtes Organisationsklima aufweist), was völlig der fundamentalen Norm von Freiheit der Wissenschaft, die sogar verfassungsrechtlich geschützt ist, widerspricht;
- Im Interesse seiner Kooperationsfähigkeit mit der Praxis Werthaltungen, Verhaltensweisen und soziale Kompetenzen übernehmen, die rein wissenschaftsintern zumindest selten sind und dazu führen können, daß sich der Evaluator dieser sozialen Bezugsgruppe entfremdet;
- Das Problem der «unwissenschaftlichen» Bewertung und die damit zusammenhängende Maximierung von Nutzen-Aspekten in seiner Arbeit unmittelbar aufgreifen; dies steht im Gegensatz zur oft im Grundlagenbereich angestrebten «Wertfreiheit» der Wissenschaft, die das Problem der Anwendung und alle damit verbundenen Bewertungsfragen auf Entscheider oder andere Subgruppen verlagert.

Jeder, der eine berufliche Tätigkeit im Bereich der Evaluation anstrebt, sollte sich bewußt sein, daß er damit eben nicht im engeren Sinne wissenschaftlich tätig ist. Er ist weniger frei, stärker an die Berücksichtigung von Interessen gebunden und gleichzeitig weniger folgenlos als viele Mitarbeiter im Grundlagenbereich. Er sucht nicht Wahrheiten, sondern hilft mit, die Gesellschaft innerhalb der jeweils möglichen Grenzen ein klein wenig besser zu gestalten, als sie ohne seine Tätigkeit beschaffen wäre, falls er so kompetent ist, daß seine Befunde tatsächlich von den Entscheidungsträgern aufgegriffen und berücksichtigt werden. Wenn man diese Bedingungen akzeptiert, ist der Bereich Evaluation sicher ein sehr interessantes, aussichtsreiches und gesellschaftlich relevantes Gebiet; sieht man sich aber emotional und vom persönlichen Selbstverständnis her eher als Wissenschaftler im klassischen Sinne, sollte man sich nicht durch externe Anreize dazu verführen lassen, Evaluation als Berufsfeld zu wählen.

Wissenschaft als Hilfe für die Evaluationsarbeit

Beachtet man die Besonderheiten der Anforderungen an Evaluatoren und die sachlichen Strukturen, die diese Unterschiede zur reinen wissenschaftlichen Forschung bedingen, so wird klar, daß zumindest die auftragsgebundene, in einem praktischen Verwertungszusammenhang stehende Evaluationsforschung nicht «Wissenschaftliche Forschung» im üblichen, zumindest an Universitäten dominierenden Sinne sein kann. Eine Ausnahme wäre denkbar, wenn in Einzelfällen auch die Zielsetzung von Evaluationsprojekten von Wissenschaftlern selbst vorgenommen würde, wenn also der (Grundlagen-)Forscher mit dem von ihm selbst gesetzten Ziel von Evaluation in das Praxisfeld geht. Solche Vorhaben sind aber außerordentlich selten.

Wenn Evaluation auch nicht Wissenschaft ist, so kann und muß sie doch wissenschaftsgestützt erfolgen. Die Kenntnis der entsprechenden Theorien und Befunde ist eine wesentliche Grundlage, um die im Abschnitt 1.3 diskutierte Zielperspektive soweit wie seriös

vertretbar nach vorne zu verlegen und die Vernetzungen der verschiedenen Handlungsergebnisse zu explizieren. Nur die mit wissenschaftlichen Methoden und auf langen Erfahrungen aufbauenden Meßinstrumente gestatten eine fundierte Erfassung komplexer psychologischer oder sozialwissenschaftlicher Konstrukte, und nur die fortgeschrittenen Datenauswertungsmethoden ermöglichen es, die bei den meisten Evaluationsprojekten anfallenden hohen Datenmengen übersichtlich und interpretierbar zu analysieren. Vielleicht mag auch die Erwartung zutreffen, daß Wissenschaftler in entsprechender beruflicher und gesellschaftlicher Position aufgrund ihrer relativen Unabhängigkeit gegenüber den Auftraggebern weniger von externen Interessen beeinflußbar sind und damit objektiver über die Ergebnisse von Maßnahmen berichten. Zumindest sollte man erwarten, daß der Wissenschaftler gelernt hat, und auch in praktischen Situationen bereit ist, sich an die prinzipielle wissenschaftliche Regel zu halten, alle in eine Aussage einfließenden Argumente zu explizieren, sie hinsichtlich ihrer Fundierung zu diskutieren und die getroffenen Bewertungen und Verknüpfungen deutlich zu machen. Ein solcher typisch wissenschaftlicher Darstellungs- bzw. Argumentationsstil garantiert mit gewissen Einschränkungen die Seriosität einer «wissenschaftlichen» Evaluation, ist aber gleichzeitig leider oft dem Bedürfnis der Praxis nach klaren Handlungsanweisungen entgegengesetzt.

2.2.2 Nutzen der Wissenschafts-Beiträge

In den meisten Fällen wird von Seiten der Wissenschaft ein echter Sachbeitrag erwartet (Theorie- und Methodenkenntnisse allgemein, Erfahrung in der Durchführung empirischer Projekte). Es kommt aber durchaus vor, daß zumindest zusätzlich zu diesem Aspekt auch der «Zusatznutzen» von Wissenschaft bzw. Wissenschaftlern wichtig ist, etwa die Aufwertung von Projekten, die höhere Glaubwürdigkeit einer fachlichen Autorität auch bei Fragen, bei denen keine besondere Kompetenz besteht u. ä.

Die Beachtung beider Aspekte (Sachleistung und Zusatznutzen) kann die Kooperation mit

Auftraggebern erleichtern und eine zweckmä-ßige, spätere Enttäuschungen vermeidende Projektplanung unterstützen.

Potentielle Sachbeiträge von Wissenschaft

Nur ein dem jeweiligen wissenschaftlichen Entwicklungsstand annähernd entsprechendes Vorgehen bei der Auswahl und Messung der Kriterien, der Designplanung und Datenauswertung verhindert unnötige Schwächen des Projektes. Die Fülle psychologischer bzw. sozialwissenschaftlicher Theorien, Methoden und Interventionstechniken, die für Evaluationsprojekte unmittelbar genutzt werden können, ist unübersehbar. Diese Vielfalt hat zur Folge, daß für eine Berufstätigkeit im Feld Evaluation eine sehr breite Kenntnis der eigenen Wissenschaft wichtiger ist als ein sehr tiefes Wissen in wenigen Spezialgebieten.

Die Verbindung der Evaluation mit meist sehr vielschichtigen Praxisproblemen bedingt, daß in den meisten Fällen nicht gesagt werden kann, ob der gerade ausgewählte theoretische Ansatz bzw. die Methode oder Sozialtechnik die beste oder gar die einzige mögliche Wahl ist. Eine nachträgliche Überprüfung ist wegen der meist gegebenen Einmaligkeit von Evaluationsprojekten kaum möglich, so daß eine «Evaluation» der für ein konkretes Projekt herangezogenen wissenschaftlichen Grundlage meist entfällt. Für den Auftraggeber bzw. den Kooperationspartner aus der Praxis bedeutet dies, daß er der fachlichen Kompetenz des wissenschaftlichen Evaluators mit nur wenigen nachträglichen Kontrollmöglichkeiten vertrauen muß. Die Verantwortung des Wissenschaftlers, auch bezüglich der eigenen Informiertheit über den aktuellen Sachstand, ist entsprechend hoch.

Ein über die Fachkompetenz in Einzelfragen hinausgehender Kompetenzaspekt ist die Vertrautheit mit einem bestimmten wissenschaftsspezifischen Paradigma, das für Absolventen eines Studiums meist so selbstverständlich wird, daß man den spezifischen Beitrag der so geprägten Denkweise oft übersieht. Ein Ingenieur orientiert sich «ganz natürlich» an technischen Gegebenheiten, ein klassisch ausgebildeter Wirtschaftswissenschaftler wird vor allem an Organisationsstrukturen und Kostenaspekte denken, ein Psychologe wird das Verhalten (Ziele, Motive, Emotionen etc.) des einzelnen Menschen in den Mittelpunkt stellen und einem Sozialwissenschaftler dürfte es schwerfallen, nicht automatisch gesellschaftliche Aspekte zu berücksichtigen. Für jede Disziplin liegen andere Variablen für Intervention und Erfolgskontrolle nahe, sie verfügen über verschiedene Mengen von als bewährt angesehenen Hypothesen, Meßmethoden und Überprüfungsverfahren, ohne daß von einer neutralen Stelle aus gesagt werden könnte, welcher Standpunkt «richtig» oder «besonders richtig» wäre. Die Hinzuziehung eines in einem anderen Paradigma lebenden Kollegen, wie es etwa in der Kooperation zwischen «Praktikern» und Wissenschaftlern die Regel ist, bietet schon an sich, selbst ohne eine spezifisch ausgeprägte Sachkompetenz in Detailfragen, eine gute Chance, das Problem von einem neuen Gesichtswinkel aus umzustrukturieren und damit einen vielleicht bisher übersehenen Bearbeitungsvorschlag zu entdecken. Voraussetzung ist allerdings eine (leider) ungewöhnliche Kommunikationsfähigkeit aller Beteiligten, deren Fehlen erhebliche sachliche und emotionale Schwierigkeiten machen kann (vgl. dazu die «Inkommensurabilität» verschiedener Paradigmen, Kuhn, 1967).

Zusatznutzen «wissenschaftlicher» Evaluation

Ein gerade unter wissenschaftlich ausgebildeten Personen nicht seltener Denkfehler ist es, die von Verantwortungsträgern (zum Beispiel Auftraggebern für Evaluationsvorhaben) getroffenen Entscheidungen als ausschließlich oder zumindest weit überwiegend rational-logisch abgestützt aufzufassen. Daß die Steuerung eines komplizierten sozialen Systems, ja auch nur die Aufrechterhaltung seiner Funktionsfähigkeit, nicht so einfach als rationaler, leicht durchschaubarer und ausschließlich auf Sachrückmeldung begründeter Prozeß aufzufassen ist, zeigen die Untersuchungen zum komplexen Denken (vgl. dazu Dörner, 1979, 1983). Es fällt dabei auf, daß aus rein intellektueller Sicht vermutlich ein erheblicher Teil der in solchen psychologischen Experimenten teilnehmenden Versuchspersonen im «realen» Leben in der Lage wäre, etwa eine Schneiderwerkstatt oder ein ähnlich überschaubares System intellektuell zu steuern. Daß diese Aufgabe aber bei Reduktionen auf sachliche Rückmeldung und ohne die Einbettung in «Erfahrung» oder anderes gewohnheitsmäßiges Verhalten nicht so leicht ist, zeigen die erstaunlich hohen Versagerquoten bei entsprechenden Simulationsexperimenten (vgl. dazu Putz-Osterloh 1981).

Die psychologischen Mechanismen, die einen Zusatznutzen der Einschaltung von Wissenschaft über Fachwissen hinaus bedingen, sind vor allem im Bereich der Sozialpsychologie (Vorurteils- und Kleingruppenforschung, Battegay 1973; Sbandi, 1973; Schäfers, 1980; Schneider, 1985) ausführlich untersucht. Eine Darstellung einiger besonders wichtiger dort aufgezeigter Effekte findet sich in **Diagramm II/4**.

Für die praktische Arbeit besonders wichtig sind folgende Zuschreibungen:

- *Neutralität der Wissenschaft;* man erwartet, daß aufgrund des Selbstverständnisses einer «wertfreien» Forschung (ob dies gerechtfertigt ist, mag dahin gestellt bleiben), daß der Wissenschaftler in besonderem Maße in der Lage ist, nur «objektive» Fakten zu beachten und sie nicht gemäß einer vorgefaßten Meinung gefärbt zu interpretieren. Im Prinzip dürfte dies auch richtig sein, doch gibt es zweifellos auch das Phänomen der «advokatorischen Evaluation» (siehe **Diagramm II/3**

im Abschnitt 2.1.3). Auch der Wissenschaftler ist ein «normaler» Mensch, der gerade zu gesellschaftlich relevanten Vorhaben (zum Beispiel im Bildungsbereich) oder bei Maßnahmen, die seine eigene Tätigkeit unmittelbar berühren (zum Beispiel die Effekte verschiedener Therapieformen für einen Klinischen Psychologen) durchaus fest etablierte Vorurteile haben kann. Zur Vermeidung solcher Effekte ist der in manchen Programmen in den USA übliche Lösungsweg interessant, besonders kontroverse Vorhaben parallel von zwei Wissenschaftlern mit stark unterschiedlichen Vormeinungen evaluieren zu lassen. Dies führt nicht nur zu einer besonders breiten Vorgehensweise unter Beachtung fast aller denkbarer Vor- bzw. Nachteile der evaluierten Maßnahme, sondern stellt auch ein gewisses Regulativ für die einzelnen Wissenschaftler dar, zur Aufrechterhaltung der eigenen Reputation eine mögliche Verzerrung der Studie aufgrund ihrer Vormeinung so gering wie möglich zu halten. Dies ist besonders vor dem Hintergrund der Einmaligkeit der meisten Evaluationsprojekte wichtig, die eine Kontrolle der Angemessenheit des Projektes bzw. die Fundiertheit der Ergebnisse durch Replikationsstudien nicht möglich macht.

- *Fachübergreifende Kompetenzzuschreibung;* da der Fachwissenschaftler einem Laien in dem jeweiligen wissenschaftlichen Teilgebiet zwei-

---

Diagramm II/4
Psychologische Gründe für den Zusatznutzen wissenschaftlich ausgewiesener, externer Evaluatoren (Auswahl)

- Image des Wissenschaftlers
- Expert power
- Information power
- Credibility/Glaubwürdigkeit
- Persuasibility/Überzeugungskraft
- Geringerer Gesichtsverlust in Konfliktsituation
- Besseres Konfliktmanagement durch den Einsatz von Sozialtechniken
- Objektive Vermittlung bei Konflikten innerhalb der Institution des Auftraggebers

- Nonkonformität mit informellen Gruppennormen
- Objektivität
- Besserer Einblick in und besserer Umgang mit gruppendynamischen Prozessen
- Vermeidung negativer Gruppeneffekte wie «group thinking» oder «group polarisation»
- Unabhängigkeit von hierarchischen Strukturen auf der Seite der Auftraggeber
- «Idiosyncrasy Credit» aufgrund des Status des Wissenschaftlers

fellos kompetenzmäßig weit überlegen ist, findet sich das Phänomen, ihm eine entsprechende Überlegenheit und «Autorität» auch außerhalb des Fachgebietes zuzuschreiben. So fragwürdig manche Auswüchse der Benutzung dieser speziellen Art des Halo-Effektes auch sind (man denke etwa an die «Wahlaufrufe» von Wissenschaftlern oder Künstlern für politische Parteien oder die Darstellung von Spitzensportlern in der Produktwerbung), so nützlich kann dieses Phänomen in Evaluationsprojekten sein. Dies gilt zum Beispiel für die Konfliktbereinigung zwischen verschiedenen Mitarbeitern oder Instanzen des Auftraggebers, da diese im Regelfall die Empfehlung einer externen «Autorität» mit besonderer Kompetenz leichter und ohne Gesichtsverlust akzeptieren können als eine interne Regelung. In gleicher Weise können Wissenschaftler dazu beitragen, die (gerade bei politisch interessanten Evaluationsvorhaben) oft irrational heftigen Kontroversen ein wenig zu versachlichen, da sich normalerweise die Kontrahenten nicht auf Dauer dem Vorwurf aussetzen wollen, gegen den «wissenschaftlichen Sachverstand» zu argumentieren.

- *Weitgehende Explikationen der Begründungen;* es ist für einen wissenschaftlich gut ausgebildeten Akademiker selbstverständlich, die Begründung für eine Bewertung in expliziter, logisch nachvollziehbarer Form zu erwarten. Bei vielen Kontroversen liegt ein Kernpunkt des Konfliktes aber gerade darin, daß wichtige Bewertungsaspekte nicht genannt werden (Wer sagt schon, daß er bei dem Vergleich verschiedener Weiterbildungsseminare in seinem Unternehmen auf der Bewertungsvariable «persönliche Beliebtheit des Referenten bei den Teilnehmern» vor allem deshalb besteht, weil er meint, daß dabei sein «Liebling» besondere Vorteile hat? Oder wer formuliert explizit, daß er gegen eine Geschwindigkeitsbegrenzung auf Autobahnen ist, weil er selbst es genießt, seinen starken Wagen voll ausfahren zu können?). Die durch einen Wissenschaftler angestrebte Explikation erzeugt in solchen Fällen erhebliche Dissonanzen zwischen dem Ist-Stand der Ziele und dem Selbstbild des sich selbst als verantwortlich handelnd sehenden Praktiker, was die Konsens- bzw. Kompromißfähigkeit fördert.

- *«Aufwertung»* von Projekten; ein Vorhaben in der Schule, im Betrieb und einer Kurklinik muß etwas «Besonderes» sein, wenn sich damit ein Wissenschaftler beschäftigt. Es wird damit gegenüber alltäglichen Kontroll- bzw. Evaluationsvorgängen auf eine höhere Stufe gehoben, von der Verantwortlichkeit bzw. Betreuung her meist auch hierarchisch höher zugeordnet und damit bzgl. der Durchführungsmöglichkeit und der Beachtung der Ergebnisse aufgewertet. Als Beispiel: An einer Schule wird das Problem alkoholabhängiger Schüler virulent. Die mit der Beratung dieser Problemgruppe besonders beauftragten Lehrer überlegen drei verschiedene Vorgehensweisen. Wenn sie diese Varianten schulintern mit dem Einsatz ihrer eigenen Arbeitszeit evaluieren, kann dies leicht von der Schulleitung als «Hobby» dieser Kollegen interpretiert werden. Gelingt es, etwa einen Diplom-Psychologen einer benachbarten Erziehungsberatungsstelle dafür zu interessieren, wird mit Sicherheit der Schulleiter eingeschaltet, das Vorhaben ausführlich auf einer Konferenz diskutiert und vielleicht sogar zur Profilierung der Schule in der Öffentlichkeit oder gegenüber der Stadtverwaltung (da jetzt Dienststellen kooperieren müssen) genutzt. Gelingt es sogar, einen angesehenen Universitätsprofessor für dieses Projekt zu interessieren, besteht eine gute Chance, daß sich daraus ein mit zusätzlichen Finanzmitteln gefördertes Projekt ergibt, vielleicht sogar ein Modellversuch des entsprechenden Landes, vielleicht mit bundesweiter Verbreitung der aufgrund der Evaluationsergebnisse abgegebenen Empfehlungen. Eine solche Entwicklung kann selbst dann eintreten, wenn sich gegenüber dem ursprünglichen Vorhaben der Lehrer vor Ort weder in den Maßnahmen noch in den Evaluationsgesichtspunkten eine wesentliche Veränderung ergeben hätte.

Man sollte solche an sich unsachlichen, sozialpsychologisch begründeten Effekte nicht überbewerten, aber auch nicht gering achten – wahrscheinlich war es in vielen Fällen der Evaluationsvorhaben nur durch die von den Auftraggebern gewünschte Aufwertung des Projektes mittels des Einsatzes von Wissenschaftlern möglich, auch sachlich eine wesentliche Qualitätssteigerung zu erzielen.

2.2.3 Alternativen zur wissenschaftsgestützten Evaluation

Auf wissenschaftliche Evaluation wird immer verzichtet werden, wenn entweder überhaupt die Möglichkeit dazu nicht gesehen oder akzeptiert wird (vgl. die Ausführungen zu den psychologischen Erfordernissen) oder der erwartete Nutzen aus den damit erzielten Informationen geringer ist als die durch das Projekt verursachten Kosten. Eine solche Situation kann zum Beispiel entstehen, wenn sich die verschiedenen Verhaltensalternativen nur geringfügig unterscheiden, das Evaluationsprojekt aber außerordentlich aufwendig wäre. Bei sozialwissenschaftlich relevanten Problemstellungen ist es häufig der Zeitdruck, durch sich schnell ändernde Rahmenbedingungen, der unter Nutzenaspekten eine wissenschaftliche (und damit meißt länger andauernde) Evaluation nicht zweckmäßig erscheinen läßt.

Die Hauptursachen für den Verzicht auf Wissenschaft auch in Situationen, in denen diese sachlich durchaus angemessen wäre, sind vermutlich in einer besonderen Betonung von «legalistischen» (oder bürokratischen) Positionen und einer Überschätzung nicht-wissenschaftlicher Evaluationsansätze zu sehen.

Legalistische Position

Diese Auffassung könnte man verkürzt mit «eine rechtmäßig zustandegekommene Regelung hat befolgt und nicht in Zweifel gezogen zu werden» charakterisieren. Geht man davon aus, muß sich Evaluation (wenn überhaupt) auf das Feststellen des ordnungsgemäßen Zustandekommens beschränken, wozu man kaum wissenschaftliche Methoden benötigt. Diese Auffassung ist selbstverständlich dem empirisch-rational geprägten Denken fundamental entgegengesetzt, da es in der Wissenschaft ja gerade darauf ankommt, jede, auch noch so plausibel klingende, von Autoritäten verkündete und von der Wissenschaftsgemeinschaft konsensmäßig akzeptierte Hypothesen beim Auftreten von Zweifeln doch immer wieder aufs Neue zu überprüfen. Dies mag mit ein Grund sein, warum manche Wissenschaftler (und Evaluatoren) Schwierigkeiten haben, die jeweils

geltenden bürokratischen und nicht immer rationalen Regeln anzunehmen und für sich zu nutzen; ein wichtiger Aspekt bei der Kooperation mit Auftraggebern aus Großorganisationen, nicht nur der öffentlichen Hand.

Auf den ersten Blick mag die hier verkürzt dargestellte legalistische Position unsinnig wirken. Man muß sich aber vor Augen halten, daß sie eine für das Funktionieren größerer menschlicher Gesellschaften völlig unverzichtbare Grundlage ist und von der abstrakten Struktur her gesehen eine Möglichkeit ist, das Problem der Zeitperspektive der Wirkungsketten von Maßnahmen (vgl. dazu die Diskussion zum ultimate criterion im Abschnitt 1.3) in sozial verträglicher, überwiegend konsensmäßiger Weise zu lösen. In vielen Organisationen (Rechtsprechung, Öffentliche Verwaltung, Militär, nicht mehr «persönlich» überschaubare Industrieunternehmen) sind Spielregeln erforderlich, deren Gültigkeit zum Zeitpunkt ihrer Anwendung hinzunehmen ist. Nur so ist eine Vermeidung von Willkür (etwa bei der Rechtsprechung), irrationaler Machtausübung (zum Beispiel im Verwaltungsbereich) oder subjektiv ungleiche Behandlung von Betroffenen (etwa bei Gehaltsfindungen in der Wirtschaft) möglich. Durch ein fortlaufendes Infragestellen einer ordnungsgemäß zustandegekommenen Anordnung wäre nicht nur die Effektivität der Gesamtorganisation gefährdet, sondern auch die psychologische Akzeptanz von Maßnahmen erschwert. Man kann kaum von einem Betroffenen erwarten, daß er eine Gefängnisstrafe für ein kriminelles Delikt innerlich annimmt, wenn dieses als Folge einer schnell wechselnden Rechtslage manchmal strafbar, in anderen Zeiträumen aber straffrei ist. Beispiele dafür ist etwa die zu verschiedenen Zeiten oder bei verschiedenen Staaten der europäischen Kulturgemeinschaft stark unterschiedliche rechtliche Bewertung von Wirtschaftsdelikten, Ehebruch, Gotteslästerung, Abtreibung oder Pornographie. Das Nichthinterfragen von Regeln, und damit automatisch der Verzicht auf eine Evaluation, kann ein gesellschaftlich relevanter Wert an sich sein. Die Abwägung zwischen jeweils übertriebener und dadurch dysfunktionaler Starrheit versus Veränderbarkeit und Unsicherheit ist eine schwierige gesellschaftliche Aufgabe. Man sollte sich davor hüten, aus einer verkürzten, rein naturwissenschaftlich geprägten Sicht heraus die positiven Aspekte legalistischer Positionen völlig zu negieren.

Nicht-sozialwissenschaftliche Evaluation

Die zweifellos häufigste Bewertung von Verhaltensweisen erfolgt durch «von selbst» anfallende, nicht zum Zwecke des gezielten Evaluationsprojektes erhobene Rückmeldungen. Dies gilt sowohl für den Einzelnen (es gibt wohl nur wenige Psychologen, die zur persönlichen Partnerauswahl wissenschaftliche Techniken, etwa Diagnose-Instrumente wie zum Beispiel Tests, einsetzen) als auch im gesellschaftlichen Bereich. Für Politiker sind, global gesehen, Rückmeldungen über die Presse, die Argumentation des Gegners oder der Besuch von Wahlkampf-Veranstaltungen viel entscheidendere Informationen als wissenschaftliche Evaluationsprojekte; Manager merken schnell die Reaktion des Betriebsrates, des Marktes oder der Konkurrenten.

Der Vorteil dieser Art von Rückmeldung ist, neben der Gewöhnung, der geringe Kostenaufwand und die subjektiv erlebte, manchesmal aber nur scheinbare Plausibilität.

Besonders wichtige Nachteile sind:

- Verzerrung der Rückmeldung durch unsystematische Auswahl (Presseberichte geben in keiner Weise immer ein repräsentatives Bild der öffentlichen Meinung, Umsatzsteigerungen können andere Ursachen haben als die spezielle Gestaltung einer Marketingmaßnahme)
- Relativierung, im Extremfall sogar die Ersetzung gestaltender Ziele durch kurzfristige Rückmeldung (Phänomen der «vorbeugenden Selbstzensur» bei Berichten oder Vorschlägen, Verzicht auf langfristig sinnvolle Maßnahmen bei zunächst negativer Reaktion der Öffentlichkeit).
- Vernachlässigung von Nebenwirkungen, die ohne vorhergehende Studien erst zu spät erkennbar werden.
- Unklare Definition des Gesamtnutzens einer Maßnahme; da die unsystematische Rück-

meldung sich im allgemeinen auf jene Variablen konzentriert, die für den für die Innovation Verantwortlichen persönlich besonders wichtig sind, werden diese Aspekte überbetont. Wissenschaftlich gestützte Evaluation vermag es, stärker die Vielfalt der Betroffenheit deutlich zu machen und damit auf die Interessen zum Beispiel sozial wenig einflußreicher Gruppen hinzuweisen (was die faktische Berücksichtigung auch dieser Punkte zumindest in demokratischen Gesellschaften als Folge der dadurch erleichterten bzw. erst ermöglichten öffentlichen Diskussion erhöht).

Die Gründe für den Verzicht auf wissenschaftsgestützte Evaluation sind oft «rational» überzeugend, und manchmal zumindest faktisch zwingend. Ebenso wie es unsinnig wäre, diese spezielle Art der Rückmeldung über Handlungsfolgen völlig auszuschließen, wäre es auch falsch, die Forderung nach der wissenschaftlichen Evaluation aller Maßnahmen durchsetzen zu wollen. Allerdings dürfte derzeit eine wesentliche Erweiterung des Einsatzes von Wissenschaft auch im Interesse der Gesamtgesellschaft zu begrüßen sein.

2.2.4 Qualitätsmanagement nach DIN-EN-ISO-9000 ff.

Einen völlig anderen Ursprung als die sozialwissenschaftlich orientierte Evaluation hat das vor allem aus der industriellen Produktion stammende Qualitätsmanagement. Zwar sind die Zielsetzungen identisch, es geht immer darum, auf der Basis von empirisch feststellbaren Sachverhalten einen Vorgang zu bewerten (summativ) oder optimaler zu gestalten (formativ); als Folge der unterschiedlichen Wurzeln haben sich aber völlig verschiedene terminologische Gewohnheiten eingebürgert. So würde es zum Beispiel die Qualitätskontrolle eines Produktionsbetriebes sehr merkwürdig empfinden, wenn man ihre Tätigkeit als «Ergebnisevaluation» bezeichnen würde.

Für die psychologisch bzw. sozialwissenschaftlich begründete Evaluation wird das Qualitätsmanagement in den letzten Jahren dadurch besonders interessant, daß die ursprünglich für die Produktion konzipierten Systeme auch auf den Dienstleistungsbereich übertragen werden (DIN-EN-ISO 9000ff./2 Deutsches Institut für Normung e.V. 1997; Gumpp, 1996, Hering, 1996).

Für die Messung der im Dienstleistungsbereich erforderlichen empirischen Indikatoren sind im Gegensatz zur technischen Qualitätsprüfung natürlich «weiche» Aspekte, für deren Messung und sachgerechte Interpretation entsprechend psychologisch oder sozialwissenschaftlich begründete Meßinstrumente erforderlich sind, unverzichtbar. Es zeichnet sich daher ab, daß ein erheblicher Teil der praktischen Evaluationsarbeit (wenn auch vermutlich nicht mit dieser Bezeichnung!) nach den Grundsätzen des Qualitätsmanagements für Dienstleistungsorganisationen strukturiert werden wird. Tatsächlich dürfte dies in Anbetracht der Vielzahl der damit verbundenen Fragestellungen im Wirtschaftsleben der quantitativ wichtigste Bereich von Evaluationsarbeit werden, dies auch gerade vor dem Hintergrund des aktuell nicht sehr starken Strebens nach Reformprojekten mit der Notwendigkeit entsprechend großer Evaluationsvorhaben im öffentlichen Bereich.

Die genauen Inhalte der ursprünglich von der International Standard Organization (ISO) entwickelten und dann von dem Deutschen Institut für Normung (DIN) und in vielen anderen Staaten übernommenen Norm dürfen aus rechtlichen Gründen, im Gegensatz zu den Gewohnheiten im wissenschaftlichen Bereich, nicht ausführlich zitiert werden. Vieles an diesem Regelwerk, daß die Arbeit einer (Dienstleistungs-) Organisation optimieren soll, betrifft auch Aspekte, die mit der Evaluation im engeren Sinne nichts zu tun haben (zum Beispiel Prinzipien der Verantwortungsdelegation, teilweise auch sehr stark an Verhaltenskontrolle orientierte, von vielen Nutzern als «bürokratisch» erlebte Regelungen von Verfahrensabläufen). Für den potentiellen Beitrag von Evaluation im Sinne der Sozialwissenschaften sind folgende Aspekte besonders wichtig:

- Es muß eine klare Definition des in der Dienstleistung für den Kunden zu erbringenden Outputs geben (siehe dazu die Ausführungen im Abschnitt 2.1), die sich auf meß- bzw. beobachtbare Indikatoren stützen muß.
- Die Aussagen für diese angestrebte Leistung dürfen nicht unbestimmt offen bleiben

(zum Beispiel «hohe Erreichbarkeit unserer Hotline») sondern müssen mit exakten Mindestgrenzwerten versehen werden, zum Beispiel «maximale Wartezeit 5 Minuten»).
- Die Verbindung zwischen dem eigenen Verhalten und den für den Kunden zugesagten Leistungen müssen allen an der Leistungserbringung Beteiligten bekannt sein (was insbesondere bei «weichen» Faktoren wie freundliches Verhalten, Akzeptanz von Kundenwünschen oder «anregende Kaufatmosphäre» eine erhebliche Leistung bei der psychologischen Analyse der Bedingungsfaktoren der vom Kunden erlebten Leistungserbringung erfordert).
- Die Überprüfung der erbrachten Leistung muß unmittelbar durch den Leistungserbringer, aber auch zusätzlich durch unabhängiges (damit ist gemeint, daß keine unmittelbare Abhängigkeit vom Leistungserbringer oder Leistungsempfänger vorliegt) Personal festgestellt werden.
- In regelmäßigen Abständen (zum Beispiel einmal jährlich) ist ein «Qualitätsaudit» durchzuführen, bei dem die festgestellten Ergebnisse, ihre Ursachen und darauf aufbauende Optimierungsmöglichkeiten zu diskutieren sind.

Ein solches Qualitätsaudit ist natürlich von der Struktur her völlig identisch mit der Diskussion von Evaluationsberichten, wenn man von einigen spezifischen (und durchaus für eine Dienstleistungsorganisation sehr sinnvollen) Bestimmungen der hier nur sehr oberflächlich skizzierten ISO-Norm absieht.

Richtig angewendet kann die Befolgung dieser Norm für Dienstleistungsorganisationen eine erhebliche und systematisch von Jahr zu Jahr gesteigerte Qualitätsoptimierung mit sich bringen. Bedauerlich ist, daß es einer größeren Zahl von Unternehmen offensichtlich weniger darum geht, wirklich ihre Organisation zu optimieren, sondern eher, das für die Außendarstellung immer wichtiger werdende Zertifikat («zertifiziert nach ISO 9000!») zu erwerben, ohne wirklich relevante Veränderungen durchzuführen. Die Gründe für diese immer wieder festzustellende Barriere gegenüber einer echten Struktur- oder Verhaltensänderung dürften ähnlich strukturiert sein wie die Widerstände gegen Evaluation generell (siehe Abschnitt 2.1.1). Es ist selbstverständlich auch bei dieser Norm möglich, wie bei jedem auf dem Prinzip der Verhaltenskontrolle aufbauenden Regelsystem, eine durchaus auch nachprüfbare Einhaltung der Vorschriften zu sichern, ohne den Output des Systems wirklich zu optimieren. Diese Gebrauchs- bzw. Mißbrauchsmöglichkeit dürfte die wichtigste Grundlage für die auch starke Kritik an dieser Neuerung sein, bei der meist besonders der bürokratische Aufwand hervorgehoben wird.

Eine Reihe sehr interessanter Beispiele für die Anwendung der DIN EN ISO 9000 Norm finden sich im Bereich der Personalentwicklung (vgl. Dembski und Lorenz, 1996; Thombansen, Laske, Possler und Rasmussen, 1994; Albrecht, Pfitzinger und Vogel, 1995).

Trotz der unterschiedlichen Herkunft der beiden Konzepte (Evaluation im sozialwissenschaftlichen Verständnis einerseits und Qualitätsmanagement andererseits) ist zu erwarten, daß es aufgrund der objektiven Ähnlichkeiten bzw. nahezu Identitäten zu einer Konvergenz dieser beiden Denkschienen, zumindest im Bereich der Dienstleistungsorganisationen, kommt. Bedauerlich ist, daß sich auch hier eine gewisse Tendenz abzeichnet, daß die dabei entstehenden neuen Aufgaben vorwiegend durch Personen abgedeckt werden, die keine im engeren Sinne psychologisch-sozialwissenschaftliche Ausbildung haben. Zumindest in der Anfangsphase der Durchsetzung der ISO 9000 in Dienstleistungsorganisationen entstand der Eindruck, daß diese Form von «Evaluation» eher von Ingenieuren, Juristen oder Betriebswirten gestaltet wird, als von den zumindest unter dem Aspekt der Ausbildung her dafür besonders qualifizierten Absolventen einschlägiger Studiengänge. Voraussetzung für die Nutzung des spezifisch sozialwissenschaftlichen Know-hows in diesem Feld ist allerdings, daß man sich von in der humanwissenschaftlichen Grundlagenforschung idealen, aber für die praktische Arbeit der Qualitätsoptimierung nicht brauchbaren Vorstellungen, insbesondere im Zusammenhang mit der Designkonstruktion, löst. Im Qualitätsmanagement werden praktische Lösungsvorschläge gesucht, Bemühungen zum elaborierten Aufzeigen von Kausalitäten, die zweifellos nur durch entsprechende Designs zu erreichen sind, finden in

diesem Feld nur bedingt Interesse (siehe dazu auch Abschnitt 5.2.2).

2.3. Verfügbarkeit von Evaluatoren

Das gesellschaftliche Bedürfnis nach sozialwissenschaftlich gestützter Evaluation kann trotz gegebener Sachkompetenz der Wissenschaft nur erfüllt werden, wenn ausreichend viele und ausreichend qualifizierte Personen als «Evaluatoren» zur Verfügung stehen. In anderen Ländern, insbesondere den USA, ist dies in großem Ausmaße der Fall. So schätzt man etwa, daß in den USA im Rechnungsjahr 1977 39 Ministerien und Behörden sowie unabhängige Institutionen 243 Mio. Dollar für die Evaluation von Sozialprogrammen ausgaben. Davon wurden 61 Mio. Dollar zur Bezahlung von etwa 2200 vollberuflichen Mitarbeitern bei den Bundesbehörden verwendet, deren wesentliche Aufgabe in Evaluationsarbeiten zu sehen ist. Insgesamt wurden aus den oben genannten Mitteln ca. 1300 Auftragsarbeiten finanziert (vgl. Freeman & Solomon, 1984, S. 134 ff).

Berücksichtigt man die unterschiedlichen Bevölkerungszahlen, so müßte in der Bundesrepublik Deutschland für den vergleichbaren Ausbau von Evaluation etwa ein Viertel der in den USA beschäftigten Evaluatoren benötigt werden, eine Zahl, von der die derzeitigen Verhältnisse (Details dazu sind leider nicht bekannt) sicher bei weitem abweichen. Man sieht daran, welcher große potentielle Bedarf an Evaluatoren in einer modernen Industriegesellschaft bestehen kann. Allerdings muß man berücksichtigen, daß die USA im Gegensatz zu den meisten europäischen Ländern keine ausgeprägte Tradition mit Herrschaftsformen des aufgeklärten Absolutismus oder anderer autoritärer Staatsformen hat, so daß eine wesentliche Grundlage für das Dominieren der «legalistischen Position» (vgl. Abschnitt 2.2.3) für die Rechtfertigung bzw. Bewertung öffentlicher Maßnahmen fehlt. Ein weiterer Grund für den Unterschied mag darin liegen, daß die großen politischen Parteien in den USA weniger Unterschiede zueinander zeigen als in Europa. Ideologische Wurzeln für Parteipräferenzen fehlen fast völlig, und auch die zum

Beispiel in der Bundesrepublik Deutschland nicht unerhebliche Tendenz von Politikern, zumindest die öffentlich geäußerte persönliche Meinung mit der «offiziellen» Parteimeinung abzustimmen, ist in den USA zumindest wesentlich schwächer. Dieser stärker pragmatische, weniger parteibezogene Umgang mit Problemen fördert das Interesse an empirischer Evaluation und die praktische Anwendung der Ergebnisse. Trotzdem dürfte in der Bundesrepublik ein quantitativ erhebliches Defizit an Evaluatoren bestehen, worauf sich zumindest mittel- bzw. langfristig eine günstige Prognose für diesen Teilarbeitsmarkt gründet. Diese Hoffnung wird verstärkt durch die in den letzten Jahren deutlich gewordene Tendenz einer «Entideologisierung» der Politik auch in Deutschland und der zunehmenden Betonung der Outputkontrolle als Grundlage der Systemsteuerung auch im öffentlichen Bereich.

Die Nachfrage nach Evaluation ist aber auch abhängig von der Verfügbarkeit ausreichend kompetenter Evaluatoren. Entsprechend gezielte Aus- und Weiterbildungsprogramme fehlen (im Gegensatz zu den USA) in der Bundesrepublik Deutschland so gut wie völlig, selbst Spezialisierungen innerhalb des normalen Diplom-Studienganges werden kaum angeboten und die Arbeitsbedingungen der meisten Evaluatoren sind zumindest in Anbetracht der derzeitigen Marktlage mit so vielen Unsicherheiten behaftet, daß sie für besonders kompetente, Eigeninitiative entwickelnde Absolventen in Anbetracht der für diese Personengruppe bestehenden anderweitigen Berufsmöglichkeiten nur wenig attraktiv sind. Die mangelnde Verfügbarkeit besonders qualifizierter Bewerber reduziert ihrerseits wiederum die für Evaluatoren geschaffenen Arbeitsmöglichkeiten. Es bleibt zu hoffen, daß Änderungen der Studienordnungen (vgl. etwa die Rahmenprüfungsordnung für das Diplomstudium Psychologie vom 20. Mai 1983 mit der Einrichtung eines Pflichtfaches «Evaluation und Forschungsmethodik» im Hauptdiplom), Verlagerung der Studenteninteressen und eine gleichzeitig hoffentlich zunehmende Nachfrage nach Evaluationskompetenz hier eine Verbesserung bewirken.

In den nächsten drei Abschnitten wird zunächst ein Überblick über die Vielfalt der «Rollen» des Evaluators gegeben, die Rahmenbedingungen (auch in rechtlicher Hinsicht) von evaluatorischer Tätigkeit skizziert und abschließend darauf aufbauend versucht, die für eine erfolgreiche und zufriedenstellende Berufstätigkeit in diesem Bereich erforderlichen Kompetenzen und Persönlichkeitseigenschaften zu skizzieren. Dieser letzte Abschnitt verfolgt das Ziel, die persönliche Entscheidung für eine eventuelle Tätigkeit in diesem Bereich ein wenig zu versachlichen.

2.3.1. Rollenvielfalt des Evaluators

Die wichtigsten abgrenzbaren Funktionen eines Evaluators sind auf der Basis des allgemeinen Handlungsmodells aus **Diagramm I/2** in **Diagramm II/5** strukturiert zusammengefaßt. Die Darstellung macht vielleicht deutlich, daß dieses Berufsfeld sicher eine sehr abwechslungsreiche Tätigkeit bietet, gleichzeitig aber auch hohe und zum Teil konträre Anforderungen stellt. So muß etwa der Evaluator als «summativer Bewerter» seine eigene Meinung und Persönlichkeit gegenüber dem Auftrag und der Sachlage soweit wie nur irgend möglich zurücknehmen. Als «Informationsbeschaffer» das Instrumentarium gemäß seiner eigenen Auffassung gestalten und seine möglichst optimale Anwendung im Feld auch gegen Widerstände durchsetzen. Als «formativ Helfender» ist er der Ratgeber, der unterschiedliche Gestaltungsvorschläge und Interessen vermittelnd zu einem Konsens führt. Da sich alle drei Rollen im Rahmen desselben Projektes ergeben können, muß man i. A. Langeweile nicht befürchten. Allerdings stellt sich die Frage, wie man eine entsprechende Rollenflexibilität erwerben soll, solange eine entsprechende Persönlichkeitsentwicklung etwa im Rahmen von postgradualen Bildungsgängen oder sorgfältig supervisierter Berufserfahrung kaum unterstützt wird.

2.3.2 Rechtliche Rahmenbedingungen von evaluatorischer Tätigkeit

Vorweg muß erklärt werden, welche Rechtsbeziehungen in dem Feld evaluatorischer Tätigkeit überhaupt relevant sein können. Eine

Übersicht über häufige Beschäftigungsverhältnisse für Evaluatoren stellt **Diagramm II/6** dar.

Innerhalb der Dienstleistungen im Sinne des §611 BGB (Bürgerliches Gesetzbuch) sind zwei Fälle zu unterscheiden:

- Dienstleistungen des selbständig Tätigen;
- Arbeitsleistungen des (unselbständigen) Arbeitnehmers.

Im ersten Fall ist der Evaluator selbständig, leitet zum Beispiel ein eigenes Institut. Im zweiten Fall ist der Evaluator abhängig beschäftigt. Laut Rechtsprechung des BAG (Bundesarbeits-gericht) und BGH (Bundesgerichtshof) ist dabei auf bestimmte Indizien abzustellen wie Weisungsgebundenheit, Art der Entlohnung, Abführung von Lohnsteuer und Sozialversicherungsbeiträgen. Der Evaluator als Arbeitnehmer schuldet dem Dienstberechtigten seine ganze Arbeitskraft.

Vertragsmöglichkeiten

Bezüglich der rechtlichen Beziehungen zwischen Auftraggeber und Evaluatoren sind folgende Bedingungen typisch:

Diagramm II/5
Funktion des Evaluators auf der Basis des Handlungsmodells

Handlungsmodell	Funktionen des Evaluators	Besondere Aspekte für den Berufsanfänger
Situation ↓ Person ↓ ZIELE ↓ Bestandteile einer Zielhierarchie	Evaluator hilft bei der Zielexplikation	Gute Fachkenntnisse, spezielle Kenntnisse über das Evaluationsobjekt und dessen Kontextbedingungen
IST _____ SOLL ↓ DISKREPANZ	Evaluator berät hinsichtlich der Realitätsnähe der Maßnahmen und gibt Anregungen für den Handlungsbedarf	Verwaltungstechnische/organisatorische Kenntnisse, praktische Erfahrungen außerhalb der Wissenschaftsgemeinde, soziale Kompetenz
Handlungspläne hierarchisch organisiert H1 H2 H3 H4 etc.	Evaluator unterstützt bei der Erweiterung der gesehenen Handlungsmöglichkeiten	Erfahrungen hinsichtlich der Instrumente aus der Grundlagenforschung, Kenntnisse aus dem Projektmanagement, umfassende Methodenkenntnisse, praktische Erfahrung
Bewertung der Handlungsalternativen (z.B. unter dem Kosten-Nutzen-Aspekt)	Evaluator setzt Kommunikationstechniken ein	Fertigkeiten in Präsentation, Moderation, Berichtlegung, sozialpsychologischen Techniken
Handlungsausführung ↓ ↑ Ausführungskontrolle	Evaluator hilft und berät bei der Ausführung der Maßnahmen	Praktische Erfahrungen, gute fachspezifische Kenntnisse, organisatorische Kompetenzen
Ergebnisse ↓ Folgen	Evaluator ist zuständig für die applizierte Methodik, für die Auswertung und die Nutzenmessung	umfassende Methodenkenntnisse, gute fachspezifische Kenntnisse, spezifisches Wissen über das Evaluationsobjekt und dessen Kontextbedingungen
Folgenbewertung	Evaluator wendet sozialtechnische Methoden an	Soziale Kompetenz, Kenntnisse über sozialpsychologische Techniken

● *Der Dienstvertrag:*

Für den Evaluator als unselbständigen Arbeitnehmer gelten die Pflichten, die sich aus einem abgeschlossenen Dienstvertrag ergeben (vgl. **Diagramm II/7**).

Probleme aus den Verpflichtungen als abhängig Beschäftigte können sich in einer Vielzahl von Punkten der praktischen Evaluationsarbeit ergeben. Besonders naheliegend sind solche Schwierigkeiten bei innerer bzw. Selbst-Evaluation, wenn also der Arbeitgeber gleichzeitig jene Institution ist, deren Leistung evaluiert werden soll. In einem solchen Fall kann es etwa sein, daß der Arbeitgeber sein Weisungsrecht dahingehend ausübt, daß bestimmte Aspekte (von denen zum Beispiel negative Bewertungen ausgehen könnten) im Rahmen der Evaluation ganz einfach nicht berücksichtigt werden dürfen, obwohl der Evaluator dies aus seiner Sicht heraus für erforderlich hält. Geschieht dies trotzdem, zum Beispiel unter Ausnutzung einer nicht zu starken Kontrolle der Evaluationsarbeit durch den Vorgesetzten und werden dazu auch Mitarbeiter durch den Evaluator motiviert, liegt eine Verleitung zum Vertragsbruch vor. Auch die Verschwiegenheitspflicht kann Konflikte auslösen, zum Beispiel dann, wenn die Auftraggeber der Institution bestimmte Ergebnisse nicht berichtet oder gar publiziert haben möchten (bei privaten Unternehmen wäre dies wohl im Regelfall völlig unproblematisch, bei öffentlichen Arbeitgebern mit einer anderen Ver-

pflichtung zur objektiven Information nach außen können sich zu diesem Punkt aber durchaus erhebliche Konflikte zwischen Arbeitgeber und Evaluator ergeben). Ebenso wie in anderen Feldern mit entscheidungsvorbereitenden Arbeiten (zum Beispiel in der psychologischen Diagnostik) kann sich auch bei den Evaluationsmaßnahmen das Problem des Angebots von Schmiergeldern ergeben, zum Beispiel dann, wenn aufgrund der Evaluationsergebnisse zwischen verschiedenen Anbietern, Bildungsträgern oder auch einzelnen Dozenten, projektdurchführende Institutionen im Gesundheitswesen etc.) ausgewählt werden sollen und die Betroffenen ein hohes Interesse haben, die fraglichen Aufträge (weiter) zu erhalten.

● *Der Werkvertrag:*

Die Evaluation kann auch in Form eines Werkvertrages erfolgen. Damit wird kein Arbeitsverhältnis zwischen einer Institution (sog. Werkvertragsgeber) und dem Evaluator (sog. Werkvertragsnehmer) begründet, sondern im wechselseitigen Einvernehmen die Erbringung einer näher zu beschreibenden Leistung für eine bestimmte Vergütung vereinbart (§§631, 63 BGB). Über diese Leistung hinaus können weitere Vereinbarungen (vgl. **Diagramm II/8**) getroffen werden.

Der Werkvertrag ist die häufigste rechtliche Grundlage für selbständig arbeitende Evaluatoren. Für größere Projekte werden diese für die

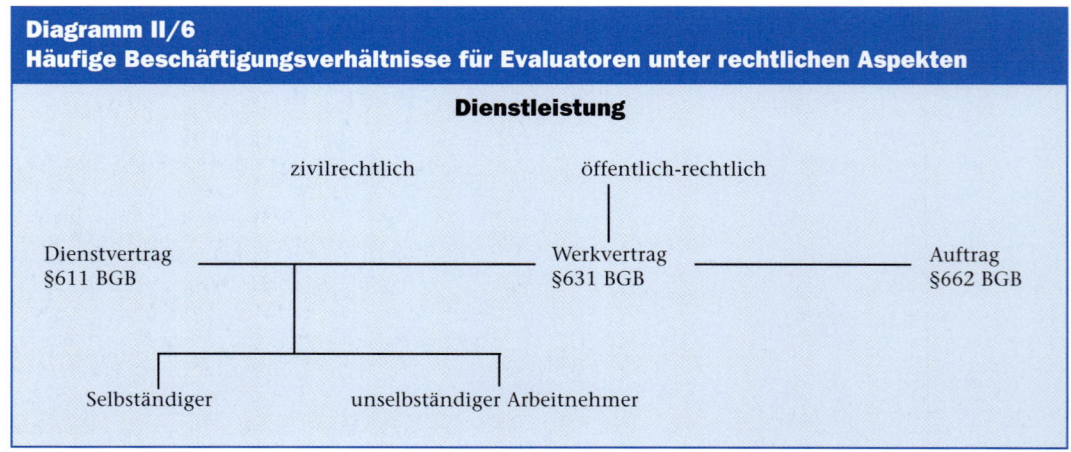

**Diagramm II/6
Häufige Beschäftigungsverhältnisse für Evaluatoren unter rechtlichen Aspekten**

Dienstleistung

zivilrechtlich   öffentlich-rechtlich

Dienstvertrag   Werkvertrag   Auftrag
§611 BGB   §631 BGB   §662 BGB

Selbständiger   unselbständiger Arbeitnehmer

**Diagramm II/7
Der Dienstvertrag**

Grundlagen

Der Evaluator ist unselbständiger Arbeitnehmer einer Institution (z. B. Institut, Beratungsgesellschaft etc.). Möglich ist auch, daß er jener Institution angehört, deren Arbeit zu evaluieren ist (z. B. Klinik, Schule, Staatsinstitut, Unternehmen …)
Aus der Eigenschaft als Arbeitnehmer ergeben sich u. a. folgende Pflichten

Hauptpflichten	*Nebenpflichten*
Leistung der versprochenen Dienste § 611 BGB	Gehorsamspflicht § 121 GO.
	Treuepflicht § 242 BGB
Die Arbeitsleistung ist persönlich zu erfüllen	kein Wettbewerb
	keine Verleitung anderer Arbeitnehmer zum Vertragsbruch
Es besteht ein Direktionsrecht durch den Arbeitgeber mit Befolgungspflicht des Arbeitnehmers § 315 BGB	keine Annahme von Bestechungsgeldern
	Anzeige drohender Schäden
	Verschwiegenheit

Durchführung der anfallenden Arbeiten entweder selbst als Arbeitgeber Mitarbeiter in ein Arbeitsverhältnis nehmen, oder wiederum nachgeordnete Werkverträge abschließen.

Ein besonderes Problem kann sich auch aus der Tatsache ergeben, daß viele Evaluationsvorhaben zeitlich befristet sind. Binnen eines vorher festgelegten Zeitraumes muß eine bestimmte Leistung erbracht werden, danach gibt es (eventuell weder für den selbständigen Evaluator noch für die von ihm beschäftigten Mitarbeiter) weitere Aufträge und damit auch keine weiteren Einnahmen. Aus diesem Grund wird häufig gerade von selbständig tätigen Evaluatoren versucht, nur befristete Arbeitsverträge mit Mitarbeitern abzuschließen, wobei einige rechtliche Besonderheiten zu beachten sind.

• *Der befristete Arbeitsvertrag*

Normalerweise sind Arbeitsverträge unbefristet und unterliegen den normalen Kündigungsvorschriften. Sie können mit Ausnahmen formlos und mündlich abgeschlossen werden. Der befristete Arbeitsvertrag stellt ein Arbeitsverhältnis auf Zeit dar. Dieses Arbeitsverhältnis endet durch Zeitablauf, ohne daß es gekündigt zu

werden braucht (zum Beispiel Aushilfstätigkeiten, Saisonarbeit).

Eine flexiblere Gestaltung dieser Arbeitsverhältnisse erfolgte durch das Beschäftigungsförderungsgesetz (BeschFG 1985) und den später aktuellen Bestimmungen, die es leichter machen, befristete Verträge auszustellen.

Nach Rechtsprechung des BAG können auch mehrere hintereinandergeschaltete befristete Arbeitsverträge, sog. Kettenarbeitsverträge, zulässig sein. In der Praxis hat sich gezeigt, daß je öfter das Arbeitsverhältnis verlängert wird, um so deutlicher wird, daß die Befristung sachlich *nicht* gerechtfertigt war.
Wurde ein Arbeitnehmer (Evaluator) zu einer ganz bestimmten Aufgabe eingestellt, dies aber innerhalb der vereinbarten Frist nicht erledigt werden konnte, so ist eine neue Befristung zulässig.

Ein anderer Fall liegt vor, wenn vorhersehbar war, wie viel Zeit die Arbeit in Anspruch nehmen wird. Der Arbeitgeber muß bei Ablauf des ersten befristeten Arbeitsverhältnisses, wenn er sich getäuscht hat und den Arbeitnehmer weiter beschäftigen will, ein den normalen Kündigungsvorschriften unterliegendes Arbeitsverhältnis abschließen.

Diagramm II/8
Der Werkvertrag

Grundlagen
Eine Institution (Werkvertragsgeber) schließt mit einem Evaluator (Werkvertragsnehmer) einen Vertrag.

Bedingungen der Vertragsgestaltung	*Verfahren bei aufgetretenen Mängeln*
konsensmäßige Vereinbarung zwischen den Parteien	Haftung des Werkvertragsnehmers
Beschreibung des zu erstellenden «Werkes» (z.B. Herstellung einer Sache, eines Berichtes, die Durchführung einer Veranstaltung …)	Verpflichtung zur Nachbesserung (Neuerstellung oder Beseitigung des Fehlers)
Verpflichtung des Werkvertragsnehmers, ein bestimmtes Ergebnis (i.w. Sinne) zu erbringen	Bei Verzug oder völliger Zerstörung des Vertrauensverhältnisses ist die Mängelbeseitigung durch Dritte (z.B. anderer Evaluator) auf Kosten des Werkvertragsnehmers möglich
Zusatzvereinbarungen sind möglich, z.B. • Leistungsmodalitäten • Vertraulichkeitsregelungen • Folgen von Vertragsverletzungen (z.B. Konventionalstrafen bei Terminüberschreitungen etc.)	Die Verpflichtung zur Neuerstellung erlischt mit der offiziellen Abnahme des Werkes durch den Werkvertragsgeber

Jedes Beschäftigungs- bzw. Auftragsverhältnis begründet naturgemäß eine gewisse Abhängigkeit des Evaluators vom Auftraggeber. Es ist schwer zu sagen, welche Variante in besonderer Weise dazu führen kann, die Evaluationsergebnisse im «gewünschten» Sinne zu beeinflussen. Ist der Arbeitgeber selbst gleichzeitig der Adressat der Evaluationsergebnisse, hat er natürlich die Möglichkeit, die Verbreitung der Resultate in einem größeren Rahmen zu verbieten oder bestimmte Gestaltungsvorschläge des Evaluators für sein Projekt zu untersagen (so hält sich in manchen Wissenschaftlerkreisen etwa hartnäckig das Gerücht, daß die unmittelbar der Hierarchie der staatlichen Administration unterstellten «Staatsinstitute» in manchen Fällen dazu neigen, ihre Mitarbeiter daran zu hindern, alles zu publizieren, was diese gerne veröffentlichen würden). Dies mag sein, doch sollte man sich überlegen, ob die finanzielle Abhängigkeit eines freiberuflich tätigen Auftragnehmers (oder eines sich entsprechend durch Aufträge finanzierenden Instituts) nicht mindestens ebenso große Einflußmöglichkeiten schafft – schließlich ist es (besonders für Arbeitgeber des öffentlichen Dienstes) um vieles leichter, einen neuen Auftrag an einen Konkurrenten der Partner zu vergeben, als einen «unbequemen» Mitarbeiter zu kündigen. Bei den an einem Evaluation betreibenden (Sozial-) Forschungsinstitut abhängig Beschäftigten kumulieren möglicherweise beide Komponenten. Am geringsten ist vielleicht die Gefahr einer unsachgerechten Einflußnahme durch den Auftraggeber in den Fällen, in denen Evaluatoren ohne starke finanzielle Abhängigkeit (etwa in Form einer Nebentätigkeit neben einem Hauptamt) arbeiten, doch kann man natürlich gerade in diesen Fällen kaum von einem «Berufsfeld» Evaluation sprechen.

Die Ausführungen bzw. Zitate in den **Diagrammen II/7** und **II/8** dürfen nur als ein Hinweis auf bestehende Regelungen aufgefaßt werden, sie genügen in keiner Weise, um sich selbst ein «gerichtsfestes» Bild über die Rechtslage in einem konkreten Fall zu machen. Sofern der Arbeit- bzw. Auftraggeber dem öffentlichen Dienst zuzuordnen ist, werden im Normalfall die Rechtsfragen standardmäßig und in einer für beide Seiten halbwegs fairen Weise geregelt. Bei privaten Arbeitgebern und ganz besonders bei der Übernahme von Projekten in Form von Werkverträgen empfiehlt es sich für den Berufsanfänger dringend, sich durch einen Fachmann in den Rechtsfragen beraten zu lassen. Allerdings sind gerade für diese Personengruppe die Möglichkeiten, eine für sie persönlich eher ungünstige Vertragsregelung zu ändern, relativ beschränkt, da die Alternative u. U. nur die Ablehnung des Arbeitsverhältnisses bzw. des Auftrages sein kann. Man sollte aber zumindest wissen, welche Sicherheiten, Verpflichtungen und mögliche Folgeprobleme mit einem entsprechenden Vertragsabschluß verbunden sind.

Im übrigen geben die sehr umfassenden Schriften des Bundesministeriums für Arbeit und Sozialordnung einen ersten Überblick über die verschiedenen Rechtsverhältnisse im Arbeitsleben (vgl. Halbach u. a., 1987).

2.3.3 Persönliche Voraussetzungen

Fachliches Können

Am einfachsten läßt sich diese Frage für die erforderlichen fachlichen Kenntnisse eines Berufsanfängers klären, der unter der Verantwortung einer erfahrenen Kraft an Evaluationsprojekten mitarbeitet. Im allgemeinen wird es genügen, wenn

- ein abgeschlossenes empirisch orientiertes psychologisches bzw. sozialwissenschaftliches Studium
- gute Methodenkenntnisse (auch, aber nicht nur Statistik und EDV)
- eine gute Allgemeinbildung im jeweiligen Evaluationsfeld (etwa Wirtschaft, Schule, Gesundheitswesen etc.)

gegeben sind. Alle jeweils erforderlichen, spezifischen Fachkenntnisse lassen sich, entsprechendes Verständnis und Unterstützung durch den Arbeitgeber vorausgesetzt, «on the job» erwerben.

Persönlichkeit, Interessen, Motivation

Viel schwieriger ist es, zu überlegen, ob ein bestimmter Berufsanfänger auch in dieses Feld gehen sollte, also ob seine Motivation, sein Interessensprofil und die persönliche Entwicklungserwartung besonders gut zu einer solchen Tätigkeit paßt. Meist wird der spätere berufliche Werdegang zu einer Spezialisierung auf eine oder einige wenige der typischen «Rollen» des Evaluators (vgl. **Diagramm II/5**) führen, die natürlich jeweils andere überfachliche Kompetenzen erfordern. Gemeinsam sind aber zumindest den meisten dieser Entwicklungsmöglichkeiten hohe Anforderungen in folgenden Dimensionen:

- *Leistungsmotivation;* der Evaluator hat kaum unmittelbare Macht, und auch seine Anschlußmotivation sollte (wegen der Neutralität gegenüber konkurrierenden Gruppen) nicht allzu stark ausgeprägt sein.
- *Kommunikationsfähigkeit;* dies betrifft sowohl eine schwer veränderbare persönliche Disposition, am Kontakt mit anderen Menschen Spaß zu haben, als auch die Beherrschung entsprechender Gesprächs- und Gruppenmoderationstechniken.
- *Fähigkeit zum role-taking;* die gedankliche Übernahme der Welt- und Problemsicht verschiedenster Gruppen ist oft die Voraussetzung, um eine allen Beteiligten bzw. Betroffenen annähernd gerecht werdende Projektplanung durchführen zu können und (unbewußte) Einseitigkeiten, etwa bei der Auswahl von Bewertungskriterien, zu vermeiden.

Für die eigene Lebensplanung sollte man beachten, daß besondere Detailkenntnisse oder die Beherrschung von Techniken (zum Beispiel bei der Konstruktion von Meßinstrumenten, der Designplanung oder der Datenauswertung) nur in den ersten Berufsjahren im Mittelpunkt der Evaluationstätigkeit stehen, zumindest im Allgemeinen.

Mit zunehmender Erfahrung und damit verbundenem hierarchischen Aufstieg verschiebt sich das Anforderungsspektrum eher weg vom engen fachlichen Bereich hin zu außerfachlichen Kompetenzen wie Strategieentwicklung, Führung und andere Sozialkompetenzen. Allerdings gibt es derzeit für Evaluatoren in dieser Rolle kaum berufliche Aufstiegsmöglichkeiten, am ehesten noch durch Übernahme der Geschäftsführung eines mit Evaluationsprojekten befaßten Instituts (solche selbständigen Existenzen oder kleinen Institute gab es Anfang der siebziger Jahre sehr viele, als Folge der massiv zunehmenden Aufträge der öffentlichen Hand für Evaluationsvorhaben, die meisten davon überlebten aber nicht die Konsolidierungsphase der öffentlichen

Haushalte; in den USA zeigte sich eine ähnliche Entwicklung). Der Normalfall ist, daß Evaluatoren in ihrem Karriereverlauf Führungspositionen in Wirtschaft, Verwaltung oder Wissenschaft anstreben und dem engeren Berufsfeld verlorengehen. Darin liegt einerseits eine Chance für den interessierten Nachwuchs durch das Freiwerden entsprechender Positionen, andererseits ein nicht unerheblicher Verlust an gewonnener Erfahrung und berufsfeldspezifischer Kompetenz.

Übersicht Kapitel 2:
Grundlagen sozialwissenschaftlich gestützter Evaluation

Voraussetzungen für Evaluationsprojekte

Ziele, die mit psychologischen oder sozialwissenschaftlichen Evaluationsmethoden erreicht werden können	Nutzen des Evaluationsprojektes muß erwartete Kosten übersteigen	Vorhandensein von Evaluatoren und anderen notwendigen Ressourcen

2.1

Zielsetzungen bei Evaluationsvorhaben

Grundlagen der Akzeptanz von Evaluation

Psychologische Voraussetzungen für die Entwicklung von Evaluation

Akzeptanz der Veränderbarkeit relevanter gesellschaftlicher Strukturen u. Gestaltung gesellschaftlicher Verhältnisse unter rationalen Optimierungsaspekten	Bereitschaft, sich zu Zwecken der Verbesserung des bestehenden Verhaltens («Hoffen auf Erfolg») dem Risiko des Scheiterns («Furcht vor Mißerfolg») auszusetzen	Bereitschaft der Entscheidungsträger zur Akzeptanz von Fakten

Einteilung der Evaluationsformen nach
• Rahmenbedingungen
• Grundsätzliche Zielorientierung
• Zeitperspektive
• Nutzenüberlegung
• Bearbeitungsformen
• Erfahrungsaufbereitung

Mögliche *Nutzenerwartungen* des Auftraggebers
• Bewertung ohne detaillierte Zielsetzung
• Verantwortungsdelegation
• Durchsetzungs-/Entscheidungshilfe
• Optimierungsgrundlage

2.2

Wissenschaft als mögliche Grundlage von Evaluation

Grundvoraussetzungen

Bereitschaft, an praxisorientierten Evaluationen teilzuhaben	Wissenschaftlicher Beitrag muß mehr Nutzen als Kosten bringen	Wissenschaftliche Evaluation sollte den nicht-wissenschaftlichen Alternativen überlegen sein

Evaluation als besondere Form des wissenschaftlich-empirischen Arbeitens	Entscheidungsorientierte Forschung = Evaluation	Schlußfolgeorientierte Forschung = Wissenschaftliche Forschung

Konsequenz
Rollenverständnis des Evaluators steht teilweise im Widerspruch zu den Ansprüchen der wissenschaftlichen Forschung

↓

Wissenschaft als Basis und Hilfe für die Evaluationsarbeit

Potentielle Sachbeiträge der Wissenschaft Psychologische u. sozialwissenschaftliche Theorien, Methoden, Interventionstechniken Vertrautheit mit wissenschaftlichen Paradigmen	Zusatznutzen wissenschaftlicher Evaluation Neutralität der Wissenschaft Fachübergreifende Kompetenzzuschreibung, weitergehende Explikation von Begründungen, Aufwertung von Projekten

Mögliche Alternativen zu wissenschaftsgestützter Evaluation Verzicht auf Evaluation Legalistische Position Nicht-sozialwissenschaftliche Evaluation	*Qualitätsmanagement* als Evaluation mit Wurzeln aus der industriellen Produktion Zielsetzung der beiden Formen identisch siehe DIN EN ISO 9000ff.

2.3

Verfügbarkeit von Evaluatoren

Problem

Großer potentieller Bedarf an Evaluatoren sowie an Aus- und Weiterbildungsprogrammen konnte bisher noch nicht gedeckt werden

Rollenvielfalt des Evaluators ergibt sich aus dem großen Aufgabenfeld vgl. Diagr. II/5 Rollenkonflikte entstehen aus den zum Teil konträren Anforderungen	*Rechtliche Rahmenbedingungen* Häufige Beschäftigungsverhältnisse bei Evaluatoren siehe Diagr. II/6

Persönliche Voraussetzungen
abgeschlossenes empirisch-sozialwissenschaftliches Studium
gute Methodenkenntnisse
gute Allgemeinbildung im jeweiligen Evaluationsfeld
hohe Leistungsmotivation und Kommunikationsbereitschaft
Fähigkeit zum Role-Taking
soziale Kompetenz
Strategieentwicklung
Führungsfähigkeit

3. Einsatzgebiete psychologischer Evaluation

Im vorangehenden Kapitel wurden einige wichtige Grundlagen sozialwissenschaftlich gestützter Evaluation erläutert. Im folgenden sollen die praktischen Aspekte der Evaluationsforschung beleuchtet werden. Zu diesem Zweck werden die Einsatzgebiete und Probleme der Evaluationsforschung am Beispiel konkreter Projekte dargestellt.

Im ersten Abschnitt des Kapitels werden zunächst einige Einteilungsgesichtspunkte für Evaluationsstudien diskutiert und am Beispiel verschiedener praktischer Arbeiten verdeutlicht. Aus der Fülle möglicher Differenzierungsmerkmale für Evaluationsstudien wird bereits der interdisziplinäre Charakter der Evaluation deutlich. Ziel des zweiten Abschnitts ist es, diesen Aspekt weiter auszuarbeiten. Ein Vergleich des Entwicklungsstandes der Evaluationsforschung zwischen den USA und der BRD bringt einige zusätzliche interessante Aspekte in diesem Zusammenhang mit sich.

Trotz des fachübergreifenden Einsatzes der Evaluation sind durchaus strukturelle Gemeinsamkeiten der meisten Evaluationsprojekte erkennbar. Diese gemeinsamen Elemente werden abschließend herausgestellt.

Im dritten Abschnitt soll die ausführliche Darstellung jeweils eines Projektes aus den Bereichen:

- Wirtschaft
- Schul- und Bildungswesen
- Strafvollzug

den Einblick in die Anwendungsbereiche und Probleme der Evaluationsforschung vertiefen. Die Basis für die Darstellung der Studien bilden dabei die im vorhergehenden Abschnitt explizierten strukturellen Gemeinsamkeiten von Evaluationsstudien.

3.1 Gestaltungsaspekte von Evaluationsstudien

Ebenso wie bei dem Versuch einer allumfassenden Definition des Begriffs «Evaluation» (vgl. Abschnitte 1.1 bzw. 2.1.1) wird man auch bei der Erstellung eines idealtypischen Klassifikationsrasters zur Unterscheidung von unterschiedlich gestalteten Evaluationsstudien keinen Erfolg haben. Die Heterogenität ist gerade im Bereich der Evaluation außerordentlich groß.

Statt dessen kann man jedoch versuchen, Aspekte zu erarbeiten, die eine erste grobe Beschreibung von Projekten erlauben. Wichtige Gesichtspunkte siehe **Diagramm III/1**.

Diese die Arbeit in Evaluationsstudien steuernden Einteilungsgesichtspunkte werden im folgenden genauer erläutert.

3.1.1 Evaluationsziele

In der Regel ist der in der Wissenschaft tätige Psychologe bzw. Sozialwissenschaftler daran gewöhnt, die Ziele seiner Forschungsarbeiten selbst zu bestimmen.

Als wesentlicher Aspekt bei der Definition des Begriffes «Evaluation» wurde zu Anfang die Bewertung von Handlungsalternativen herausgestellt, die auf eine konkrete Verbesserung des Handelns abzielt. Eine solche Bewertung kann nie losgelöst von den eigentlich Betroffenen, nur nach wissenschaftsorientierten Kriterien stattfinden. Da der Evaluator gewöhnlich die Rolle des Auftragnehmers übernimmt, sind insbesondere auch die Vorstellungen und Interessen des Auftraggebers zu beachten (vgl. Abschnitt 2.1).

Diagramm III/1
Wichtige Aspekte von Evaluationsstudien

Evaluationsziel(e):	Warum wird evaluiert?
Evaluationsbereich(e):	In welchem gesellschaftlichen Bereich wird evaluiert?
Evaluationsobjekt(e):	Wer/was wird evaluiert?
Evaluationsort(e):	Wo wird evaluiert?
Evaluationsmodell(e):	Wie wird evaluiert?
Evaluationsnutzung:	Wie werden die Ergebnisse aufbereitet und entscheidungsrelevant verwendet?

Dies bedeutet für den Evaluator, daß er die zugrunde liegenden Ziele des Projektes erst zusammen mit dem Auftraggeber erarbeiten muß. In den seltensten Fällen kann man dabei von expliziten Zielstrukturen des Auftraggebers ausgehen. Auch ist grundsätzlich damit zu rechnen, daß dem Evaluator nicht alle wirklich relevanten Ziele mitgeteilt werden. Oft werden Interessen und Vorstellungen mit in die Zielstruktur des Auftraggebers eingehen, die dieser dem Evaluator zumindest zunächst nicht mitteilen möchte, aber trotzdem erwartet, daß sich Antworten darauf in den Ergebnissen finden. Diese unzureichende Zielklärung findet sich nicht nur bei typisch affirmativ gewollten Studien, sondern auch bei «tabuisierten» Bereichen (etwa Konflikte innerhalb der auftraggebenden Institution, starke Heterogenität der Ziele selbst innerhalb eines Auftragsverantwortlichen und die Veränderung der Ziele über die Zeit als Folge wechselnder äußerer Bedingungen.

Da gewöhnlich mehrere Personengruppen von den Ergebnissen einer Evaluationsstudie betroffen sind, existieren zwischen diesen oft unterschiedliche, zum Teil sogar einander widersprechende Ziele. **Diagramm III/2** gibt beispielhaft für die Evaluation der betrieblichen Weiterbildung unterschiedliche Betroffenengruppen und ihre möglichen Motive einer Erfolgskontrolle an.

Die verschiedenen Zielbündel müssen soweit wie möglich in Übereinstimmung gebracht

werden. Dazu kann man sich einer Reihe von Zielbildungs- und Konsensfindungstechniken bedienen, die im vierten Kapitel ausführlich beschrieben werden. Der Einfluß der Machtstrukturen innerhalb der Betroffenengruppe ist dabei als Problem nicht auszuklammern. Gerade hier wird deutlich, daß Evaluation eben nicht (nur) in der Anwendung von Wissenschaft und Datenverarbeitungstechniken besteht, sondern auch erhebliche sozialtechnische Kompetenzen erfordert. Nützlich für das gezielte Nachfragen nach den eigentlichen Evaluationszielen können die im Abschnitt 2.1.2 dargelegten allgemeinen Zielsetzungen (zum Beispiel Verantwortungsdelegation, Entscheidungshilfe, Überprüfung der Erreichung vereinbarter Ziele) sein. Oft zeigen sich auch unvollständige Zielklärungen in der überraschenden Ablehnung von Projektdetails, die für das zunächst angenommene Ziel adäquat sind, aber eben nicht die «eigentlichen» Ziele erreichen würden (zum Beispiel Vorschläge für die zu erhebenden empirischen Indikatoren, für die Berichtlegung, Vertraulichkeitsregelungen etc.)

Ein ebenso großes Problem wie die Heterogenität der Zielstrukturen liegt in der möglichen Veränderung anfangs vorgegebener Ziele. Sind solche Entwicklungen abschätzbar, wird der Evaluator sich vor solchen plötzlichen Veränderung durch ein gutes, flexibles Repertoire an Evaluationstechniken und durch Bildung von Szenarien zu Anfang seiner Untersuchung schützen können (vgl. Abschnitt 4.1.3).

Diagramm III/2
Betroffenengruppen bei der Evaluation betrieblicher Weiterbildungsmaßnahmen, ihre Ziele und Motive für eine Erfolgskontrolle (Beispiele)

Seminarteilnehmer
- Lernerfolgsnachweis
- Karriereförderung
- Individuelles Feed-back
- Lernmotivation

Vorgesetzte
- Berichterstattung über persönliche Eindrücke
- Entscheidungshilfen bei Personalfragen
- Beurteilung der Trainingsaktivitäten

Trainer
- Lehrerfolgsnachweis
- Bildungsbedarfshinweis
- Feed-back durch Teilnehmer
- Ressourcen-Gewinnung

Unternehmensleitung
- Beurteilung des Trainers
- Beurteilung der Teilnehmer
- Ressourcen-Bemessung
- Rechenschaftslegung
- Effizienz-Nachweis

Die nachträgliche Analyse der «echten» Ziele von Evaluationsstudien auf der Basis publizierter Unterlagen fällt oft schwer, da bei der Berichterstattung die Darstellung einer erst allmählich entwickelten oder gegenüber der Ausgangslage geänderten Zielsetzung häufig unterbleibt. Meistens ist daher für den Leser im nachhinein nur eine Spekulation über die vermutlichen Ziele möglich.

3.1.2 Evaluationsbereich

Nach Feststellung der Ziele wird die konkrete Projektarbeit wesentlich durch das Praxisfeld, in dem die Evaluation stattfinden soll, bestimmt. Je nach Bereich gelten andere Spielregeln, Arbeitsmöglichkeiten und rechtliche Rahmenbedingungen.

Die Evaluationsforschung hat mittlerweile Einzug in viele gesellschaftliche Bereiche gehalten, was sicher damit zusammenhängt, daß ein wachsendes Bedürfnis besteht, rational vertretbare Grundlagen für Urteile und Entscheidungen zu erhalten. Die reichhaltigsten, vielleicht auch umfassendsten Diskussionen innerhalb der Evaluationsforschung erfolgten dabei in folgenden Bereichen (vgl. Hellstern und Wollmann, 1984, Lange, 1983):

- Bildungssektor
- Wirtschaft
- Agrar- und Verkehrspolitik
- Familien- und Sozialpolitik
- Justizvollzug
- Arbeitsmarkt- und Beschäftigungspolitik
- Umweltpolitik
- Gesundheitswesen
- Städtebau- und Wohnungspolitik
- Militärischer Bereich

Diagramm III/3 gibt für jeden der hier genannten Bereiche ein Beispiel einer empirischen Evaluationsstudie aus dem deutschsprachigen Raum an.

Hinzuweisen ist vor allem auf die umfassenden Diskussionen im Bildungssektor. Nach Hellstern und Wollmann (1984, S. 36) hat die Bund-Länder-Kommission für Bildungsplanung und Forschungsförderung (BLK) über 800 Evaluierungsstudien und Begleitforschungsvorhaben unterstützt. Besonders bekannt geworden sind die Diskussionen um den Vergleich des Gesamtschulwesens mit dem traditionellen, dreigliedrigen Schulsystem.

Die Reformprogramme im pädagogischen Bereich dürften für die Entwicklung der Evaluationsforschung im deutschen Raum eine ähnlich bahnbrechende Funktion gehabt haben, wie die sozialpolitischen Reformprogramme in den USA während der sechziger Jahre.

Weniger im Licht der Öffentlichkeit stehend, aber mit einer längeren Vorgeschichte behaftet sind Evaluationsvorhaben im Wirtschafts- und Militärbereich. Gerade hier haben sich durch

Diagramm III/3
Beispiele empirischer Evaluationsstudien aus den unterschiedlichsten Anwendungs-
gebieten

Anwendungsgebiet	Studie
Bildungssektor	*Seiffge-Krenke*, 1981 Handbuch Psychologieunterricht Bd. 1 u. 2 Entwicklung und Erprobung eines Psychologiecurriculums
Wirtschaft	*Luckie*, 1987 Evaluation innerbetrieblicher Trainerprogramme
Agrar- und Verkehrspolitik	*Echterhoff*, 1981 Erfolgskontrolle zur Verhaltensbeeinflussung von Verkehrsteilnehmern: Grundlagen und Empfehlungen *Halbach*, 1972 Theorie und Praxis der Evaluation von Projekten in Entwicklungsländern aus den Bereichen Land- und Forstwirtschaft, Fischerei und Bergbau
Familien- und Sozialpolitik	*Frassine*, 1980 Evaluation von Modellen auf Klientenebene
Justizvollzug	*Waxweiler*, 1980 Psychotherapie im Strafvollzug. Eine Empirische Erfolgsuntersuchung am Beispiel der sozialtherapeutischen Abteilung einer Justizvollzugsanstalt *Ortmann*, 1995 Zum Resozialisierungseffekt der Sozialtherapie anhand einer experimentellen Längsschnittstudie zu Justizvollzugsanstalten des Landes NRW
Arbeitsmarkt und Beschäftigungspolitik	*Offe & Hinrichs*, 1977 Untersuchung einzelner Beschäftigungsgruppen hinsichtlich Ausmaß und Dauer der Arbeitslosigkeit
Umweltpolitik	*Harder* et al., 1999 Längsschnittstudie zum Verlauf von Streßreaktionen unter Einfluß von nächtlichem Fluglärm
Gesundheitswesen	*Wittmann*, 1979 Möglichkeit der Evaluationsforschung im Rahmen des Verbandes Deutscher Rentenversicherungsträger, dargestellt an einem empirischen Projekt zur Diagnostik und Schweregradeinteilung bei chronischen nichtspezifischen Atemwegserkrankungen (CNSRD)
Städtebau- und Wohnungspolitik	*Amt für Statistik und Stadtforschung der Stadt Bochum*, 1975 Das räumliche Ordnungskonzept Bochums. Evaluation der Siedlungsentwicklung in Verdichtungsgebieten
Militärischer Bereich	*Rausch*, 1985 Vergleichende Betrachtungen psychologischer Arbeitsanalyseverfahren vor dem Hintergrund ihrer Anwendbarkeit zur Untersuchung komplexer militärischer Mensch-Maschine-Systeme

intensive Bemühungen die effektivsten Formen der Erfolgs- und Wirkungskontrolle entwickelt (vgl. Stufflebeam, 1972). Diese Formen der Evaluation wurden schnell und mit großem Aufwand entwickelt, da ein großes Bedürfnis nach rational begründeten Entscheidungen bestand.

Ähnlich starke Aktivitäten sind derzeit leider in keinem der anderen genannten Bereiche erkennbar, obwohl auch dort ähnlich weitreichende Konsequenzen bei gleichem Evaluationsaufwand zu erwarten wären; man denke etwa an Bemühungen zur Verbesserungen im Umweltschutz oder im Gesundheitswesen. Hier wären ebenso effektive Kontrollmethoden wie im Militär- und Wirtschaftsbereich äußerst wünschenswert.

Für den in verschiedenen Bereichen tätigen Evaluator stellt sich das Problem, insbesondere die rechtlichen Bedingungen wenigstens ungefähr zu kennen. So erfordert etwa die Arbeit in Schulen besondere Genehmigungen des zuständigen Ministeriums, in Betrieben sind die Mitbestimmungsrechte des Betriebsrates mit größter Sorgfalt schon im Vorfeld zu beachten, und im Gesundheitswesen kann es eine wichtige Frage sein, welche Variablen an Patienten nur von Ärzten (bzw. unter deren unmittelbarer Aufsicht) erhoben werden dürfen. Neben diesen Aspekten spielt auch die «emotionale Passung» des Evaluators eine erfolgsentscheidende Rolle. Ein Untersucher, der in einer Schule in freier Trägerschaft und besonders fortschrittlichem pädagogischen Konzept hervorragende Akzeptanz findet, hat u. U. Probleme, auch mit traditionell eingestellten Kulturbürokraten eine gute emotionale Gesprächsgrundlage zu finden, und ein überzeugter Gegner der Bundeswehr ist vielleicht nicht der optimale Gesprächspartner für die Ausarbeitung der Details eines Auftrages im militärischen Bereich. Für den Berufsanfänger ist schon viel gewonnen, wenn er sich der Heterogenität der Verhaltenserwartungen in den unterschiedlichen Feldern bewußt wird und ein Sensorium dafür entwickelt, welche Verhaltensweisen angemessen bzw. erfolgsbeeinträchtigend sind. Im übrigen sollte niemand in einem Feld arbeiten, auch nicht als Evaluator, das seinen persönlichen Werthaltungen nach stark negativ eingeschätzt wird.

3.1.3 Evaluationsobjekt

Das Evaluationsobjekt ist jeweils als Oberbegriff für die zu bewertenden Alternativen zu sehen (s. **Diagramm III/4**). Grundsätzlich sind mehrere, verschiedene Gruppen von Evaluationsobjekten denkbar:

- Personen
- Umwelt-/Umgebungsfaktoren
- Produkte
- Techniken/Methoden
- Zielvorgaben
- Programme
- Projekte
- Systeme/Strukturen
- Forschungsergebnisse/Evaluationsstudien

Diagramm III/5 gibt für jede der genannten Gruppen ein Beispiel eines konkreten Evaluationsprojektes aus dem deutschsprachigen Raum an.

Eine wichtige Unterscheidung innerhalb der Gruppe «Personen» als Evaluationsobjekt ist noch in der Beantwortung der Frage zu sehen, ob sich die Evaluation auf Einzelpersonen, oder aber auf ganze Personengruppen bezieht. Diese Differenzierung dürfte vor allem für den klinisch-therapeutischen Bereich, insbesondere für die Diskussion im Zusammenhang mit Einzelfallanalysen, von Bedeutung sein (vgl. Bommert & Petermann, 1982; Petermann & Hehl, 1979).

Für die Gestaltung der Projektarbeit ist zu unterscheiden, was die «eigentlichen» Evaluationsobjekte sind, also jene Einheiten, die wirklich bewertet (evaluiert) werden sollen, und welche anderen «Objekte» nur als Hilfsmittel, sozusagen als Datenträger, untersucht werden. So ist etwa die Bewertung der vier Techniken zu Verbesserung der Lese- und Mathematikleistungen (die eigentlichen Evaluationsobjekte) in der von Levin et. al., 1986, genannten Untersuchung zwangsläufig mit einer Erhebung der Leistungen bestimmter Schüler verbunden. Die Schülerdaten werden aber nicht mit dem Ziel einer personenbezogenen Bewertung erhoben (und verrechnet!), da es in diesem Projekt überhaupt nicht darauf ankommt, ob Schüler A oder B bessere Ergebnisse erzielte. Die klare Trennung zwischen «Evaluationsobjekt» und «Datenträger» kann, bei passender

Diagramm III/4
Gruppen von Evaluationsprojekten

Personen
(Verhalten, Leistung, Fähigkeiten, Einstellungen etc.)

Lernerfolg der Teilnehmer eines Weiterbildungsseminars, Verhaltensänderungen von Rauchern nach einer Anti-Raucher-Kampagne

Umwelt-/Umgebungsfaktoren

Wirkung von Straßenlärm auf den nächtlichen Ruheschlaf, Wirkungen bestimmter architektonischer Strukturen auf das subjektive Wohlbefinden

Produkte

Wirkung verschiedener Psychopharmaka auf die psychische Gesundheit, Vergleich der Verkaufswirksamkeit verschiedener Körperpflegelinien

Techniken und Methoden

Vergleich verschiedener Lesetechniken hinsichtlich der Lesegeschwindigkeit, Vergleich verschiedener Präsentationstechniken im Hinblick auf die Behaltensleistung des Auditoriums

Zielvorgaben

Auswirkungen der Konzentration der Lehrziele auf soziales Lernen und/oder fachliches Lernen, Auswirkungen der Betriebsziele «Mitarbeiterorientierter Führungsstil» versus «Aufgabenorientierter Führungsstil» auf das Arbeits- und Betriebsklima

Projekte/Programme

Wirksamkeit einer Aufklärungskampagne zu AIDS, Auswirkungen eines psychotherapeutischen Behandlungsprogramms im Strafvollzug

Systeme/Strukturen

Vergleich von Privathochschulen versus staatlichen Hochschulen im Hinblick auf die berufliche Qualifikation, Wirkung einer flachen versus einer steilen Hierarchiestruktur in einem Unternehmen auf den Kontrollspielraum der Mitarbeiter

Forschungsergebnisse/Evaluationsstudien

Bewertung der methodischen Vorgehensweise in einer Evaluationsstudie, Zusammenfassende Bewertung der Forschungsergebnisse auf einem bestimmten Fachgebiet (Meta-Evaluation, vgl. Abs. 2.1.3)

Darstellung, gelegentlich zur Überwindung von Bedenken bei Zustimmungen (hier zum Beispiel der Eltern) nützlich sein.

Eine weitere Gruppe von «Objekten» hängt mit Erhebungen zusammen, die für die Einschätzung der Evaluationsergebnisse wichtig sind, aber weder «Datenträger» sind noch selbst bewertet werden sollen.

So kann etwa der Einfluß verschiedener Lehrerpersönlichkeiten für den relativen Erfolg von Didaktikformen (oder die Therapeutenpersönlichkeit für die Resultate therapeutischer Techniken) von entscheidender Bedeutung sein, und muß daher im Rahmen des Evaluationsprojektes zur Klärung der Frage der Verallgemeinerbarkeit bzw. der sachgerechten «Indikationsstellung» (Wer soll welche Vorgehensweise wählen?) erhoben werden. Entsteht dabei aber der Eindruck, daß die im Feld handelnden Personen, und nicht die Techniken, bewertet werden, ergeben sich leicht Widerstände oder Ergebnisverzerrungen (so kann sich zum Beispiel ein Lehrer, der sich indirekt «evaluiert» fühlt, trotz einer nicht günstigen technischen Vorgabe für seinen Unterricht so anstrengen, daß – aber nur für die Untersuchungssituation! – Mängel der didaktischen Konzeption überdeckt werden).

Diagramm III/5
Beispiele für Evaluationsobjekte in konkreten Evaluationsstudien

Studie	Evaluationsobjekt
Berthold, Gebert, Rehmann, von Rosenstil, 1980 Schulung von Führungskräften – eine empirische Untersuchung über Bedingungen und Effizienz	*Personen:* Teilnehmer der Weiterbildungsseminare wurden hinsichtlich einer Verhaltensveränderung während und nach den Seminaren bewertet
Scharnberg, Wühler, Finke, Guski, 1982 Beeinträchtigung des Nachtschlafes durch Lärm	*Umgebungsfaktoren:* Wirkung von Straßenlärm auf den Nachtschlaf wurde in mehreren Straßen einer Großstadt (Berlin) bewertet
Witt, 1985 No-name Produkte und Anbieterpolitik im Spiegel einer empirischen Analyse des Verbraucherverhaltens	*Produkt:* Bewertung des Images von No-name Produkten durch den potentiellen Verbraucher
Levin, Glass, Meister, 1986 Different Approaches to Improving Performance at School: A Coast-Effectiveness Comparison	*Techniken/Methoden:* Vergleich von vier verschiedenen Techniken zur Verbesserung der Mathematik- und Leseleistung von Grundschülern
Seiffge-Krenke, 1981 Handbuch Psychologieunterricht	*Zielvorgaben:* Entwicklung und Erprobung neuer Lehr- und Lernziele für den Psychologieunterricht in der Sekundarstufe II in Form eines Psychologiecurriculums
Waxweiler, 1980 Psychotherapie im Strafvollzug. Eine empirische Erfolgsuntersuchung am Beispiel der sozialtherapeutischen Abteilung einer Justizvollzugsanstalt	*Projekte/Programme:* Untersuchung der Wirkung einer psychotherapeutischen Behandlung auf Straffällige in einer Justizvollzugsanstalt
Ortmann, 1995 Zum Resozialisierungseffekt der Sozialtherapie anhand einer experimentellen Längsschnittstudie zu Justizvollzugsanstalten des Landes NRW	Untersuchung der Wirkung der Sozialtherapie auf das Legalverhalten
Haenisch, Lukesch, Klaghofer, Krüger-Haenisch, 1979 Gesamtschule und dreigliedriges Schulsystem in NRW. Schulleistungsvergleich in Deutsch, Mathematik, Englisch und Physik	*Systeme/Strukturen:* Vergleich der Schulleistungen von Schülern des traditionellen und des Gesamtschulwesens in ausgewählten Fächern
Matt, 1983 Meta-Analyse deutschsprachiger Psychotherapieeffektforschung der Jahre 1971–1982	*Forschungsergebnisse/Evaluationen:* In den Studien wurden Psychotherapieeffektstudien einer bewährten Meta-Analyse unterzogen
Grawe, Donati, Bernauer, 1995 Meta-Analyse zur Psychotherapieeffektforschung	

Hier wird ein methodisches Problem deutlich, daß besonderer Berücksichtigung bedarf: Die mögliche Konfundierung von Effekten. Bei der Designerstellung und der anschließenden Auswertung sollten deshalb ausreichende Maßnahmen zur Verhinderung von Effektkonfundierungen getroffen werden, soweit dies im Feld tatsächlich möglich ist (s. dazu 5.2).

3.1.4 Ort der Evaluierung

Betrachtet man das Spektrum möglicher Evaluationsobjekte, wird bereits deutlich, daß eine Evaluation prinzipiell an den verschiedensten Orten durchführbar ist.

So könnte etwa die Kontrolle des Lernerfolges der Teilnehmer eines Weiterbildungsseminares durch einen Fragebogen am Ende des Seminares im Schulungsraum des Betriebes durchgeführt werden, die Messung von Straßenlärm könnte durch ein Schallpegelmeßgerät in den Wohnräumen der Betroffenen erfolgen, die Wirksamkeit einer Aufklärungskampagne könnte durch eine Befragung in der Fußgängerzone einer Innenstadt getestet werden, die Wirkung eines Psychopharmakons wird man dagegen wohl eher im Labor überprüfen.

Grundsätzlich kann man die Evaluation im Labor und im Feld unterscheiden, wobei die erste Möglichkeit sicher die weniger praktizierte darstellt. Nach Patry (1982, S. 18 ff.) sind folgende vier Grundprinzipien der Feld-Definition von Bedeutung:

- **Das Verhalten** (abhängige Variable) kann mehr oder weniger natürlich sein. Unter natürlichem Verhalten wird dabei jenes Verhalten verstanden, das in keiner Weise instruiert wurde.

- **Das Treatment** (unabhängige Variable) kann mehr oder weniger natürlich sein, je nachdem wie stark durch den Versuchsleiter manipuliert wird

- **Das Setting** (Ort der Untersuchung) kann mehr oder weniger natürlich sein. Dabei entscheidet die subjektive Wahrnehmung der Probanden darüber, ob ein Setting natürlich ist oder nicht. Bemerken die Probanden eingeführten Änderungen nicht (oder vergessen

sie), kann das Setting als annähernd natürlich gelten.

- **Das Wissen** der Probanden darüber, daß eine Untersuchung stattfindet, welche Hypothese der Untersuchung zugrunde liegt und durch Täuschung herbeigeführte falsche Vermutungen über die Hypothese, spielen ebenfalls eine Rolle.

Das Labor wird meist synonym mit größerer Kontrollierbarkeit, weniger Störvariablen und größerer innerer Validität zusammengebracht. Die Übergänge zwischen Labor und Feld sind oft fließend. Die erläuterten Eigenschaften von Labor und Feld sind auch durchaus nicht zwingend an den Ort als solchen gebunden, hängen jedoch stark mit ihm zusammen, was eine Rechtfertigung der Unterteilung in Feld- und Laborforschung zuläßt. Im sozialwissenschaftlichen Bereich überwiegen feldnahe Studien, auch alle Studien im **Diagramm III/5** gehören dazu. Ein Beispiel für eine stärker an den Prinzipien der Laborforschung orientierte Arbeit im pädagogischen Bereich gibt Thiele (1981).

Beide Untersuchungsarten bringen spezifische Probleme mit sich, wie sie vor allem aus der generellen Diskussion um Labor- bzw. Feldforschung bekannt sind. Weiterführende Literatur im Zusammenhang mit Evaluationsfragestellungen geben Gniech (1976) und Patry (1982).

3.1.5. Evaluationsmodell

Die Vielzahl der Varianten von Evaluationen hat dazu geführt, daß je nach Schwerpunkt der Zielsetzung und Realisationsmöglichkeiten unterschiedliche Evaluationskonzepte, sogenannte «Evaluationsmodelle» entwickelt wurden. Glass und Ellet (1980) schätzen, daß es mehr als 20 solcher Ansätze und Modelle in der Literatur gibt. Nach eigenen Schätzungen dürfte diese Zahl inzwischen noch weit höher liegen.

Die unterschiedlichen Modelle lassen sich vor allem nach

- Entscheidungssituation,
- Entscheidungsbedingungen,
- Art der verwendeten Instrumente und Verfahren,

- Ausmaß der Präzision bei der Sammlung und Analyse von Informationen,
- methodischen Fähigkeiten der Evaluatoren und ihrer Adressaten

unterscheiden (vgl. Stufflebeam, 1972, S. 125).

Vielfach sind diese Modelle im Bereich der pädagogischen Psychologie und in den Sozialwissenschaften entstanden. Einige Ansätze wurden bereits im zweiten Kapitel (vgl. **Diagramm II/3**) dargelegt. Weitere Übersichten, die die meisten Modelle in der Evaluationsforschung einander gegenüberstellen, finden sich etwa bei Worthen und Sanders (1973), Glass und Ellet (1980) sowie Hermann et al. (1988).

Innerhalb der zahlreichen unterschiedlichen Modellansätze dürfte für die Projektgestaltung vor allem Scriven's Unterscheidung zwischen formativer und summativer Evaluation die größte Bedeutung haben.

Die formative Evaluation stellt vor allem Informationen für noch in der Vorbereitungs- oder Implementierungsphase befindliche, oder laufende Programme bereit, die verbessert werden sollen.

Ein Beispiel für eine formative Evaluation gibt etwa die bereits erwähnte Studie von Seiffge-Krenke (1981): Bei der Entwicklung und Implementierung eines neuen Psychologie- curriculums wurde sinnvollerweise eine formative Evaluation zur ständigen Verbesserung des Curriculums durchgeführt.

Eine summative Evaluation dagegen soll die Qualität und den Einfluß bereits stattgefundener Programme feststellen und abschließend bewerten. Sie ist dann sinnvoll, wenn mehrere disjunkte Handlungsformen vorliegen, deren Konsequenzen miteinander verglichen und so bewertet werden können.

Ein Beispiel für eine summative Evaluation stellt die erwähnte Untersuchung von Levin et al. (1986) dar: Als Entscheidungshilfe bei der Wahl geeigneter Maßnahmen zur Verbesserung der Mathematik- und Leseleistungen von Grundschülern werden vier verschiedene Techniken (Senkung der Klassenfrequenz, Verlängerung des Schulalltags, Computerunterstützter Unterricht und Einsatz von Gleichaltrigen und Erwachsenen als Tutoren) in einer Kosten-Wirk- samkeitsanalyse einem Vergleich unterzogen.

Manchmal werden summative und formative Evaluation gleichzeitig durchgeführt. Dies ist zweckmäßig, wenn ein Projekt von der Planungs- bis zur Transferphase begleitet werden kann (vgl. etwa Seiffge-Krenke, 1981).

Diagramm III/6 stellt die formative und die summative Evaluation mit ihren wesentlichsten Kennzeichen vergleichend gegenüber.

3.1.6. Evaluationsnutzung

Für die Gestaltung des Evaluationsprojektes ist es auch entscheidend zu wissen, in welcher Weise die Ergebnisse in praktisches Handeln umgesetzt werden sollen. In der Praxis treten dabei vor allem folgende Varianten auf:

- Die Ergebnisse erfährt nur der für die evaluierte Handlung Verantwortliche, und es bleibt in seinem Ermessen, wie er diese zur Optimierung seines eigenen Verhaltens heranzieht (hier liegt dann in gewissem Sinne eine, wenn auch eventuell mit fremder Hilfe erarbeitete, «geschlossene Selbstevaluation vor»).
  Beispiel: Das Führungsverhalten des Vorgesetzten wird anhand einer Befragung seiner unmittelbar unterstellten Mitarbeiter evaluiert, die Ergebnisse aber nur dem Vorgesetzten selbst mitgeteilt.
- Die Entscheidung bleibt voll im Ermessen des evaluierten Verantwortlichen, die Ergebnisse werden aber offengelegt; daraus ergibt sich ein höherer Druck auf Verhaltensänderung, gegebenenfalls aber auch eine verstärkte Tendenz zur kognitiven Abwehr der Evaluationsergebnisse.
  Beispiel: Die Lehrveranstaltungen von Dozenten werden von den Studenten anhand eines Fragebogens bewertet, die Nutzung der Ergebnisse bleibt in der Eigenverantwortung des Dozenten, diese werden aber zur Information der Fakultät am schwarzen Brett ausgehängt.
- Die Ergebnisse werden auch arbeitsrechtlich übergeordneten Personen mitgeteilt, die sie aber nur zu einer Beratung der evaluierten Personen nutzen und keine «Machtentscheidungen» darauf aufbauen.
  Beispiel: Die Arbeit der Psychologen in einer Erziehungsberatungsstelle wird umfassend

Diagramm III/6
Vergleich der wesentlichen Kennzeichen von formativer und summativer Evaluation
(nach Herman, Morris & Taylor Fitz-Gibbon, 1988, S. 26)

Merkmal	Formativ	Summativ
primäre Zielgruppe	Programm-Entwickler Programm-Manager Programm-Durchführende	Politiker interessierte Öffentlichkeit Geldgeber
primäre Betonung bei der Datensammlung	Klärung der Ziele Art des Programm-Prozesses bzw. der Programmdurchführung Klärung der Probleme bei der Durchführung und der Annäherung an Ergebnisse Analyse zur Durchführung und Ergebnisse auf Mikroebene	Dokumentation der Ergebnisse Dokumentation der Durchführung Analyse zur Durchführung und Ergebnisse auf Makroebene
primäre Rolle des Programmentwicklers und Programm-Ausführenden	Mitarbeiter	Datenbeschaffer
primäre Rolle des Evaluators	interaktiv	unabhängig
typische Methodologie	qualitative und quantitative, mit größerer Betonung der ersteren	quantitative, manchmal durch die qualitative bereichert
Häufigkeit der Datensammlung	fortlaufende Überwachung	begrenzt
primäre Mechanismen der Berichtlegung	Diskussion/Treffen, informelle Interaktion	formale Berichte
Häufigkeit der Berichtlegung	häufig während der ganzen Zeit	zum Schluß
Schwerpunkt des Berichts	Beziehung zwischen den Prozeßelementen (Mikro-Niveau) Beziehung zwischen Kontext und Prozeß Beziehung zwischen Prozeß und Ergebnis Implikationen für Programmpraktiken und spezifische Veränderungen bei den Operationen	Implikationen für Politik, administrative Kontrollen und Management
Anforderungen für Glaubwürdigkeit	Übereinkunft mit Entwicklern/Durchführenden hinsichtlich der Berichtlegung Befürwortung/Vertrauen	wissenschaftliche Strenge Unparteilichkeit

evaluiert (zum Beispiel unter Hinzunahme von objektiven Daten wie Wartezeiten, subjektiven Einschätzungen der ratsuchenden Kinder und Eltern, Angaben von Lehrern über die erlebten Veränderungen), die Ergebnisse innerhalb der Erziehungsberatungsstelle diskutiert und gemeinsam versucht, weitere Optimierungen durchzuführen.

- Die Ergebnisse dienen zu «Machtentscheidungen» von weder direkt noch indirekt selbst evaluierten Entscheidungsträgern.
Beispiele: Auswahl von Bildungsanbietern auf der Basis von Evaluationsergebnissen durch auftragvergebende Stellen, Entscheidungen über die Einführung bestimmter didaktischer Hilfsmittel wie zum Beispiel Lehrbücher oder didaktischer Konzeptionen im öffentlichen Schulwesen, Entscheidung über die eventuelle Fortsetzung einer Reformmaßnahme im forensischen Bereich etc.
- Die Ergebnisse werden offengelegt und sollen Bestandteil einer auf konkrete (politische) Entscheidungen bezogenen allgemeinen Diskussion sein.
Beispiele: Kontrovers diskutierte Bauvorhaben, gesetzliche Bestimmungen oder organisatorische Regelungen im Öffentlichen Bereich.
- Die Ergebnisse werden einer (fach-) öffentlichen Diskussion zugeführt, die aber keine konkreten, zu einem bestimmten Zeitpunkt erforderlichen Entscheidungen herbeiführen soll.
Beispiele: Metaanalysen zur Bewertung unterschiedlicher Therapieformen, Studien zur fachwissenschaftlichen Bewertung verschiedener eignungsdiagnostischer Instrumente, Evaluationen von Maßnahmen zur Verkehrsberuhigung etc.

Auch wenn natürlich, wie jedes Evaluationsprojekt, alle Studien dieser Art einen direkten oder zumindest indirekten Entscheidungsbezug haben, muß nicht nur die Form der Berichtlegung und die Berücksichtigung der dabei möglicherweise auftretenden «Fettnäpfchen» vor dem Hintergrund der spezifisch vorgesehenen Verwendung überlegt werden. Praktisch alle Details des jeweiligen Evaluationsprojektes werden durch den konkreten Verwertungszusammenhang beeinflußt. So kann es bei dem ersten hier genannten Fall, bei dem die Entscheidungsberechtigung und die Zugänglichkeit der in der Evaluationsstudie erhobenen Information nur für die evaluierte Person selbst gegeben ist, sehr zweckmäßig sein, auch nur schwach fundierte Aspekte empirisch zu erheben und als «Hinweise» in den Projektbericht aufzunehmen. So kann man in dem hier genannten Beispiel durchaus der Meinung sein, daß die Vergabe von «Schulnoten» bezüglich der Führungsleistung durch Mitarbeiter in vielen Fällen nicht fundiert sein kann, da viele Mitarbeiter (insbesondere Berufsanfänger) keine ausreichende Erfahrung mit Führungskräften als Vergleichsgrundlage sammeln konnten, um eine wirklich fundierte Einschätzung ihres Vorgesetzten abzugeben. Es wäre in einer solchen Situation dann unverantwortlich, im Rahmen eines Evaluationsprojektes zum Beispiel eine Führungskraft von den Mitarbeitern bewerten zu lassen und durch dessen Vorgesetzten aufgrund nur dieser «Schulnoten» weitreichende persönliche Entscheidungen wie zum Beispiel Kündigung treffen zu lassen. Bleibt die Information und die Entscheidungsberechtigung bei der evaluierten Führungskraft selbst, kann es für diese natürlich von erheblichem Interesse sein, zu erfahren, daß sie gut oder weniger gut von ihren Mitarbeitern gesehen wird, unabhängig von der «harten» Fundierung einer solchen Einschätzung. In gleicher Weise ist es im letztgenannten Fall oft sinnvoll, auch anonymisierte Einzelmeinungen und sehr kritische persönliche Bemerkungen als Hinweise auf Probleme weiterzuleiten, währenddessen es bei Offenlegung der Ergebnisse im Regelfall völlig unangemessen wäre, solche vielleicht sehr persönlichen und evtl. ungerechtfertigten inkriminierenden Einzelaussagen ungefiltert darzustellen. In gleicher Weise muß mit zunehmender «Fremdbestimmung» oder Öffentlichkeitswirkung in der Evaluationsarbeit versucht werden, Störeffekte und intervenierende Variablen herauszuarbeiten. So kann bei selbstverantworteter Nutzung für die persönliche Verhaltensoptimierung eine auf Störeffekten aufbauende Exhaustion gegebenenfalls auch vom Verantwortlichen selbst vorgenommen werden, ohne daß unbedingt im Projekt die dafür erforderlichen Datengrundlagen geschaffen werden müssen. Hängt aber zum Beispiel die Entscheidung über die weitere Vergabe von Geldmitteln an einen Bildungsträger davon ab, wie die dort erzielten Bildungsmaßnahmen bewertet werden, sollte die Analyse zumindest der wichtigsten intervenierenden Variablen (liegt es am Bildungsangebot, der evtl. vom Auftraggeber erzwungenen schlechten oder fehlenden Vorselektion der Teilnehmer, den unzureichenden Ressourcen oder der fehlenden Transferunterstützung der Bildungsinhalte in die Praxis durch den Auftraggeber?) gesichert sein, um Fehlentscheidungen soweit wie möglich zu vermeiden.

3.2 Evaluation als interdisziplinäres Feld

Evaluation als problemorientiertes Handeln kann nicht nur auf Erkenntnissen einer Einzelwissenschaft aufbauen, sondern muß neben vielen wissenschaftlichen Aspekten (aus den unterschiedlichsten Bereichen) auch Praxiswissen integrieren. Leider bestehen hier Defizite (3.2.1), ohne deren Behebung der enorme Aufschwung, den die Evaluationsarbeit in den USA genommen hat (3.2.2) nicht wiederholbar ist.

Zur Strukturierung der Fallbeispiele im Abschnitt 3.3 werden hier zunächst einige Punkte skizziert, die allen Projekten trotz ihrer fachlichen und aufgabenbezogenen Heterogenität gemeinsam sind und damit einen gewissen Übersichtsrahmen bieten (3.2.3).

3.2.1 Notwendigkeit einer einzelne Evaluationsbereiche überschreitenden Vorgehensweise

Es herrscht Einigkeit hinsichtlich der Tatsache, daß es sich bei der Evaluationsforschung um ein interdisziplinäres Feld handelt, das weit über die Grenzen einzelner sozialwissenschaftlicher Disziplinen hinausgeht (vgl. Wittmann, 1985).

Wie bereits im Abschnitt 3.1.5 deutlich wurde, hat die Evaluationsforschung mittlerweile Einzug in viele unterschiedliche gesellschaftliche Bereiche gehalten. Die vielen verschiedenen Formen und Modelle der Evaluation wurden dabei alle für spezifische Anwendungsbereiche entwickelt: So entstand etwa die «Program Eva-

luation and Review Technique» (PERT), um dem Militär bei der Entscheidung über die Entwicklung komplexer Waffensysteme zu helfen, Budgeting Systeme ermöglichen in der Wirtschaft eine genaue Kontrolle der Kosten, die Wertanalyse ist bei der Produktplanung und -gestaltung eine große Hilfe zur Wertgestaltung und Wertverbesserung, die Schulbegleitforschung gibt u. a. wesentliche Anstöße für die Entwicklung neuer Lehrpläne.

Leider fanden derartige Entwicklungen oft innerhalb des jeweiligen Fachbereiches ohne Bezug zu anderen Feldern statt. So ist es denn auch nicht verwunderlich, daß viele sich stark ähnelnde Techniken und Methoden völlig unabhängig voneinander, zu verschiedenen Zeitpunkten und in völlig unterschiedlichen Disziplinen entwickelt wurden.

Die mangelnde Zusammenarbeit zwischen verschiedenen Fachdisziplinen gerade im Bundesdeutschen Raum beklagen auch Hellstern und Wollmann (1984, S. 34): «Es fehlt vor allem ein sektorale Politikfelder überschreitender und verschiedene Fachdisziplinen integrierender Fokus, wie er sich in den USA, aber auch in Kanada und anderen Ländern durch die Gründung eigener berufsständischer Organisationen auf der regionalen und nationalen Ebene manifestiert.»

Der Einfluß der Evaluationsforschung im gesellschaftlichen und technologischen Wandel ist abhängig von der Reichweite ihres Wirkungsspektrums. Dieses ließe sich durch eine integrative Zusammenarbeit enorm erweitern und wesentlich effektiver gestalten. Anzustreben wäre hier die Intensität und das Ausmaß einer anwendungsorientierten Forschung, wie sie in den USA bereits erreicht wurde.

Eine besondere Ursache für das Problem eines nur mangelhaften Erfahrungsaustausches von Evaluations-Knowhow über die verschiedenen Anwendungsfelder hinweg liegt in der sehr starken Einbettung der meisten im Evaluationsbereich berufstätigen Personen in ein bereichsspezifisches Setting. Dies ergibt sich zum Teil durch die Beschäftigungsverhältnisse (so kann ein auch mit Evaluationsfragen beauftragter Mitarbeiter einer psychiatrischen Klinik, der dort ein festes Angestelltenverhältnis hat, natürlich nicht ohne weiteres gleichzeitig Evaluationsstudien im Bildungsbereich und in der Wirtschaft durchführen), bei den selbständig arbeitenden Evaluatoren folgt es oft aus den Möglichkeiten erfolgreicher Projektakquisition. Es fällt natürlich leichter, auch vor dem Hintergrund der im Abschnitt 3.1.2 beschriebenen «persönlichen Passung», Folgeaufträge dann zu halten, wenn man in einem gleichen oder doch sehr ähnlichen Feld auf erfolgreiche Evaluationsprojekte verweisen kann. Dies führt in der Folge aber auch zu gerade aus der Sicht potentieller Auftraggeber verständlichen «Labelling-Effekten» («Frau X ist Spezialistin für den forensischen Bereich, was soll uns die bei einer verkehrspolitischen Frage helfen?»), die eine Übernahme von Evaluationsprojekten in bisher fremden Bereichen mit zunehmender Dauer der Berufstätigkeit eher erschweren.

Die vermutlich beste Lösung würde in einem intensiven Erfahrungsaustausch zwischen den Evaluatoren aus unterschiedlichen Bereichen liegen, doch fehlt zumindest derzeit dafür ein geeigneter organisatorischer Rahmen. Die Gründe dafür liegen sicher zum Teil in dem starken Denken in Kategorien (Spezialistentum), der zumindest im Vergleich mit der USA geringen Anzahl von Evaluatoren, die überdies Evaluationsarbeiten nur als einen relativen kleinen Teil ihrer beruflichen Tätigkeit wahrnehmen, und vielleicht noch immer im wechselseitigen emotionalen Vorbehalten zwischen Evaluatoren mit unterschiedlicher Ausbildung und unterschiedlichen beruflichen Tätigkeiten («Wir arbeiten in einem Gefängnis, nicht in einer Bank!», »Was sollen wir in der Wirtschaft aus Erfahrungen in Kliniken lernen? Wir haben Führungskräfte und Mitarbeiter, aber doch keine Verrückten!», «Wir sind eine psychiatrische Klinik, aber doch kein Gefängnis!»). Im Prinzip müßte es möglich sein, die hier genannten Ursachen zu überwinden oder doch zumindest stark zu reduzieren, doch dürfte es noch eine längere Zeit dauern, bis annähernd die Bedingungen in den USA auch hier geschaffen werden.

3.2.2 Vergleich BRD/USA: Stand der Evaluationsforschung

Die Evaluationsforschung ist eine noch junge Wissenschaftsdisziplin. Wenn man von einigen Vorläufern in den dreißiger und vierziger Jahren absieht, entstand sie Anfang bis Mitte der sechziger Jahre in den USA vor allem in Verbindung mit den Reformprogrammen der Regierung unter Präsident Johnson.

Mit diesen und später folgenden sozial-politischen Programmen war von Anfang an der Auftrag verbunden, die Wirkung dieser Maßnahmen zu überprüfen. Die Evaluationsstudien wurden dabei in der Regel sogar gesetzlich vorgeschrieben, sowie eigens Mittel für sie bereitgestellt (vgl. Lange, 1983).

Heute ist die Evaluationsforschung in den USA zu einem festen Bestandteil bei der Implementierung neuer, innovativer Programme und zur Überprüfung der Wirksamkeit laufender Programme geworden:

> **«... the use of evaluation procedures has been diffused during the past few years, and such procedures are now common place at all levels of government, among private foundations, and among commercial and industrial organisations.» (Rossi and Freeman, 1993)**

Das Feld der Evaluationsforschung war Ende der achtziger Jahre der stärkste Wachstumssektor innerhalb der amerikanischen Sozialwissenschaften. Die sich hieraus ergebenden unternehmerischen Möglichkeiten führten dabei zur Entwicklung eines neuen Dienstleistungsbereiches, in dem sich für Sozialwissenschaftler und Psychologen in einem bisher nicht bekannten Ausmaß Handlungschancen und berufliche Entwicklungsmöglichkeiten bieten.

Eine Reihe neuer Unternehmen wurde gegründet, die sich der Evaluationsforschung widmen. Andere Organisationen, die zuvor in der Marktforschung und Testentwicklung fest verankert waren, erweiterten ihren Aufgabenbereich durch die Erfolgskontrolle von Maßnahmen und Programmen.

Es zeichnet sich bereits die Entwicklung einer neuen Profession des «Evaluators» ab, was sich u. a. in der Gründung mehrerer Berufsorganisationen manifestiert, die sich ausschließlich mit Evaluationsforschung beschäftigen (vgl. Rossi, 1984). Auch an den Universitäten besitzt der Anteil der Evaluationsforschung inzwischen einen beträchtlichen Umfang.

Es wurde bereits mit speziellen Trainingsprogrammen sowohl innerhalb von Ausbildungsgängen als auch für Graduierte begonnen. Die

Nachfrage nach ausgebildetem Personal für Evaluationstätigkeiten wächst.

Dabei hat sich im Laufe der Jahre bereits ein neues Verständnis des Evaluationsvorgehens entwickelt. Beywl und Geiter (1997, S.75) sprechen auch von einem «paradigmatischen Wandel» in der Evaluationsdisziplin:

«Die technische Perfektion der eingesetzten Untersuchungsinstrumente und -designs, wie sie in der allein akademisch geprägten Evaluationspraxis bis in die siebziger Jahre vorherrschend war, reicht heute als Qualitätsausweis nicht mehr hin. Dazukommen muß von Beginn an eine klare Dienstleistungsorientierung an den Informationsinteressen der Evaluationsbenutzer, zu denen nicht nur Auftraggeber und Finanziers, sondern auch andere wichtige Beteiligtengruppen zählen. Die Verantwortung des Evaluators/der Evaluatorin wird über technische Fragen hinaus auf soziale und politische Aspekte ausgeweitet, bis hin zur Berücksichtigung des allgemeinen und öffentlichen Wohls.» (Beywl und Geiter, 1997, S.75)

Diese neue Evaluationssichtweise wird auch in einem wichtigen Dokument des «Joint Commitee on Standards for Educational Evaluation» verdeutlicht (vgl. Joint Committee on Standards in Educational Evaluation, 1994) das erstmals anerkannte Standards für die Evaluation von Programmen in den USA aufzeigt.

In der Bundesrepublik setzte die Evaluationsforschung erst später, Ende der sechziger, Anfang der siebziger Jahre ein.

Als Ursache sind auch hier politische Reformprogramme zu sehen, vor allem im Bereich der Schul- und Bildungsplanung. In Verbindung mit diesen politischen Reformmaßnahmen hat die Evaluationsforschung in den letzten beiden Jahrzehnten eine stürmische Entwicklung durchlaufen, die allerdings gegenüber der amerikanischen Evaluationsforschung nicht nur verzögert, sondern auch sehr viel unstetiger verlief und sich in ihrer inhaltlichen Ausrichtung und kommerziellen Form unterscheidet. Eine echte Professionalisierung speziell der Evaluatoren beginnt mit einzelnen Angeboten von Weiterbildungs- und Postgraduiertenprogrammen nur sehr langsam, einschlägige Berufsverbände o.ä. fehlen (derzeit noch). Allerdings gewann die Evaluationstätigkeit selbst erheblich an Umfang, doch werden diese Arbeiten überwiegend entweder durch sich anders definierende Berufsgruppen (zum Beispiel Markt- und Meinungsforscher, Mitarbeiter des betrieblichen Bildungswesens, Controller) oder von universitätsnahen Arbeitsgruppen durchgeführt.

3.2.3 Strukturelle Gemeinsamkeiten «idealer» Evaluationsstudien

Durch den Überblick in den vorangegangenen Abschnitten wurde deutlich, daß es im Bereich der Evaluationsforschung eine Reihe zum Teil stark divergierender Ansätze gibt. Der Grund hierfür liegt darin, daß die vielen verschiedenen Formen und Modelle der Evaluation alle für spezifische Anwendungsbereiche entwickelt wurden.

Auf der Grundlage der Ausführungen in Abschnitt 3.1 lassen sich jedoch die strukturellen Gemeinsamkeiten von «idealen» empirischen Evaluationsstudien herausarbeiten, die sich zwar kaum je vollständig in konkreten Projekten identifizieren lassen (s. dazu 3.3), die aber in gewissem Sinn ein gemeinsames Leitbild dessen darstellen, was Evaluatoren bei entscheidungsbezogenen Evaluationen erreichen sollten – und auch könnten, sofern man für sie von Seiten der Auftraggeber wirklich optimale Bedingungen schaffen würde.

Strukturelle Kennzeichen von Evaluationsstudien:

1. Umfassende, explizite Klärung der wirklichen Zielsetzungen des Auftraggebers; für die damit verbundenen erheblichen Probleme s. Abschnitt 3.1.1
2. Exakte konsensfähige Beschreibung der zu evaluierenden Alternativen; dies ist vor allem schwierig, wenn entweder relativ vage Oberbegriffe die Grundlage der Alternativenbeschreibung sind (Was ist wirklich, im Detail empirisch-konkret, «Gesamtschule», «offener Vollzug» oder «verkehrsberuhigte Zone»?) oder gerade bei formativer Evaluation zu Beginn des Projektes noch gar abschließend feststeht, welche Modifikationen der Ausgangssituation möglich bzw. wünschenswert sind.
3. Explizite und zeitüberdauernde Festlegung der Bewertungskriterien, einschließlich der

zu verwendenden Maße bzw. Erhebungsinstrumente, vor Beginn des Projektes; hier ist immer wieder festzustellen, daß nach Vorliegen der Ergebnisse doch, trotz allem Bemühen des Evaluators, ergänzende Aspekte «nachgeschoben» oder zuerst für wichtig erachtete abgewertet werden, wenn die Resultate nicht den (offenen oder impliziten) Erwartungen entsprechen, zumindest von Teilgruppen der von den Ergebnissen Betroffenen.

4. Aufstellung konsensfähiger Entscheidungsregeln, die für alle möglichen Ergebnisse eine eindeutige Handlung der Evaluatoren bzw. Auftraggeber ermöglichen; dies ist eine wichtige, aber aus den zu Ziffer 3 genannten Gründen nur in wenigen Projekten wirklich realisierbare Forderung. Die mangelnde Beachtung dieser «idealen» Regel hat leider wesentlich zu einer Abwertung der Evaluationsarbeit (vor allem in der Form von «Gutachten») in der öffentlichen Meinung geführt.

5. Eine der Beschreibung vollständig entsprechende Realisierung der zu evaluierenden Alternativen bzw. Auswahl geeigneter Realisierungsformen; hier entstehen Probleme weniger aus den antizipierten Folgen praktisch wichtiger Entscheidungen, sondern aus Ressourcenbegrenzungen und rechtlichen Vorgaben, zum Beispiel Beschränkung von Personen in «Experimentalbedingungen (zum Beispiel neue Schulformen, Therapien, Wohnbedingungen …) auf Freiwillige, und zwar sowohl als Akteure (Lehrer, Therapeuten) als auch als Datenträger (Schüler, Patienten, Haushalte …).

6. Repräsentative Beteiligung aller Betroffenen an der Planung und Durchführung der Erhebungen; dieser sehr wichtigen Idealforderung stehen manchmal inhaltliche Bedenken entgegen. So kann die Aufklärung über die Ziele der Evaluation selbst eine sehr wichtige Intervention sein und entsprechende Verzerrungen auslösen (zum Beispiel besonderes Engagement von Umschulungsteilnehmern, wenn Sie wissen, daß von ihren Ergebnissen die weitere Finanzierung der Maßnahme abhängt) oder eine zielorientierte Verzerrung der Datenerhebung, wenn bekannt ist, welche Ergebnisse zu welcher Entscheidung führen sollen («Wir wollen, daß die forensische Klinik bei uns geschlossen wird – und füllen die Fragebögen zu Belästigungen etc. daher so aus, daß die Ergebnisse unserem Wunsch zur Durchsetzung verhelfen!»). Darüber hinaus sind wegen der oft nicht vermeidbaren Freiwilligkeit der Datenerhebung Verzerrungen der Stichprobe (zum Beispiel hundertprozentige Beteiligung der Minderheit von «Aktivisten», extrem geringe Beteiligung der großen Zahl von «Uninteressierten») kaum zu vermeiden (für einen interessanten Lösungsansatz s. 4.3.3).

7. Ausschaltung aller Stör- und Beeinflussungsversuche von außen während der gesamten Dauer der Datenerhebungen; bei Laboruntersuchungen durchaus weitgehend realisierbar, aber sehr schwierig bei Feldstudien mit hohem politischen Interesse und einer entsprechenden Berichterstattung, zum Beispiel in Massenmedien oder bei Versammlungen der Betroffenen. Auch treten immer wieder Fehlattributionen auf (Gerüchte über die Projektziele, personelle Veränderungen, die zu unrecht als Projektfolge interpretiert werden, Verquickung mit zum Beispiel politischen Vorgängen wie Kommunalwahlen etc.), die vorher schwer kalkulierbar und auch bei größter Mühe nicht zuverlässig vermeidbar sind.

8. Zusätzliche Aufnahme aller zunächst übersehenen, aber vernünftiger Weise zu beachtenden Aspekte in die Entscheidungsregeln gemäß Ziffer 3; da auch bei guter Planung solche Ergänzungen oft notwendig werden, stellt sich dann die Frage, was «vernünftig», und was interessensgeleitet ist (vgl. Ziffer 3).

9. Bei veränderten Rahmenbedingungen und beim Auftreten neuer Alternativen konsensmäßige Änderung der Entscheidungsregeln, die Probleme sind hier analog zu Ziffer 8.

10. Beibehalten des Konsens über die Vorgehensweise im Projekt auch nach Vorliegen der evaluationsgestützten Entscheidung; dies ist unter sehr günstigen Bedingungen mit «harten» Messungen (zum Beispiel im Rahmen des Qualitätsmanagements nach ISO 9000, s. Abschnitt 2.2.4) durchaus möglich, auch bei der evaluationsgestützten Entwicklung von Instrumenten und Techniken. Je «politischer» und «weicher» die

Studie aber ist, um so seltener ist diese Forderung zu realisieren.

11. Störungsfreie Realisierung der Entscheidung (s. dazu Ziffer 10).

Es ist selbstverständlich, daß dieses «ideale Modell» nie vollständig erreichbar ist, und daß die Wissenschaft nur Beiträge zu einer relativen Verbesserung beitragen kann. Dies sollte bei den im folgenden Abschnitt dargestellten drei konkreten Studien bedacht werden. Die in diesen Ausführungen auch aufgezeigten relativen Schwachpunkte sind in keiner Weise als Kritik an der Kompetenz der Evaluatoren gedacht, sondern sollen nur die echten Schwierigkeiten von Evaluationsprojekten verdeutlichen.

3.3 Grundlagen und Probleme der Evaluationsforschung dargestellt am Beispiel konkreter Evaluationsprojekte

In den folgenden drei Abschnitten wird versucht, einen Eindruck von der konkreten Projektarbeit zu geben. Die Darstellung kann nur auszugsweise, mit notwendigerweise subjektiver Schwerpunktsetzung, erfolgen; für eine ausführliche Auseinandersetzung mit den besprochenen Arbeiten sollte daher unbedingt auf die jeweils angegebene Originalliteratur zurückgegriffen werden.

3.3.1 Evaluation in der Wirtschaft

Die Evaluation hat in der Wirtschaft längst einen festen Platz. Hier finden jedoch üblicherweise die Begriffe «Kontrolle» oder «Controlling» Verwendung.

In den fünfziger Jahren wurde der Kontrollbegriff in der wirtschaftswissenschaftlichen Literatur noch recht eng ausgelegt. Kontrolle umfaßt vorwiegend die nachträgliche Überprüfung der Ausführung, sowie den Vergleich der Ergebnisse mit den geplanten Zielen und war organisatorisch eng mit dem Rechnungswesen verknüpft.

Mit dem Aufkommen informationstheoretischer und systemorientierter Ansätze vergrößerte sich der Stellenwert der Kontrollfunktion erheblich. Kontrolle wurde als Voraussetzung dafür erkannt, Fehler in der Planung oder Fehler in der Realisation zu erkennen und entsprechende Maßnahmen zu deren Beseitigung zu ergreifen. Diese Auffassung hebt bewußt vom Kontrollieren alter Prägung ab, indem das statische Moment des Soll-Ist-Vergleiches sich in einem dynamischen «control»-Prozeß auflöst.

Heute ist Kontrolle deshalb als wesentliche Managementfunktion in der Wirtschaft unbestritten (vgl. Siegwart und Menzel, 1978, Pfohl, 1981, Ziegenbein, 1984). «Controlling läßt sich ... als ein Konzept der Unternehmensführung durch Planung, Information, Organisation und Kontrolle bezeichnen. Ihren konkreten Bezug findet diese Art der Unternehmensführung durch Zielvorgabe, Abweichungsanalyse und Einleitung von Gegensteuerungsmaßnahmen in der Person und Stelle des Controllers.» (Bramsemann, 1978, S. 31). Pfohl (1981, S. 17) unterscheidet innerhalb des Managements einer Unternehmung sechs Managementsubsysteme:

- Politik
- Planung
- Kontrolle
- Organisation
- Führung
- Managemententwicklung

Die Gestaltung effizienter Kontrollsysteme ist in allen betrieblichen Funktionsbereichen wie Produktion, Finanzierung oder Beschaffung fester Bestandteil.

Besonders effiziente Kontrollsysteme findet man in den Bereichen der Kosten– und Investitionskontrolle. **Diagramm III/7** gibt einige Beispiele solcher Kontrollinstrumente (nach Wöhe, 1986).

Größere Schwierigkeiten bringt die Gestaltung effizienter Kontrollsysteme im betrieblichen Bildungswesen, im Marketing– und Organisationsbereich mit sich (vgl. Bronner und Schröder, 1983).

Die Hauptproblematik ergibt sich hier aus der Nichtanwendbarkeit herkömmlicher betriebswirtschaftlicher Kontrollsysteme auf diesen Bereich. Weitere Probleme liegen

- im mangelnden Kontrollbewußtsein seitens der Verantwortlichen,
- in mangelnder Akzeptanz von Evaluationsversuchen bei den Beteiligten,
- in fehlenden Kontrollinstrumenten,
- im Zeit- und Personalmangel,
- in einem Mangel an allgemein anerkannten Kriterien zur Erfassung des Erfolges,
- in der mangelnden Qualifizierbarkeit der Erfolge,
- in der Tatsache, daß alle genannten Bereiche kein sichtbares Investitionsobjekt verkörpern.

Zwar gibt es sowohl im Marketing– und Bildungsbereich, als auch im Organisationsbereich genügend Evaluierungsversuche, doch sind diese oft durch recht einfache Kontrolltechniken ausgezeichnet, deren Aussagefähigkeit stark begrenzt ist (vgl. Will, Winteler, Krapp, 1987).

Fallbeispiel 1: Weiterbildungserfolg

Im folgenden wird auf der Grundlage der in Abschnitt 3.2.3 dargelegten Beschreibungsmerkmale eine kurze Zusammenfassung einer Untersuchung von Berthold et al. (1980) dargestellt. Dabei ist hervorzuheben, daß es sich um eine der wenigen Arbeiten im deutschsprachigen Raum handelt, die versucht, den Weiterbildungserfolg in systematischer Form mit Hilfe psychologischer Meßinstrumente zu ermitteln.

1. Problemstellung

Systematische Versuche einer Erfolgskontrolle in der betrieblichen Weiterbildung sind recht selten. In der vorliegenden Untersuchung wurde festgestellt, ob die Durchführung von drei Kommunikations– und Kooperationstrainings für Führungskräfte des unteren und mittleren Managements auf das Verhalten der zwischenmenschlichen Interaktion im beruflichen Alltag Auswirkungen zeigt.

2. Evaluationsobjekt

Evaluationsobjekte sind zum einen die Teilnehmer der Verhaltenstrainings (68 Führungskräfte des unteren und mittleren Managements), zum anderen erfolgte eine Bewertung der drei Kommunikations– und Kooperationstrainings.

Diagramm III/7 Beispiele für Kontrollinstrumente in der Kosten- und Investitionskontrolle (Bundesministerium für Forschung und Technologie, 1977)	
Methoden der Informationserarbeitung und -verarbeitung	• Grundlagenanalyse • ABC-Analyse • Kennzahlensysteme, z.B. Return on investment, cash-flow-Rate, Deckungsbeitrags-Intensität • Checklisten-Technik • Technizitätsanalysen • Wertanalysen • Nutzwertanalysen • Zero-Base-Budgeting • Gewinnschwellenanalyse • Plankostenabrechnung • Methoden der Gemeinkostenplanung • Budget-Handbuch
Planungsmethoden	• Kennzahlensysteme zur Zielplanung • Netzplantechnik • Management by Objectives
Kontrolltechniken	• Indirekte Kontrolle • Prüfmatrix • Kostenkontrolle durch Festlegung von Preisabweichungen, Mengenabweichungen, Beschäftigungsabweichungen

3. Ort der Evaluierung

Es handelt sich bei der Untersuchung um eine Evaluation im Feld. Der Einsatz der Evaluationsinstrumente erfolgte vor, während und nach dem Seminar im Betrieb bzw. im Schulungsraum.

4. Zielsetzung

Ziel der Untersuchung war es, festzustellen, ob eventuelle Verhaltensänderungen der Seminarteilnehmer auf Einflüsse des Trainings zurückzuführen sind. Damit einher geht die Zielvorstellung zu beweisen, daß ein gut konzipiertes, lernorientiertes Verhaltenstraining tatsächlich Veränderungen bei den Teilnehmern bewirkt.

Ein zusätzliches Ziel der Autoren dürfte die Aquisation von Aufträgen in der Wirtschaft gewesen sein.

5. Design und Untersuchungsmethodik

Zur Erfassung des Seminarerfolges wurden acht verschiedene Erhebungsinstrumente eingesetzt:

- Vorgespräch mit Fragebogen
- Ratingskala zum Selbst– und Fremdbild
- Seminarabschlußfragebogen
- Fragebogen an die Teilnehmer (Zweit– und Drittbefragung)
- Fragebogen zur Selbstaussage der Seminarteilnehmer
- Kurzseminar und Fragebogen zur Endauswertung
- Fragebogen zur Vorgesetzten–Verhaltens–Beschreibung
- Interviews von Kollegen, Mitarbeitern und Vorgesetzten durch Trainer oder Interviewer.

Durch die Erfassungsinstrumente sollten vor allem Aussagen der Seminarteilnehmer über einen Wandel im eigenen Verhalten den Beobachtungen ihrer Kollegen und Mitarbeiter gegenübergestellt werden.

Die drei sechstägigen Trainings erstreckten sich über jeweils drei Wochen (im Juni, September und Februar) und dauerten in der Woche zwei Halbtage jeweils von 13 Uhr bis 19 Uhr (50% Arbeitszeit, 50% Freizeit).

An den Trainings nahmen 68 Führungskräfte des unteren und mittleren Managements eines großen Münchener metallverarbeitenden Unternehmens teil. Es gab zwei Trainingsgruppen (T1 und T2) und eine Kontrollgruppe. Die Zuteilung zu den einzelnen Gruppen erfolgte nicht durch Randomisierung. Es wurde jedoch versucht, die Gruppen zu parallelisieren.

Die Führungskräftetrainings wurden jeweils von einer externen Psychologin und einer firmeninternen Führungskraft durchgeführt.

Das Design der Untersuchung hat aufgrund der zahlreichen unterschiedlichen Meßinstrumente eine relativ komplexe Struktur (s. u.).

Grundlegend orientiert sich die Meßkonzeption an einem Vergleich der Trainingsgruppe T1 mit der Trainingsgruppe T2, sowie einem Vergleich der beiden Trainingsgruppen mit der Kontrollgruppe. Nach vollzogenen Vergleichsmessungen erhielt die Kontrollgruppe das gleiche Training wie die beiden Trainingsgruppen. In **Diagramm III/8** ist der Untersuchungsplan der Studie wiedergegeben.

Auf die im Rahmen der Auswertung verwendeten Verfahren gehen die Autoren nicht ein. Der Text enthält lediglich eine deskriptive Auswertung des Datenmaterials.

6. Evaluationsmodell

Die Untersuchung von Berthold et. al. enthält sowohl Elemente einer summativen, als auch einer formativen Evaluation.

Von der Seminarplanung bis zur Transferphase unterliegt die Untersuchung einer fortlaufenden formativen Evaluation (zum Beispiel durch Anpassung der Lernziele an die Gegebenheit am Arbeitsplatz, die Operationalisierung der Lernziele auf bestimmte Trainingsinhalte, usw.).

Im Rahmen des Vergleichs der beiden Trainingsgruppen untereinander bzw. der Trainingsgruppen mit der Kontrollgruppe kann man von einer summativen Evaluation sprechen.

7. Wichtige Ergebnisse

Als wesentliche Ergebnisse der Untersuchung halten die Autoren fest:

- Die Teilnehmer an den Führungskräfte-Schulungen meinen zu einem großen Prozentsatz, sie hätten sich durch das Seminar verändert.
- Diese Veränderung wird auch von Kollegen und Mitarbeitern wahrgenommen, jedoch zu einem geringeren Prozentsatz.
- Die Anzahl der berichteten Veränderungen verringert sich, je größer der zeitliche Abstand zum Training wird.
- Ein gewisser Interviewer-Effekt im Sinne einer unbewußten Beeinflussung durch eine Erwartungshaltung besteht.
- Ein Teil der Veränderungen muß durch das Training entstanden sein, da Mitglieder der Kontrollgruppe, die also kein Training mitgemacht haben, als nicht verändert eingestuft werden.

8. Abschließende Kritik

Vorteile der Untersuchung:

- Es handelt sich um eine der wenigen Untersuchungen, im deutschen Sprachraum, die in systematischer Form versucht, den Weiterbildungserfolg zu erfassen.
- Es wurden eine Kontrollgruppe und zwei Trainingsgruppen = Experimentalgruppen benutzt, was stärkere Aussagen zuläßt.
- Die Gruppen T1, T2 und K wurden vorher parallelisiert, um Selektionseffekte auszuschließen.
- Multivariater Ansatz: Der Weiterbildungserfolg wurde mit vielen unterschiedlichen Erhebungsinstrumenten überprüft.

Diagramm III/8
Untersuchungsplan der Studie von *Berthold* et. al., 1980

	März	April	Mai	Juni	Juli	Aug.	Sept.	Okt.	Nov.	Dez.	Jan.	Febr.	März	April	Mai
Trainings-gruppe T1	Ideensammlung, IST-Analyse mit Firmenangehörigen	Vorgespräch mit Fragebogen	Seminar & ○			□	✎ ❶			◆		❶ & / ❸ & / ○		↰	⌘
Trainings-gruppe T2	dito	dito					Seminar & ○			□		❷ & / ❸ & / ↰			⌘
Trainings-gruppe K	dito	dito							✎	❶		Seminar & / ○ & / ✎		↰	⌘

○	Seminarabschlußbogen	
□	Zweitbefragung der Seminarteilnehmer	
✎	FVVB Fragebogen durch Kollegen und Mitarbeiter	
❶	Interview Kollegen & Mitarbeiter Trainer = Interviewer	
❷	Interview Kollegen, Mitarbeiter, Chef Trainer = Interviewer	
❸	Interview Kollegen & Mitarbeiter Trainer/Interviewer	
◆	Drittbefragung der Seminarteilnehmer	
↰	Fragebogen Selbstaussage der Seminarteilnehmer	
⌘	Kurzseminar & Fragebogen zur Endauswertung	

- Die mehrmalige Erhebung von Meßwerten zu verschiedenen Zeitpunkten erlaubt Aussagen über die Stabilität von Effekten.
- Es wurden nicht nur verschiedene Meßinstrumente benutzt, sondern auch Aussagen von verschiedenen Personengruppen gesammelt (Kollegen, Mitarbeiter, Vorgesetzte, Eigenaussagen).
- Die Interviews wurden sowohl von einem Trainer als auch einem externen Psychologen durchgeführt, um Interviewereffekte aufzudecken.

Nachteile der Untersuchung:

- Die Kontrollgruppe wurde nur in zwei Fällen benutzt, um Vergleichswerte zu erzielen (FVVB, Interview). Warum wurden mit den anderen Erhebungsinstrumenten keine Kontrollwerte erhoben?
- Es wurden generell keine Vortestwerte erhoben. Dies schränkt die Aussagekraft der Ergebnisse stark ein.
- Es wurden relativ schwache (quasi-experimentelle) Designs benutzt. Wenn die Untersucher die Möglichkeit für so viele Messungen hatten, warum benutzten sie dann nicht aussagekräftigere Designs?
- Die Interviewereffekte (Vergleich Trainer/externer Psychologe) sind beträchtlich. Hierauf wird jedoch nicht eingegangen.
- Die verwendeten Meßinstrumente sind bis auf FVVB nicht standardisiert. Versuchsleitereffekte könnten hier verstärkt gewirkt haben.
- Ein Vergleich der Ergebnisse von T1 und T2 untereinander findet nicht statt.

Weitere interessante Beispiele zur Evaluationsarbeit in der Wirtschaft geben Gulden (1996) und Gülpen (1996).

3.3.2 Evaluation im Schul- und Bildungswesen

Wie bereits in Abschnitt 3.2.2 erwähnt, kommt der Evaluation im Bereich der Schul- und Bildungsplanung eine besondere Bedeutung im Zusammenhang mit der Entwicklung der Evaluationsforschung in der BRD zu.

Nach Prell (1984) wurde bereits in den fünfziger Jahren parallel zu den einsetzenden Schulversuchen nach 1945 über Schulbegleitforschung diskutiert.

In den folgenden Jahren nahm das Interesse an der wissenschaftlichen Begleitung der Schulversuche immer mehr zu. Die deutlich erkennbaren Mängel des Bildungssystems waren nur durch Reformprogramme zu beheben. Diese machten eine gleichzeitig dazu stattfindende Schulbegleitforschung im Sinne einer Kontrollfunktion notwendig. So war die Schulbegleitforschung von Anfang an eng mit der Bildungspolitik verzahnt.

Bund und Länder führen bereits seit 1971 gemeinsam ein umfangreiches Programm mit Modellversuchen durch, das Entscheidungshilfen für die Entwicklung des Bildungswesens liefern soll. Grundlage hierzu war eine Grundgesetzänderung (Art 91b), auf Grund derer die Bund-Länder-Kommission für Bildungsplanung (BLK) 1971 eine «Rahmenvereinbarung zur koordinierten Vorbereitung, Durchführung und wissenschaftlichen Begleitung von Modellversuchen im Bildungswesen» beschloß (BLK, 1973, S. 13 ff.).

Die Fülle der Aktivitäten und Veröffentlichungen im Rahmen der Schulbegleitforschung ist heute kaum noch zu durchschauen. Einen Überblick über verschiedene Problembereiche geben etwa Mitter und Weishaupt (1977), Hellstern und Wollmann (1984) oder Wottawa (1982).

Eine Vielzahl der bereits erwähnten Evaluationsmodelle stammt ebenfalls aus dem pädagogischen Bereich (vgl. etwa die Modelle von Wulf 1972, Scriven 1972, Stufflebeam 1972, Alkin 1972). Baumert (1980, S. 1) definiert heutige Schulbegleitforschung folgendermaßen:

> «**Pädagogische Begleitforschung läßt sich als spezielle Form empirischer Bildungsforschung auffassen. Sie ist eine in sich variable Form von Feldforschung, die an pädagogische Innovationen, überwiegend Schulversuche, gebunden ist.**»

Die wesentlichen Aufgaben wissenschaftlicher Schulbegleitforschung lassen sich nach Prell (1984, S. 21 ff.) wie folgt beschreiben:

- Auf die Planung und Durchführung des Schulversuches gerichtete Beratung
- Mitwirkung im Sinne von innovatorischer, erziehungstechnologischer Forschung

- Bewährungs- und Effizienzkontrolle oder Evaluation auf drei Vergleichsebenen: dem Intersystemvergleich, dem Intrasystemvergleich, dem systemimmanenten Vergleich;
- Mitbeteiligung der eigentlichen Träger des Modellversuches, nämlich der Lehrer, Schüler und Eltern, am Schulversuch
- Abschätzung der Wirkung der veröffentlichten Ergebnisse und der daraus gezogenen Erkenntnisse auf die Öffentlichkeit und die Bildungspolitik.

Fallbeispiel 2: Curriculumsentwicklung

Die Grundlagen und Probleme der Evaluation im Schul- und Bildungswesen sollen hier am Beispiel einer Curriculumsevaluation von Seiffge-Krenke, 1981 dargestellt werden:

1. Problemstellung

Im Gegensatz zum Pädagogikunterricht ist der Psychologieunterricht in der Sekundarstufe II seit seiner Einführung kaum Gegenstand fachwissenschaftlicher Diskussionen gewesen. Die sich über fünf Jahre erstreckende Untersuchung von Seiffge-Krenke schildert den Prozeß der Entwicklung und Erprobung eines Psychologiecurriculums für die Sekundarstufe II.

2. Evaluationsobjekt

Das eigentliche, auch explizit genannte, Evaluationsobjekt ist das Psychologiecurriculum von Seiffge-Krenke. Dies wird im Vergleich zum traditionellen Psychologieunterricht getestet. (Problem der Selbst-Evaluation). Schüler, Lehrer und Unterrichtsmethoden dürfen jedoch als Evaluationsobjekte nicht ausgeschlossen werden.

3. Ort der Evaluierung

Die einzelnen Untersuchungen wurden an zwei Gießener Gesamtschulen durchgeführt. Es handelt sich offensichtlich um eine Evaluation im Feld.

4. Zielsetzung

Die Zielsetzung der Untersuchung lag in der Entwicklung und Erprobung eines Psychologiecurriculums. Dies baute auf sieben Lernzielen auf:

- Sachkompetenz
- Fragehaltung
- Kritisches Denken
- Komplexes Denken
- Wissenschaftliche Einstellung
- Kompetenzmotivation
- Transfer

Eben diese Faktoren sollten bei den Schülern durch das neue Psychologiecurriculum gefördert werden.

5. Design und Untersuchungsmethodik

Der Prozeß der Entwicklung und Erprobung des Psychologiecurriculums erstreckte sich über fünf Jahre und war in folgende Phasen abgrenzbar:

1. Analyse des Bedingungsfeldes
2. Entwicklung eines Psychologiecurriculums
3. Erprobung des Psychologie-Curriculums
3a) Prototypphase
3b) Phase der Institutionalisierung

Zu 1: Analyse des Bedingungsfeldes
Die Untersuchungen im Rahmen der Bedingungsanalyse bezogen sich auf folgende Problembereiche:

- Die Schule als sozialer Ort;
- Die psychische Struktur von Oberstufenschülern und ihre Erwartungen an den Psychologieunterricht;
- Die Entwicklung des Psychologieunterrichts und affiner Fächer;
- Der Stand der Curriculumsforschung.

Die Funktion der Bedingungsanalyse bestand darin, Akzente und Perspektiven des Problems zu beleuchten und möglichst früh Defizite und Probleme zu identifizieren, die für die Entwicklung eines Psychologiecurriculums relevant sein können. Am Ende der Analysen im Vorfeld wurde ein Problemkatalog formuliert.

Zu 2: Entwicklung eines Psychologiecurriculums
Die Entwicklung des Psychologiecurriculums baute auf den Ergebnissen der Bedingungsanalyse auf. Dabei wurde davon ausgegangen, daß wissenschaftliches Denken und Denken im Alltag keine grundsätzlich verschiedenen Formen des Denkens sind, sondern, daß Unter-

schiede lediglich im Niveau, nicht aber in der Art des Denkens bestehen.

Die Entwicklung des Psychologiecurriculums ist zu unterteilen in

- den Prozeß der Lernzielgewinnung
- die Neukonstruktion der Inhaltsstruktur
- und die Entwicklung einer didaktisch-methodischen Unterrichtskonzeption.

Zu 3: Erprobung des Psychologiecurriculums
Die eigentliche Evaluation des Curriculums, die die Prototypphase und die Phase der Institutionalisierung umfaßte, erstreckte sich über einen Zeitraum von fünf Jahren (von 1974 bis 1979). Sie umfaßte die folgenden Teilstudien:

- Experimental-Kontrollgruppenstudie (Vergleichende Evaluation)
- Replikationsstudie (Kreuzvalidierung)

- Stabilitätsmessung
- Expertenstudie

An den Studien nahmen insgesamt 240 Schüler der Sekundarstufe II zweier Gießener Gesamtschulen, sieben Psychologielehrer und 21 Psychologiedozenten teil.

Das **Diagramm III/9** gibt das Design der Untersuchung und die verwendeten Evaluationsinstrumente der summativen und formativen Evaluation wieder.

Die Daten aus der formativen und summativen Evaluation des Psychologiecurriculums wurden durch parametrische und deskriptive Verfahren ausgewertet.

6. Evaluationsmodell

Es wurde von der Autorin eine Evaluationsstrategie entwickelt, die die Vorteile des experimentellen

---

Diagramm III/9
Untersuchungsplan der Studie von *Seiffge-Krenke*, 1981

Zeitlicher Ablauf	E1	E2	K1	K2
1974	Pre-Test	Pre-Test	Pre-Test	Pre-Test
	Einführung in die Psychologie	Einführung in die Psychologie		
	UE 1 «Wahrnehmung» UE-Test «Wahrnehmung»	UE 1 «Wahrnehmung» UE-Test «Wahrnehmung»	Psychologieunterricht nach anderer Konzeption	Psychologieunterricht nach anderer Konzeption
	Schülerevaluation der UE «Wahrnehmung»	Schülerevaluation der UE «Wahrnehmung»		
1975	UE 2 «Gedächtnis»	UE 2 «Gedächtnis»		
	UE Test «Gedächtnis»	Gesamtevaluation des Curriculums (Schüler)		
	Schülerevaluation der UE «Gedächtnis»	Post-Test		Post-Test
	UE 3 «Sprache» UE Test «Sprache»			
1976	Gesamtevaluation des Curriculums durch Schüler			
	Post-Test		Post-Test	
E1	**E2**	**K1**	**K2**	
	Nachbefragung Pre-Post-Test	Nachbefragung Pre-Post-Test	Nachbefragung Pre-Post-Test	

	E3	E4	E5	E6
	Pre-Test Einführung in die Psychologie	Pre-Test		
	UE 1 «Wahrnehmung»	Einführung in die Psychologie	Pre-Test	
	UE-Test «Wahrnehmung»	UE 1 «Wahrnehmung»	Einführung in die Psychologie	Pre-Test
	Schülerevaluation der UE «Wahrnehmung»	UE-Test «Wahrnehmung»	UE 1 «Wahrnehmung»	Einführung in die Psychologie
1977	UE 2 «Gedächtnis»	Schülerevaluation der UE «Wahrnehmung»	UE-Test «Wahrnehmung»	UE 1 «Wahrnehmung»
	Gesamtevaluation des Curriculums durch die Schüler	UE 2 «Gedächtnis»	Schülerevaluation der UE «Wahrnehmung»	UE-Test «Wahrnehmung»
	Post-Test	UE-Test «Gedächtnis	UE 2 «Gedächtnis»	Schülerevaluation der UE «Wahrnehmung»
		Schülerevaluation der UE «Gedächtnis»	Gesamtevaluation des Curriculums durch die Schüler	UE 2 «Gedächtnis»
	Experten	UE «Sprache»	Post-Test	UE-Test «Gedächtnis»
1978	Expertenstudie Pre-Post-Test	UE-Test «Sprache»		Schülerevaluation der UE «Gedächtnis»
		Gesamtevaluation des Curriculums durch die Schüler		UE 3 «Sprache»
		Post-Test		UE-Test «Sprache»
1979		**Post-Test**		Gesamtevaluation des Curriculums durch die Schüler Post-Test

Vorgehens mit einer detaillierten Analyse schulischer Praxis verbinden sollte und zu einem veränderten Rollenverständnis des Evaluators und der Funktion von Schülern bei der Evaluation des Psychologiecurriculums führen sollte.

Die Strategie ist durch folgende Merkmale gekennzeichnet:

- Erprobung des Psychologieunterrichtes unter praxisnahen Bedingungen
- Aufgabe der Rollentrennung zwischen Evaluator und Unterrichtendem
- Einbezug der Schüler in den Evaluationsprozeß

- Verwendung quasi-experimenteller Längsschnittdesigns
- Erfassung der Langzeitwirkung des Psychologieunterrichtes
- Validierung der Effekte
- Multivariater Ansatz bzgl. der abhängigen Variablen
- Entwicklung und Revision von Unterrichtsmaterialien und Tests
- Kombination von formativer und summativer Evaluation

Bezüglich der Unterscheidung von formativer und summativer Evaluation unterscheidet Seiffge-Krenke (1981, S. 60 und S. 241) zwischen formativer und summativer Fragestellungen :

Die Fragestellungen der formativen Evaluation betreffen vor allem:

- Erprobung von Unterrichtsmaterial und lernzielorientierten Testverfahren: Die im theoretischen Entwurf vorliegenden Unterrichtsmaterialien und Testverfahren wurden im Psychologieunterricht endgültig ausformuliert und adaptiert.
- Bedingungskontrolle des Unterrichtsverlaufes: Untersuchung hemmender und fördernder Unterrichtsbedingungen, Kontrolle der Realisierung der Curriculumsintentionen.
- Wirkung des Psychologiecurriculums: Ermittlung der kognitiven und affektiven lernzielbezogenen Auswirkungen des Psychologiecurriculums
- Beurteilung des Psychologiecurriculums: Einschätzung bestimmter curricularer Merkmale durch unmittelbar Beteiligte.

Die Fragestellungen mit summativer Zielrichtung sind im folgenden dargestellt (Seiffge-Krenke, 1981. S. 241 f.):

Studie 1: Vergleichende Evaluation
Fragestellung: Ermittlung der Güte des Psychologiecurriculums im Vergleich zu herkömmlichem Psychologieunterricht (90 Schüler).

Studie 2: Kreuzvalidierung
Fragestellung: Replikation von Studie 1: Ermittlung der Personenunabhängigkeit und Wiederholbarkeit der Effekte (125 Schüler).

Studie 3: Stabilitätsuntersuchung:
Fragestellung: Überprüfung der Stabilität der in Studie 1 ermittelten Effekte (62 Schüler).

Studie 4: Expertenstudie
Fragestellung: Ermittlung von externen Kriterien zur Beurteilung der Wirkung des Psychologiecurriculums (27 Hochschullehrer der Psychologie).

7. Wichtige Ergebnisse

- Deutliche kognitive und affektive Umstrukturierung in Richtung einer zunehmenden Wissenschaftsorientierung in den Experimentalgruppen. Eine gegenläufige Entwicklung ist bei den Kontrollgruppen zu verzeichnen.

- Stabilität der erzielten Veränderungen und zeitverzögerter Abbau negativer Einstellungskomponenten;
- Wiederholbarkeit und Personenunabhängigkeit der erzielten Veränderungen
- Veränderungen des Bildes von der Psychologie
- Abhängigkeit der erzielten Wirkungen von der Länge des Psychologieunterrichtes: Bei Schülern, die am kürzeren Psychologieunterricht teilnahmen, zeigten sich weniger umfassende und qualitativ weniger tiefgehende kognitive und affektive Umstrukturierungen, als bei den Schülern, die am längeren Unterricht teilnahmen.
- Der Lehrereinfluß ist zwar relativ gering, hat aber eine bedeutende Funktion bei der Förderung des affektiven Engagements der Schüler.
- Konsistente Einschätzung des Psychologiecurriculums durch Schüler aus verschiedenen Experimentalgruppen und Veränderungen in der Beurteilung im Verlauf des Curriculums;
- Bestätigung curricularer Intentionen durch die Analyse vom Anschauungsmaterial aus den Unterrichtsstunden der Experimentalgruppen
- Schüler der Experimentalgruppen sind nach der Teilnahme am Psychologieunterricht durch das neue Psychologiecurriculum den Wissenschaftlern «ähnlicher» als ihrer eigenen Bezugsgruppe, die während des gleichen Zeitraumes an einem gewöhnlichen Psychologieunterricht teilnahmen. Allerdings ist die Angleichung nicht vollständig, es gibt vielmehr einige wichtige und interessante Unterschiede.

8. Abschließende Kritik

Frau Seiffge-Krenke hat das von ihr entwickelte Psychologiecurriculum selbst evaluiert und dabei größten Wert auf externe Validität und eine laufende Verbesserung des Projektentwurfs anhand neuer Ergebnisse (formative Evaluation) gelegt. Unter diesen Zielsetzungen hatte dann zwangsläufig die interne Validität zu leiden.

Eine kurze kritische Stellungnahme zu einer so umfangreichen Studie vorzunehmen muß, sowohl für den Kritiker als auch für den Evaluator, ein unbefriedigendes Unterfangen bleiben, das in keinem Fall der Evaluationsstudie gerecht werden kann.

3.3.3 Evaluation im forensischen Bereich

Als drittes Beispiel wird eine Arbeit vorgestellt, die sich mit einer typischen Fragestellung aus dem forensischen Bereich beschäftigt.

Der Erfolg oder der Mißerfolg der Sozialtherapeutischen Anstalten im Bezug auf die Resozialisierungseffekte wird in der Bundesrepublik seit den siebziger Jahren teilweise sehr kontrovers diskutiert.

Zu der Bedeutung des Resozialisierungs- oder Behandlungsvollzuges hat sich 1983 auch das Bundesverfassungsgericht geäußert (Beschluß vom 28.06.1983). Es vertritt die Meinung, daß das Ziel des Strafvollzuges vornehmlich, also nicht ausschließlich, darin besteht, den Gefangenen zukünftig auf ein Leben in sozialer Verantwortung und ohne Straftaten vorzubereiten (s. etwa Landtag Mecklenburg-Vorpommern, 2001).

Seit den ersten Reformbemühungen in den sechziger Jahren bis zum heutigen Zeitpunkt ist die große Zahl an Schwierigkeiten kaum zu übersehen. Gerade die in letzter Zeit wieder vermehrt geführten Diskussionen über die möglichen Behandlungs- und Präventionsmaßnahmen in dem Bereich der Sexualstraftäter zeigen das ganze Ausmaß der Problematik.

Grundlage dieser Diskussionen, die sowohl von der Bevölkerung, der Fachöffentlichkeit als auch von der Politik geführt werden, sind einerseits die reformpolitischen Richtungen der beteiligten Parteien, andererseits die in diesem Bereich durchgeführten Evaluationsstudien (vgl. Dünkel & Johnson, 1980; Präfflin, 1979; Richter-Appelt, 1991).

Fallbeispiel 3: Resozialisierungseffekt der Sozialtherapie

Anhand der experimentellen Längsschnittstudie zum Resozialisierungseffekt der Sozialtherapie von Ortmann, 1995, sollen hier die Besonderheiten der Evaluation im forensischen Bereich dargestellt werden.

1. Problemstellung

In den letzten ca. 25 Jahren wurden die Erfolge der sozialtherapeutischen Behandlung kontrovers diskutiert. Die verschiedenen Positionen beinhalteten Aussagen von «es gibt sehr große Erfolge» bis «es gibt kaum Erfolge». In dieser Evaluationsstudie untersucht Ortmann den Erfolg und die Größe des Erfolges der sozialtherapeutischen Behandlung.

2. Evaluationsobjekt

Die Studie umfaßte 250 Gefangene in Haftanstalten des Landes NRW.

3. Evaluationsort

Bei Ortmanns Untersuchung handelt es sich um eine Feldstudie.
Die Gefangenen waren in den sozialtherapeutischen Haftanstalten Düren und Gelsenkirchen, sowie in mehr als zehn Regelvollzugsanstalten in NRW inhaftiert.

4. Zielsetzung

Ziel der Studie war es, festzustellen, ob, und wenn, wie groß der (positive) Effekt der Sozialtherapie auf das Legalverhalten der Probanden nach deren Entlassung ist. Als Zwischenkriterium des Erfolges wurde auf positiven Auswirkungen der Sozialtherapie schon während der Inhaftierung geachtet. Sie betreffen die Persönlichkeit des Täters, seine soziale Situation etc.

5. Design und Untersuchungsmethodik

Fachdienste (Psychologen, Pädagogen, Sozialarbeiter, Theologen) der jeweiligen Justizvollzugsanstalten und die Fachdiensten der sozialtheapeutischen Anstalten begutachteten die Gefangenen, die sich um Verlegung in eine sozialtherapeutische Anstalt beworben hatten. Die sozialtherapeutischen Haftanstalten stellten Paare von als «geeignet begutachteten» Insassen zusammen, aus dieser Population wurde nun nach dem Zufallsprinzip die Experimental- und Kontrollgruppe gezogen.

Zur Experimental- und Kontrollgruppe gehörten jeweils 114 Probanden.

Folgende Erhebungsinstrumente wurden eingesetzt:

- Freiburger Persönlichkeitsinventar
- Gießen-Test
- Interview 2 Jahre nach Haftentlassung
- Aktenlage bezüglich der eventuellen Wiederinhaftierung

Die Phase der Datensammlung erstreckte sich über 8 Jahre, 1990 wurden die letzten Interviews geführt.

Das Untersuchungsdesign enthält 4 Meßzeitpunkte:

1. zu Beginn der Sozialtherapie-Experimentalgruppe
2. ca. in der Mitte der sozialtherapeutischen Behandlung-Experimentalgruppe
3. kurz vor der Entlassung aus der Haft
4. zwei Jahre nach der Haftentlassung

Der Untersuchungsplan wird in **Diagramm III/10** dargestellt.

6. Evaluationsmodell

Die Untersuchung von Ortmann entspricht den wesentlichen Kennzeichen einer summativen Evaluation, wie sie im **Diagramm III/6** dargestellt sind.

7. Wichtige Ergebnisse

Die Ergebnisse der zu allen Meßzeitpunkten durchgeführten Persönlichkeitstests (das Freiburger-Persönlichkeitsinventar bei allen 4 Meß-

zeitpunkten, der Gießen-Test zum 3. Meßzeitpunkt) zeigen im Längsschnitt einen breiten, gruppenunabhängigen Trend zur Verbesserung der Kriterienwerte mit der Haftzeit.

Hauptergebnis der Untersuchung, so der Autor, ist der geringe Effekt der Sozialtherapie. Der Vergleich zwischen Experimental- und Kontrollgruppe, dieser stellt den «strengsten Maßstab» bezüglich des sozialtherapeutischen Erfolges dar, läßt «… weder für die Wiederinhaftierung noch für die selbstberichtete Delinquenz auch nur einen Hauch einer Tendenz zugunsten der Sozialtherapie erkennen.» (Ortmann, 1995). Die Experimentalgruppe setzte sich aus den «Vollteilnehmern der Sozialtherapie» und den Gefangenen zusammen, die die Sozialtherapie vorzeitig abbrachen und in den Regelvollzug rückverlegt wurden.

Werden die «Vollteilnehmer der Sozialtherapie» (diese Gruppe bezeichnet Gefangene, die die komplette Sozialtherapie absolviert haben) mit der Kontrollgruppe verglichen, zeigt sich kein deutlicher Effekt der Sozialtherapie in Bezug auf das Hauptkriterium «Legalverhalten nach Haftentlassung».

8. Abschließende Kritik

Vorteile der Untersuchung

- Die Untersuchung besitzt ein relativ starkes, nach Kausalursachen forschendes Design.

Diagramm III/10 **Untersuchungsplan der experimentellen Längsschnittstudie von *Ortmann*, 1995**				
Entscheidung nach dem Zufallsprinzip aus der Bewerbergruppe	Haftphase, Betreuung, Behandlung			Nach Haftentlassung
Sozialtherapie (Experimentalgruppe) N = 114	1. Meßzeitpunkt N = 103	2. Meßzeitpunkt N = 100	3. Meßzeitpunkt N = 90	4. Meßzeitpunkt N = 71
Regelvollzug (Kontrollgruppe) N = 114	1. Meßzeitpunkt N = 111	2. Meßzeitpunkt N = 104	3. Meßzeitpunkt N = 89	4. Meßzeitpunkt N = 80

- Die Experimental- und Kontrollgruppen wurden streng nach dem Zufallsprinzip ausgewählt.
- Die Effekte wurden mit verschiedenen Meßinstrumenten erhoben.
- Es gab, über einen Untersuchungszeitraum von acht Jahren gesehen, einen sehr geringen Ausfall von Probanden (16%).
- Die 4 Meßzeitpunkte erlauben Aussagen über die Stabilität von Effekten.

Nachteile der Untersuchung

- Das Zufallsprinzip zur Bildung der Stichproben kann ethische Fragen aufwerfen
- Das zu dem 4. Meßzeitpunkt verwendete Instrument – Nachbefragung zwei Jahre nach Haftentlassung – wird nicht näher erläutert
- Die genannten Zwischenkriterien (Persönlichkeit des Täters, seine soziale Situation) sind nicht näher definiert

Fazit

Die von Ortmann 1995 veröffentlichte Längsschnittstudie zum Resozialisierungseffekt der Sozialtherapie zeigt auf eindrucksvolle Weise, wie Evaluation auch unter sicherlich großen organisatorischen Problemen möglich ist.

Gekennzeichnet ist die Studie durch ihre intensive Bemühung, eine systematische, empirisch gestützte Optimierung der Maßnahme «Sozialtherapie» zu erreichen.

Wie in den vorhergehenden Abschnitten dargestellt, treten vor allem besondere Probleme hinsichtlich der Zielexplikation und der Nutzenbestimmung auf, also Fragestellungen im Projektverlauf, die den eigentlichen Kern der Evaluation bilden. Diese Problembereiche werden daher ausführlich im nachfolgenden vierten Kapitel besprochen.

Übersicht Kapitel 3:
Einsatzgebiete psychologischer Evaluation

3.1
Einteilungsgesichtspunkte für Evaluationsstudien

Idealtypische Klassifikationsraster für Evaluationsstudien sind nicht möglich!

Gruppen von Evaluationsobjekten

- Personen, Produkte
- Umwelt- und Umgebungs-faktoren
- Techniken und Methoden
- Zielvorgaben, Programme, Projekte
- Systeme und Strukturen
- Forschungsergebnisse u. Evaluationsobjekte

Probleme bei der Bestimmung von Evaluationszielen

- Zielexplikation
- Heterogenität der Zielstrukturen
- Veränderbarkeit der Ziele während der Evaluation

Mögliche Zielstrukturen der Auftraggeber:

- Bewertung ohne detailliertes Ziel
- Verantwortungsdelegation
- Durchsetzungs- und Ent-scheidungshilfe
- Optimierungsgrundlagen

Orte der Evaluation

- Evaluation im Feld (Unterneh-men, Klinik etc.)
- Evaluation im Labor
- Großer Anteil an Evaluationen im Überschneidungsgebiet Feld/Labor

Evaluationsmodell

- Entscheidungssituation
- Entscheidungsbedingungen
- Art der verwendeten Instru-mente und Verfahren
- Ausmaß der Präzision bei der Sammlung und Analyse von Informationen
- methodische Fähigkeiten der Evaluatoren und ihrer Adressa-ten

Evaluationsberichte

- Bildungssektor, Wirtschaft
- Agrar- und Verkehrspolitik
- Familien- und Sozialpolitik
- Justizvollzug, Gesundheits-wesen
- Arbeits- und Beschäftigungs-politik
- Umweltpolitik
- Städtebau- und Wohnungs-politik
- Militärischer Bereich

Evaluationsnutzung

Bei der Gestaltung des Evaluations-projektes mitberücksichtigen = praktische *Umsetzung* der Ergebnisse Beispiele:
- «geschlossene Selbstevaluation»
- Ergebnisse dienen «Macht-entscheidung»
- Ergebnisse für die «Fach»-Öffentlichkeit
- Ergebnisse werden für eine politische Entscheidung ver-wendet und veröffentlicht usw.

3.2
Evaluation als interdisziplinäres Feld

Evaluation als integrativer, Politikfelder überschreitender Faktor

Evaluationsforschung = interdisziplinäres Feld

Problem

Mangelnde Zusammenarbeit der verschiedenen Fachdisziplinen z.B. Wirtschaftswissenschaften, Psychologie, Soziologie

Ziel

Integrative Zusammenarbeit

Entwicklung der Evaluationsforschung

USA

Anfänge in sozialpolitischen Reformprogrammen der sechziger Jahre. Heute fester Bestandteil bei der Programmplanung, -realisierung, -kontrolle und -finanzierung, zunehmende Professionalisierung der Evaluatoren

BRD

Anfänge Ende der sechziger, Anfang der siebziger Jahre im Rahmen politischer Reformprogramme, vor allem im Bildungsbereich. Heute expandierende Wirtschaftsrichtung, aber noch fehlt eine echte Professionalisierung

3.3
Evaluation in der Praxis

In der Wirtschaft z.B. als Managementmittel

Als Entwicklungsinstrument im Schul- und Bildungswesen

Optimierungs- und Kontrollmittel im Bereich des Justiz- und Sozialwesens

4. Zielexplikation und Bewertungskriterien

Evaluation ist nie Selbstzweck. Die Bewertung von Maßnahmen, Organisationsformen oder Einzelpersonen macht nur dann Sinn, wenn auf der Grundlage dieser Ergebnisse praktische Konsequenzen eingeleitet werden, etwa die Auswahl der «besseren» Alternative oder die Durchführung von «Verbesserungen» durch Interventionen (Organisationsänderungen, Weiterbildung etc.). Dieses «besser/schlechter» setzt ein (subjektiv bewertetes) Ziel voraus, das durch die einzelnen Alternativen in mehr oder weniger vollkommener Weise erreicht wird. Oder anders formuliert: Die Evaluation dient dazu, die Grundlage für ein nutzenmaximierendes Verhalten zu optimieren. Der Begriff «Nutzen» ist natürlich in voller Breite zu verstehen, und in keiner Weise auf finanzielle Aspekte beschränkt.

Für die effiziente Gestaltung eines Projektes ist es daher unverzichtbar, zu wissen

- in welchem Verwertungszusammenhang die Ergebnisse zu sehen sind (Zielexplikation, 4.1)
- welche Kriterien dafür herangezogen werden sollen (Bewertungsprozeß, 4.2)
- wie der Nutzen der aufgetretenen Ausprägungsgrade der Kriterien einzuschätzen ist und wie auf dieser Basis eine globale Alternativenbewertung erfolgen kann (Bewertungs- und Entscheidungshilfemethoden, 4.3)

Im **Diagramm IV/1** ist die Struktur dieses Problembereiches als Leitfaden für die folgenden Ausführungen am Beispiel eines Problems der Alternativenauswahl (summativ) durch ein Evaluationsprojekt skizziert. Prinzipiell die gleiche Struktur läßt sich auch auf die anderen typischen Fragestellungen (Vergleich einer Alternative mit einem normativen Standard bzw. das Aufzeigen von subjektiven Defiziten gegenüber Erwartungen; vgl. Abschnitt 2.1.3) anwenden. Leider sind die Fragen der Zielsetzung in vielen Evaluationsprojekten die größte Schwachstelle, deren insuffiziente Ausfüllung die Praxisrelevanz (und damit in den meisten Fällen auch die Rechtfertigung) des Projektes beeinträchtigt. Es ist gerade bei sozialwissenschaftlich interessanten Themen nicht einfach, überhaupt zu Beginn des Projektes einen Konsens über Zielsetzung und Nutzenaspekte herbeizuführen; noch schwieriger ist es, solche Vereinbarungen auch als Grundlage für die nachträgliche Bewertung von Projekten beizubehalten, wenn «unerwünschte» Ergebnisse auftraten oder die inzwischen stark geänderten Rahmenbedingungen eine andere Projektausrichtung hätten sinnvoll erscheinen lassen.

4.1 Zielexplikation

Die Freiräume des Evaluators schwanken in Abhängigkeit vom Auftraggeber und dem konkreten Arbeitsfeld sehr stark. Manchmal sind die Vorgaben so strikt, daß sich eine Überlegung zur Zielsetzung erübrigt, wenn man persönlich bereit ist, auch ohne Kenntnis der späteren Verwendung ein solches Projekt durchzuführen (etwa: «Stellen Sie fest, wieviele Personen die von uns zugeschickten Informationsbroschüren gelesen haben»). Der Evaluator beschränkt sich dann auf die Rolle eines Datensammlers, der die gewünschte Teil-Sachinformation liefert

Diagramm IV/1
Phasen eines Evaluationsprojektes am Beispiel eines Problems der Alternativenauswahl (summativ)

Arbeitsschritte	Hilfen
1. Nutzenbestimmung für wen? (Identifizierung von Personen oder Organisationen, deren Nutzen maximiert werden soll) 2. Nutzenbestimmung von was? (Identifizierung des Problems, d.h. der Entscheidung, für die der berechnete Nutzen relevant ist)	Gesprächs- und Kommunikationstechniken
3. Identifizierung der zu evaluierenden Alternative(n) 4. Zusammentragen der relevanten Bewertungskriterien 5. Zielanalyse (Wie soll die optimale Alternative auf der/ den Bewertungskriterien aussehen?)	Zielexplikationsverfahren
6. Nutzenmessung (Festlegung des Nutzens für jedes Bewertungskriterium und jede Alternative)	Verfahren der Nutzenmessung
7. Nutzenverrechnung (Zusammenfassung der Nutzenwerte pro Alternative) 8. Entscheidung an Hand der in der Zielanalyse festgelegten Kriterien	Bewertungs- und Entscheidungshilfe-methoden

– und sonst nichts. Die Fragen der Zielfindung werden dadurch natürlich nicht aufgehoben, sondern nur vom Evaluator auf den Auftraggeber verlagert.

Häufiger findet man bei sozialwissenschaftlich gestützter Evaluation das andere Extrem: Der potentielle Auftraggeber hat eine so vage Vorstellung von seinen Wünschen, daß der Evaluator die faktische Verantwortung für die Verwertbarkeit der Ergebnisse aufgrund seiner Projektdurchführung übernehmen muß («Schauen Sie sich einmal unsere Weiterbildungsangebote an, irgend etwas läuft da nicht so ganz richtig », «Stellen Sie fest, welche Psychotherapie für unsere speziellen Patienten am besten ist»). Hier ist eine besonders intensive Aufklärung des Auftraggebers nötig, die manchmal bei Vorhaben der Öffentlichen Hand oder größerer Konzerne zu einem Projekt für sich werden kann.

Der Regelfall ist, daß von Seiten des Auftraggebers zu Beginn des Projektes eine gewisse Vorgabe der Zielsetzung vorliegt, daß sie aber nicht so rational und konkretisiert ist, daß nicht durch die Hilfe des Evaluators noch wesentliche Verbesserungen möglich wären. Einige dafür bewährte Vorgehensweisen werden in den folgenden Abschnitten kurz skizziert. Behandelt werden Aspekte der Zielgruppenbestimmung, der Konkretisierung der «Evaluationsobjekte» sowie die Möglichkeiten antizipatorischer Überlegungen der Verwendung von Projektergebnissen.

Konflikte

Wesentlich erschwert kann die Arbeit zu diesen Punkten durch das Vorliegen von Konflikten innerhalb des Auftraggebers werden. Halbwegs bewältigbar sind die dadurch verursachten Probleme bei institutionalisierten Konflikten, wenn also die Kontrahenten aufgrund ihrer Funktion (verschiedene politische Parteien, partiell konkurrierende Abteilungen eines Unternehmens, verschiedene organisierte Interessengruppen wie zum Beispiel im Gesundheitswesen) klar erkennbar sind und es aufgrund dieser Organisationsform auch zulässig ist, offen die unterschiedlichen Schwerpunktsetzungen zu betonen. In solchen Fällen empfiehlt sich für den Evaluator absolute Offenlegung seiner Planungen, Integration der unterschiedlichen Meinungen durch Aufnahme möglichst vieler gewünschter Aspekte (zu dem damit verbundenen Vorgehen vgl. die entsprechenden Ausführungen im Abschnitt 4.2), und, falls ein solcher Konsens nicht möglich ist, das Bestehen auf formalisierten Entscheidungen gemäß den in der jeweiligen Situation zwischen den Kontrahenten vereinbarten (demokratischen) Spielregeln.

Nahezu unlösbar wird die Situation bei verdeckten Konflikten, wie sie vor allem durch persönliche Antipathien oder Konkurrenzsituationen innerhalb der auftraggebenden Institutionen entstehen können. Selbst wenn der Evaluator rechtzeitig auf solche Probleme aufmerksam wird (was häufig nicht der Fall ist), hat er kaum die Möglichkeit, Konfliktlösungstechniken einzusetzen, da das Zugeben solcher Probleme gegen das Selbstbild vieler Auftraggeber verstößt. Wenn das Projekt aufgrund solcher Schwierigkeiten suboptimal wird, ist dies nur bedingt dem Evaluator anzulasten. Die sinnvolle Verwendung von Rückmeldungen durch empirische Evaluationen setzt eine gewisse Organisationskultur voraus (5.1.3), die nicht kurzfristig und schon gar nicht bezogen auf ein Einzelprojekt allein erreicht werden kann.

4.1.1 Zielgruppenbestimmung

Es überrascht immer wieder, wie eingeschränkt viele Auftraggeber zunächst das Evaluationsprojekt sehen. Dies betrifft sowohl die zu evaluierenden Alternativen (oft kann man hier Vorschläge hinzufügen, etwa bei vergleichend ins Auge gefaßten Therapiemaßnahmen oder Fördermöglichkeiten von Mitarbeitern), als auch die «betroffenen» Personen. So werden zum Beispiel in Kliniken von unterschiedlichen Therapien nicht nur die Patienten, sondern auch deren Angehörige, die Pfleger und Krankenschwestern, die Therapeuten und manchmal sogar, wenn etwa die allgemeine Zeitplanung zu verändern ist, auch das gesamte Hilfspersonal (zum Beispiel Küche) tangiert, ganz zu schweigen von den Kostenträgern der Maßnahme. Der Evaluator kann durch eigene Vorschläge den Gesichtskreis erweitern, und dieses ist auch ein vor allem in Einzelgesprächen oft gewähltes Vorgehen. Es besteht aber die Gefahr, daß solche «von außen» kommenden Vorschläge vom Auftraggeber nicht ohne weiteres akzeptiert werden, daher ist es besser, die Gesprächspartner selbst auf erweiterte Ideen kommen zu lassen. Hierbei kann man sich vor allem in Gruppensitzungen einer Fülle von im Bereich der betrieblichen Weiterbildung eingeführten «Kreativitätstechniken» bedienen (vgl. dazu etwa Geschka, 1988; Preiser, 1976), für die Zielgruppenbestimmung besonders empfehlenswert sind hierarchisch gesteuerte Assoziationsketten.

Beispiel für Assoziationsketten

Dieses Vorgehen läßt sich am leichtesten an einem Beispiel illustrieren. Ausgangspunkt sei der Wunsch eines Schulbuchverlages, zu prüfen, ob durch «advanced organizer» (vor jedem Kapitel bzw. Abschnitt wird eine Übersicht über die folgenden Ausführungen geboten, um dem Leser den schnellen Aufbau einer entsprechenden kognitiven Struktur zu ermöglichen; vgl. etwa Bruner, 1963) die Verständlichkeit von Texten (und damit die Verbreitung des Buches) verbessert werden kann. Man kann die so formulierte Fragestellung direkt aufgreifen und das gesamte Projekt darauf beschränken. Man erhält dann ein laborexperimentelles Design, in dem randomisierte Schülergruppen verschiedenen Materialvariationen ausgesetzt und hinsichtlich ihres Textverständnisses geprüft werden. Einfach, überschaubar und kostengünstig durchführbar – aber nicht unbedingt ein für die praktische Entscheidung des Verlages wirklich relevantes Evaluationsprojekt.

Möchte man mit Hilfe hierarchischer Assoziationsketten die Zielsetzung näher abklären, so kann man zunächst überlegen, welche Personengruppen mit dem Buch unmittelbar Kontakt haben werden, also etwa

• Autor/Lehrer/Schüler

Kurzes Nachdenken zeigt, daß diese Gruppierung nicht vollständig ist; man muß zumindest erweitern auf

• Autor/Verlag/Lehrer/Schüler/Eltern

Da Schulbücher auch zugelassen und gekauft werden müssen, sollte man erweitern auf

• Autor/Verlag/Schulbehörden/Händler/Lehrer/Schüler/Eltern

Damit hat man eine Zusammenstellung von Personen-Obermengen, die eine ganz gute Grundlage für eine feinere Ausdifferenzierung bieten. Man greift jede dieser Begriffe heraus und überlegt, welche Einteilung (Ausdifferenzierung) irgendwie relevant für das zu evaluierende Problem sein könnte. Für die Population «Lehrer» wäre dies etwa

• Alter/beruflicher Status/Fach/Unterrichtsmethodik/Schulform/u.v.a.

oder für die «Schüler»

• Klassenstufe/Schulform/Intelligenz/Vorkenntnisse/Arbeitsmotivation/Geschlecht/Hausaufgabenbetreuung/u.s.w.

Es kann sein, daß man die einzelnen Einteilungen unverbunden nebeneinander stehen lassen kann. In manchen Fällen ist es aber angezeigt, für eine genauere Zielgruppenbestimmung Kombinationen zu bilden, also etwa «Schüler der Klasse 6 am Gymnasium ohne Unterstützung bei den Hausaufgaben». Ob solche «Ketten» notwendig sind, hängt davon ab, in wieweit Wechselwirkungen zwischen den einzelnen Definitionsteilen hinsichtlich der Fragestellung plausibel sind.

Eine weitere Verfeinerung entsteht durch die Kombination der Teilgruppen verschiedener Obermengen, soweit dies sachlich sinnvoll ist. Ein Beispiel: Schüler der Klasse 6 an einem Gymnasium ohne Hausaufgabenbetreuung, die bei einem älteren Lehrer mit besonderer Vorliebe für Frontalunterricht das Fach Englisch lernen, deren Eltern keine Kenntnisse in Englisch haben und wenig an dem Schulerfolg ihrer Kinder interessiert sind.

Die einfache Methodik des Bildens eventuell relevanter Subgruppen durch Kombination aus verschiedenen Obermengen ergibt eine nahezu unübersehbare Vielfalt von potentiellen Zielgruppen, so daß die eigentliche Aufgabe der Zielgruppenbestimmung dann nicht mehr in dem Finden von möglichen Ideen, sondern in der Reduktion auf die wirklich wesentlich erscheinenden Teilgruppen besteht. Im Beispiel der «advanced organizer» wird man zumindest überlegen, das ursprüngliche Einfach-Design um Aspekte des Entwicklungsgrades der Schüler, des Faches, der Unterrichtsmethodik des Lehrers und evtl. des Ausmaßes an Unterstützung bei schulischen Aufgaben zu Hause zu erweitern, wobei man natürlich nicht zwangsläufig alles neu empirisch untersuchen muß, sondern teilweise auf vorhandene Forschungsergebnisse zurückgreifen kann. Außerdem wird man darauf hingewiesen, daß nicht nur der Lernerfolg, sondern auch Aspekte wie Akzeptanz durch die Lehrer (ohne die sich ein Schulbuch wohl nicht durchsetzen kann), der durch solche didaktische Hilfen veränderte Umfang und natürlich auch der Preis mit berücksichtigt werden müssen (vgl. dazu die Kriterienexplikationen in Abschnitt 4.2).

4.1.2 Konkretisierung des Evaluationsobjektes

Die für Psychologen und andere empirisch orientierte Sozialwissenschaftler selbstverständliche Trennung zwischen theoretischem Begriff (Konstrukt) und operationalisierten, empirisch erfaßbaren Indikator ist den meisten Auftraggebern von Evaluationsprojekten nicht geläufig. Wenn diese Frage überhaupt gesehen wird, scheint man häufig zu meinen, daß ihre Lösung ein Teil der Aufgabe des Evaluators sei. Dieser kann aber die erforderlichen Konkretisierungen nur auf der Basis einer möglichst guten Kenntnis der Zielsetzung vorschlagen. Es ist in Anbetracht der Wichtigkeit dieses Punktes für die spätere Verwendung der Ergebnisse dringend zu empfehlen, die so erstellten Vorschläge vom Auftraggeber prüfen und möglichst formell festlegen zu lassen.

Schon an einem so einfachen Problem wie die «advanced organizer» wird die Beeinflussung der Ergebnisse durch die konkrete Festlegung dieses Begriffes in der Untersuchung deutlich. Die Realisierungsmöglichkeiten für «advanced organizer» reichen schon rein optisch von einem kleinen Kasten im Kleindruck mit ausschließlicher Angabe der kommenden Zwischenüberschriften bis hin zu mehrseitigen Darstellungen; inhaltlich von einer bloßen Aufzählung der folgenden Hauptpunkte bis hin zu einer umfassenden, evtl. noch Sekundäraspekte mit beinhaltenden Begründung gerade dieser Auswahl und Reihenfolge. Wahrscheinlich wirken sich diese Gestaltungs-«Details» stärker auf relevante Bewertungskriterien, wie Verständlichkeit, Akzeptanz und Kosten aus als die bloße Unterscheidung zwischen dem Vorhandensein oder Nichtvorhandenseins irgendeines advanced organizers.

Je komplexer die zu evaluierende Maßnahme ist, um so vielfältiger wird der Gestaltungsspielraum. Man denke etwa an Begriffe wie «Gesamtschule» (halbtags oder ganztags? freiwillige oder gegen ihren Wunsch dorthin versetzte Lehrer? normale Schüler/Eltern oder an dieser Schulform besonders interessierte? additiv, integriert oder kooperativ? Anzahl der Parallel-

züge? u.s.w.), «Psychotherapie bei Suchtkranken», «Offener Strafvollzug» oder «Stationäre Altenversorgung».

Da vom Auftraggeber im allgemeinen nicht die kreative Gestaltung aller möglichen Maßnahmen erwartet werden kann, sondern eher die Auswahl aus mehreren Vorschlägen des Evaluators, empfiehlt es sich, zunächst eine Vielzahl möglicher Gestaltungsdimensionen zu erarbeiten. Als Techniken dafür bieten sich, je nach Problemstellung, an:

- Sorgfältige Analyse der bereits empirisch vorhandenen unterschiedlichen Ausprägungen der zu evaluierenden Maßnahme auf den relevanten Dimensionen (Literaturstudium, Hospitationen, Experteninterviews)
- Gruppendiskussionen (mit verschiedenen Betroffenen, Präponenten bestimmter Entscheidungsideen, Auftraggeber und eventuelle Experten)
- «Brain-Storming»-Techniken, insbesondere mit Mitarbeitern des Auftraggebers und des Projektteams (siehe dazu **Diagramm IV/2**) und ähnliche kreativitätsfördernde Gruppenverfahren

Ausführliche Darstellungen finden sich bei Osborn (1963), Ulmann (1968), Preiser (1976), Sturm (1978) und Geschka (1988).

Die verschiedenen Ausprägungsgrade der so erhalten Gestaltungsdimensionen können dann systematisch kombiniert werden, zum Beispiel in Anlehnung an die Faccettentheorie (Guttman, 1957). Im allgemeinen werden nur wenige Kombinationen aus Sachgründen entfallen (etwa bei den advanced organizern die Kombination von «Maximal 5 Zeilen Platz» und «Sorgfältige inhaltliche Begründung der folgenden Abschnitte»), so daß selbst bei nur wenigen dem Auftraggeber und dem Evaluator relevant erscheinenden Gestaltungsdimensionen eine viel zu große Vielfalt potentieller Konkretisierungen vorliegt. Bei der für ein durchführbares Projekt nicht vermeidbaren Begrenzung auf wenige Varianten sollten die spätere praktische Verwendung der Ergebnisse und die in Zukunft zu erwartenden Rahmenbedingungen beachtet werden (vgl. 4.3.3).

Diagramm IV/2
Kurzdarstellung der «Brain-Storming»-Methode (nach *Osborn*, 1963)

Grundlagen

Beim Brainstorming handelt es sich um eine Technik zur kreativen Problemlösung, die nach dem Prinzip der freien Assoziation arbeitet. Sie zielt darauf ab, die negativen Erscheinungen von Konferenzen und Diskussionsrunden wie z.B. destruktive Kritik, Rivalität unter den Teilnehmern, Verzettelung in unwichtige Einzelheiten zu überwinden. Beim klassischen Brainstorming sind grundsätzlich die Phasen «Ideenfindung» und «Ideenbewertung» voneinander zu unterscheiden. In der Phase der Ideenfindung, auch «green-light-stage» genannt, werden die Teilnehmer vom Moderator aufgefordert, zu einem spezifischen Problem möglichst viele Ideen zu produzieren. Die Betonung liegt hier also zunächst auf der Quantität der Einfälle, nicht auf der Qualität. In der anschließenden Phase der Ideenbewertung («red-light-stage») werden die einzelnen, zuvor protokollierten Ideen an Hand festgelegter Kriterien bewertet. *Ulmann* (1968) hat zu diesem Zweck eine spezielle Technik entwickelt, die die Auswahl sinnvoller Ideen erleichtern soll. Dazu bewerten die Teilnehmer der Brainstorming-Sitzung alle Ideen an Hand der folgenden Kriterien:

- Einfachheit
- Realisierbarkeit
- Schwierigkeitsgrad

Der Grad der «Einfachheit», «Realisierbarkeit» bzw. «Schwierigkeit» wird dazu auf einer Punkte-Skala eingetragen. Voraussetzung für das Gelingen einer Brainstorming-Sitzung sind eine gute Vorbereitung und ein erfahrener Moderator, der die unbedingte Einhaltung der Grundregeln des Brainstormings kontrolliert.

Richtlinien für die Durchführung (vgl. Sturm, 1979):

1. Vorbereitung
Brain-Storming-Sitzungen sollten nicht spontan einberufen werden, sondern sind gut vorzubereiten. Komplexe Probleme sollten aufgespalten und in getrennten Sitzungen aufgearbeitet werden.

2. Teilnehmerzahl
Die angemessene Teilnehmerzahl für eine Brain-Storming-Sitzung liegt zwischen vier bis sieben Teilnehmern.

3. Killerphrasen
Während der Phase der Ideenfindung («green-light-stage») ist jegliche Kritik – sowohl positive als auch negative – an den einzelnen Vorschlägen der Teilnehmer untersagt. Dazu sind auch nonverbale Äußerungen zu rechnen.

4. Problempräsentation
Bei komplexen Problemen ist es empfehlenswert, den Mitgliedern der Gruppe Gelegenheit zu geben, die Problemstellung von einem Fachexperten erläutern zu lassen, so daß mögliche Fragen beantwortet und Unklarheiten beseitigt werden können.

5. Ideenfluß
Die Teilnehmer sollten dazu aufgefordert werden, alle Ideen, die aufkommen, auch ungewöhnliche oder unrealistisch erscheinende, auszusprechen. Die Einfälle brauchen nicht ausführlich erläutert zu werden, es reicht die Andeutung des Gedankenganges.

6. Zeitlimit
Eine Brain-Storming-Sitzung sollte den zeitlichen Rahmen von 30 Minuten nicht überschreiten.

4.1.3 Antizipatorische Ergebnisverwertung

Gerade größere sozialwissenschaftliche Evaluationsvorhaben leiden hinsichtlich der praktischen Verwendbarkeit besonders unter zwei strukturellen Gegebenheiten:

- Projektunabhängige Veränderungen der Rahmenbedingungen bzw. Zielsetzungen. Durch die Dauer der Projekte (meist mehrere Jahre) haben sich die Rahmenbedingungen und damit auch die Zielsetzungen des Auftraggebers verändert; die erzielten Resultate sollen aber gerade für die neuen Umstände aussagekräftig sein.
- Nachträgliche, ergebnisabhängige Verschiebungen. Die konkreten Ergebnisse des Projektes können die Problemsicht der Beteiligten bzw. Betroffenen stark verändern, so daß jetzt neue Aspekte wichtig werden – die man aber aufgrund einer ursprünglich anderen Zielsetzung nicht untersucht hat.

Die Lösung dieser beiden Probleme würde eine exakte Zukunftsprognose voraussetzen, die natürlich nicht möglich ist. Zumindest für größere Evaluationsvorhaben sollte man aber versuchen, wenigstens grob die spätere Verwertungssituation zu antizipieren. Ein hierzu geeignetes Mittel ist die Szenario-Technik (vgl. Reibnitz, 1983), deren Grundgedanke im **Diagramm IV/3** dargestellt ist. Es wird aufgrund des Aufwandes selten möglich sein, eine «ideale» Szenario-Studie für die Zielsetzung von Evaluationsprojekten durchzuführen; aber schon eine relativ grobe Abschätzung der erwartbaren Veränderungen kann helfen, bei der Definition der Zielgruppe oder der Konkretisierung von Evaluationsdetails Fehler zu vermeiden. Das Ergebnis kann durchaus der Verzicht auf das Evaluationsvorhaben selbst sein (als fiktives Beispiel: Evaluierung eines Ausbildungskonzeptes der Bundesanstalt für Arbeit für die Umschulung von Arbeitslosen zu Technischen Zeichnern in Anbetracht der Verbreitung von CAD-Anlagen), meistens werden Projektteile dadurch akzentuiert (etwa Evaluation von Maßnahmen zur Krankenversorgung in Anbetracht der erwartbaren Bevölkerungszahl, Altersverteilung und Beitragsaufkommen für die Krankenversicherung).

Für eine grobe Abschätzung der durch die Projektergebnisse denkbaren Situationsveränderungen und darauf gestützte zusätzliche Untersuchungsziele kann man auch die Methode des Planspieles einsetzen (**Diagramm IV/4**; vgl. Rohn, 1980, 1986; Baehr & Eberle, 1986;). Dabei muß man nicht an die (in anderen Bereichen häufigen) stark formalisierten und EDV-gestützten Varianten denken, es genügen ganz einfache Formen, die man vielleicht zur Vermeidung von Mißverständnissen «koordinierte Rollenspiele» nennen könnte und kaum technischen Aufwand erfordern. Den Teilnehmern (evtl. tatsächlich «Betroffene» oder Projektmitarbeiter) werden fiktive Projektergebnisse vorgelegt und gebeten, gemäß der von ihnen zu vertretenden Rolle das weitere Vorgehen für die Lösung des mit dem Evaluationsprojektes bearbeiteten Problems zu diskutieren.

Es stehen inzwischen genügend viele und auch im Kontext anderer Verwertungszusammenhänge ausreichend ausgebaute Sozialtechniken zur Verfügung, um die Zielsetzung von Evaluationsprojekten wesentlich besser zu fundieren, als es derzeit (noch) üblicher Praxis entspricht. Die fehlende rechtzeitige elaborierte Ausarbeitung der Zielsetzung ist zum Teil nicht vermeidbar, etwa aufgrund von Ressourcenmangel des Auftraggebers oder, häufiger, in Anbetracht der Zeitperspektive (für die auch nur grobe Anwendung der in diesem Abschnitt skizzierten Techniken müßte man in einem größeren Projekt etwa 4 Monate veranschlagen). Wo es aber möglich ist, sollte man eine detailliertere und möglichst begründete Zielexplikation anstreben.

4.2 Bewertungsprozeß

Nach Festlegung der (Teil-)Ziele muß man sich darüber einigen, an welchen empirischen Beobachtungen man das Ausmaß der Zielerreichung beurteilen möchte. Letztlich baut der empirisch-wissenschaftliche Informationsgewinn stets auf der Menge der erhobenen Ausprägungsgrade der ausgewählten Indikatoren auf, so daß das gesamte Ergebnis entscheidend von der konkreten Auswahl abhängt. Ob man den «Lernerfolg» von Schülern in verschiedenen schulischen Organisationsformen an den von den Lehrern vergebenen Noten, objekti-

Diagramm IV/3
Kurzdarstellung der Szenario-Technik (vgl. *v. Reibnitz*, 1983)

Definition

«Szenario-Technik» ist eine systematische Methodik zur Entwicklung und Beschreibung möglicher zukünftiger Situationen sowie zum Aufzeigen des Entwicklungsverlaufes, der zu diesen Situationen geführt hat. Die Szenario-Technik besteht aus acht logisch aufeinander aufbauenden Schritten, die den gesamten Prozeß transparent und in allen Phasen nachvollziehbar machen.

Charakteristika

- Sorgfältige Analyse der gegenwärtigen Situation
- Einbeziehung von quantitativen und qualitativen Aspekten
- Ermittlung von Annahmen für die Haupteinflußfaktoren
- Verfahrensmäßig relativ problemlose Verarbeitung von Störereignissen
- Entwicklung von alternativen, in sich konsistenten (= stimmigen) Zukunftsbildern (= Szenarien)

Zugrundeliegendes Denkmodell der Szenario-Technik

Aus der Fülle der plausiblen, in sich stimmigen Szenarien wird jenes ausgewählt, das die höchste Plausibilität (nach den vorliegenden Expertenangaben) aufweist, das sogenannte «Trendszenario». Zusätzlich werden mindestens zwei weitere «Extremszenarien» ausgewählt, eines mit einer besonders positiven, das andere mit einer extrem negativen Entwicklungstendenz; falls zweckmäßig, können auch verschiedene «Extrementwicklungen» antizipiert werden.

Die Vorstellung ist, daß man mit der Auswahl von mindestens drei Szenarien ein «Trichtermodell» der zukünftigen Entwicklung hat. Das Trendszenario entspricht der Hauptachse des Trichters, die Extremszenarien definieren die äußere Hülle, der Trichter hat seine punktförmige Spitze in der Gegenwart (hier fallen ja alle Szenarien zusammen) und erweitert sich im Verlauf der Zeit immer mehr, so daß dann die verschiedenen Szenarien immer stärker auseinanderklaffen. Je mehr Zeit vergeht, um so unsicherer wird auch die Prognose, da immer mehr unkontrollierte und nicht vorhergesehene Störereignisse die Entwicklung verändern werden.

Ziel solcher Studien ist es vor allem, durch rechtzeitig eingelegte Maßnahmen dafür zu sorgen, daß prognostizierte unerwünschte Szenarien nicht Realität werden.

Selbstverständlich darf man auch die Ergebnisse sorgfältiger Szenario-Studien nicht als unfehlbare Orakel interpretieren; sie bieten aber immer dann, wenn man zukünftige Entwicklungen sinnvoll steuern möchte – wie dies bei allen Fragen der antizipatorischen oder prognostischen Evaluation der Fall ist – eine rationalere Grundlage als die persönlichen Zukunftserwartungen.

Ablauf

1. Strukturierung und Definition des Untersuchungsfeldes
2. Identifizierung und Strukturierung der wichtigsten Einflußbereiche auf das Untersuchungsfeld
3. Ermittlung von Entwicklungstendenzen und kritische Beschreibung der Umfelder
4. Bildung und Auswahl konstanter Annahmebündel
5. Interpretation der ausgewählten Umfeldszenarien
6. Einführung und Auswirkungsanalyse signifikanter Störereignisse
7. Ausarbeitung der Szenarien bzw. Ableiten von Konsequenzen für das Untersuchungsfeld
8. Konzeption von Maßnahmen und Planungen.

ven Testverfahren, Einschätzungen der Eltern oder der späteren leistungsmäßigen Entwicklung der Schüler in folgenden Klassen mißt, kann einen großen Unterschied in dem Bewertungsergebnis ausmachen. Im einzelnen sind folgende Punkte zu klären:

- Auswahl der Bewertungskriterien; hierzu müssen zunächst die Ziele möglichst detailliert erfaßt und anschließend möglichst ideenreich für die Teilziele geeignete Vorschläge gefunden werden, danach ist eine Reduktion auf eine bewältigbare Arbeitsmenge notwendig (4.2.1)
- Nebenfolgenabschätzung; unabhängig von den eigentlichen Zielen ist damit zu rechnen, daß jede Maßnahme auch mit nicht beabsichtigten und evtl. unerwünschten zusätzlichen Konsequenzen verbunden ist, zu deren hypothetischen Formulierung die Verwendung von Handlungsmodellen nützlich erscheint (4.2.2)
- Als letzter Schritt ist die Operationalisierung für die einzelnen abstrakten Bewertungskriterien (und Nebenfolgen) festzulegen, wo-

bei ebenfalls noch erhebliche Freiräume (und damit Veränderungen der Ergebnisse durch die Auswahl) vorhanden sind; wichtig erscheint hier vor allem eine Konsensfindung mit dem Auftraggeber bzw. mit den relevanten Teilgruppen innerhalb des Auftraggebers, da ansonsten mit einer nachträglichen Abwertung der Meßinstrumente bei «unerwünschten» Ergebnissen gerechnet werden muß (4.2.3).

Wie aufwendig die einzelnen Teile in einem konkreten Projekt durchgeführt werden können, muß im Einzelfall unter Kosten/Nutzen-Aspekten entschieden werden. In keinem Fall sollte man auf eine «offizielle» Konsensfindung bzgl. der Meßinstrumente verzichten.

4.2.1 Auswahl der Bewertungskriterien

Bevor man zu den einzelnen Beurteilungsdimensionen übergeht, muß zunächst die Zielsetzung der zu evaluierenden Maßnahmen

---

Diagramm IV/4
Kurzdarstellung der Planspiel-Technik (vgl. *Baehr* und *Eberle*, 1986)

- Beim Planspiel handelt es sich um eine im militärischen Bereich entstandene Unterweisungsmethode, die speziell dem Entscheidungshilfetraining dient. Dem Planspiel liegt immer eine reale Situation zugrunde, die in einem Modell simuliert wird. Auf diese Weise soll die wechselseitige Abhängigkeit der einzelnen Systemelemente verdeutlicht werden und die Wirkung einzelner Entscheidungen auf das Gesamtsystem transparent gemacht werden. Beim Planspiel übernehmen die Teilnehmer die Rolle von Entscheidungsinstanzen.
Auf Grund der modellartigen Simulation des Gesamtsystems können die Folgen der Entscheidungen ermittelt und bewertet werden.

Die wichtigsten Elemente des Planspiels sind:
- Nachahmung der Realität im Modell bzw.

Reduktion der Realität auf zielrelevante Faktoren des Planspiels.
- Aktives Handeln in Form abstrakter Denktätigkeit bzw. Interaktion der Spieler in der simulierten Realität.
- Hohe Motivationskraft durch Ausnutzung des dem Menschen innewohnenden Spieltriebes und damit Wirkung und Verstärkung des sachbezogenen Interesses.
- Rollenspielartige Übernahme bestimmter Verhaltensweisen innerhalb der Simulationssituation.
- Konflikttraining verursacht durch abweichende Zielvorstellungen zwischen den Spielgruppen, sowie innerhalb der einzelnen Gruppen.
- Training der Kommunikationsfähigkeit, da die gestellte Aufgabe einen Informationsaustausch innerhalb der Gruppen, zwischen den Gruppen und zum Spielleiter erfordert.

möglichst detailliert werden. Das einfachste Vorgehen ist, wieder Hierarchien, wie in 4.1.1, auszuarbeiten. Für das dort verwendete «advanced organizer»-Beispiel wären dabei folgende Schritte erforderlich (Beispiele nur aus der Sicht der Zielsetzung des Lehrers):

Erfassung von:
1. Analyse der Ist-Situation:

- dem durchschnittlichen Leistungsniveau in der unterrichteten Klasse
- der Motivation der Schüler, mit dem alten Lehrbuch zu arbeiten
- den auftretenden Problemen, die sich bei der Arbeit mit dem alten Lehrbuch ergeben

2. Festlegung der Richtziele (Grobziele):

a) schulische Ziele
b) persönliche Ziele

3. Bestimmung der Feinziele:

mögliche Feinziele von a):

- didaktische Verbesserung des Unterrichtes
- Straffung des Unterrichts
- Verbesserung des Klassendurchschnitts
- zeitökonomische Aspekte
- Steigerung der Motivation der Schüler
- Erleichterung der Informationsaufnahme
- usw.

mögliche Feinziele von b):

- Demonstration von Innovationsfreudigkeit
- Erhöhung der eigenen Motivation
- Hoffnung auf höheres Ansehen/Status
- Zeitersparnis bei der Themenauswahl und Vorbereitung
- Durchsetzung im Kollegium
- wissenschaftliche Orientierung
- usw.

4. Hierarchisierung der Ziele nach (subjektiven) Kriterien:

In gleicher Weise lassen sich natürlich die «Ziele» anderer Gruppen von Betroffenen (vgl. 4.1.1) verfolgen.

Das Finden von Zielhierarchien und dazu passenden Bewertungsdimensionen sollte nach Möglichkeit nicht als Einzelarbeit, sondern im Team erfolgen, da Gruppen für solche Aufgabentypen wesentliche Vorteile bieten, wobei eine interessens- und vorbildungsmäßig heterogene Gruppenzusammensetzung empfehlenswert sein kann. Statt oder ergänzend zum Brainstorming (vgl. **Diagramm IV/2**) können für solche Gruppensitzungen auch Metaplan-Techniken erfolgreich eingesetzt werden, die Grundstruktur davon findet sich im **Diagramm IV/5**. Eine ausführliche Darstellung geben Klebert et al. (1987), Schnelle (1982).

Der Konsens zwischen allen Beteiligten, gerade auch bei offenen oder verdeckten Konflikten innerhalb der Institutionen des Auftraggebers, wird bzgl. der Kriterienauswahl im Prinzip am leichtesten erreicht, wenn alle auch nur annähernd sinnvoll erscheinenden Vorschläge in die Projektplanung aufgenommen werden. In einem solchen Fall kann sich jeder an dem Findungsprozeß Beteiligte im Projektplan wiederfinden, und man kann auch sehr schwer sachlich argumentieren, daß das Erheben irgendeines Aspektes mit Sicherheit unnötig oder gar schädlich sei.

Man sollte aber zur Qualitätssicherung bestrebt sein, im Konsens der potentiellen «Konfliktpartner» eine Eingrenzung der Vorschläge zu erreichen. Dabei können Techniken, wie sie im Abschnitt 4.3 besprochen werden (**Diagramm IV/9**), nützlich sein.

4.2.2 Nebenfolgenabschätzung

Prinzipiell ist bei jeder Maßnahmenbewertung damit zu rechnen, daß diese nicht nur die gewünschten Effekte in mehr oder weniger starkem Ausmaß zeigen wird, sondern zusätzliche Auswirkungen zeigt, die in keiner Weise der Ausgangsintention entsprechen (das Problem ist strukturell ähnlich wie die Trennung von Haupt- und Nebenwirkungen im Therapiebereich). Dies betrifft sowohl die zu evaluierenden Sachverhalte, als auch die Evaluationsstudie selbst, die ihrerseits unerwartete Konsequenzen haben kann, die nichts mit der eigentlichen Zielsetzung zu tun haben (etwa erhöhter Einsatz der «mit-evaluierten» Lehrer im Schulbereich, die Aufwertung von an sich nicht so wichtigen Projekten durch hohen Evaluationsaufwand, die Förderung der Durchsetzung einer Innovation, da diese zu Überprüfungs-

Diagramm IV/5
Grundstruktur der Metaplan-Methode (nach *Schnelle*, 1982)

Definition

Die Metaplan-Methode ist eine Gesprächs-
bzw. Diskussionstechnik, die durch hierarchie-
freies Arbeiten Teilnehmer motiviert und deren Kreativität fördert.

Die Teilnehmer sammeln
- durch Kartenabfrage Beiträge zu einer bestimmten Problematik;
- gewichten diese Probleme;
- fassen die Beiträge zu Problembündeln zusammen;

Der Moderator sorgt für
- den organisatorischen Ablauf der Moderation;
- Visualisierung der Sach- und Beziehungs-
  probleme in der Gruppe;
- Gleichberechtigung der Teilnehmer;

Ablauf der Moderation

Phase 1: Einstieg
- Warming-up
- Problembewußtsein der Teilnehmer schaffen
- Interessen sichtbar machen

Phase 2: Bearbeitung der Problematik
- Problemfragen formulieren
- Problemspeicherung

- Kleingruppenarbeit
- Vorstellen der Ergebnisse in der Gruppe
- Feedback entweder durch die Teilnehmer
  selbst oder durch den Moderator

Phase 3: Finale
- Erstellen eines Tätigkeitskatalogs in der
  Gruppe/Kleingruppe
- Feststellen der Zufriedenheit und des Grup-
  penklimas durch den Moderator

Anwendungsgebiete

- häufig in konfliktträchtigen Situationen (z.
  B. sehr gut geeignet zur Bildungsbedarfs-
  analyse)
- zur Erarbeitung neuer Problemstellungen

Vorteile
- Selbstverantwortlichkeit der Teilnehmer
- Anhäufung verschiedener Informationen,
  Meinungen, Ideen zu einer bestimmten Pro-
  blematik

Nachteile
- hoher personeller und finanzieller Aufwand
  (häufig sind zwei Moderatoren nötig)
- Ist die reale Ungleichheit der Teilnehmer
  überhaupt ausgleichbar?
- In welchem Maß engen nicht-veränderliche
  Strukturen den Entscheidungsraum ein?

zwecken im kleinen Rahmen realisiert werden
muß). Zu einer umfassenden Bewertung gehört
es, auch solche Nebenfragen schon bei der Projektplanung mit zu beachten. Das rechtzeitige
Entdecken potentieller Nebenwirkungen ist besonders schwierig, weil diese ja eben nicht zu
den ursprünglich intendierten Maßnahmen-
zielen gehören. Eine nützliche Hilfe, um an
möglichst viele denkbare, aber nicht intendierte
Folgen zu denken, ist die Berücksichtigung von
Handlungsplänen (vgl. **Diagramm I/2**). Für jede
irgendwie von den Evaluationsobjekten oder
der Evaluationsstudie selbst betroffenen Personengruppen (vgl. 4.1.1) wird überlegt, in welcher Weise sich die Maßnahmen in diesen Plä-

nen auswirken könnten, also ob sie für die jeweiligen Personen

- ein (neues oder zusätzliches) Problem darstellen bzw. zur Folge haben
- die Mittel für die Bearbeitung bestehender
  Probleme verändern bzw. erweitern
- die Handlungsziele beeinflussen
- die Bewertung der Konsequenzen von Ziel-
  erreichungen verändern

Einige Beispiele:

- Eine politische Partei hat sich seit Jahren ve-
  hement für eine bestimmte Schulorganisa-

tion eingesetzt; ein gegenteiliges Evaluationsergebnis könnte u.a. die Glaubwürdigkeit der Aussagen und ihr Prestige herabsetzen, so daß dieses zu einem «Problem» würde (erwartbare Folge: Maßnahmen zur Vermeidung «unerwünschter» Resultate).

- Lehrer, die einen methodisch schlecht gestalteten Unterricht halten, können in der Verfügbarkeit didaktisch gut aufbereiteter Lernprogramme ein Mittel zur (partiellen) Problemlösung sehen und daher darauf verzichten, ihren eigenen Unterricht adäquat zu verbessern (Folge: Reduktion des Bestrebens, sich selbst optimaler zu verhalten bzw. weiterzubilden).
- Der Entwickler eines speziellen Seminarprogrammes zur Einführung in die Textverarbeitung hat großes persönliches Interesse an einem «guten Abschneiden» dieser Methodik im Vergleich zu anderen Angeboten, so daß für ihn ein entsprechendes Ergebnis als anzustrebendes Ziel anzusehen ist (mögliche Folge: Einfluß auf die Auswahl der Alternativen, ganz besondere Anstrengung in den evaluierten, von ihm selbst gestalteten Seminaren).
- Eine Veränderung in der Kostenerstattung für Rettungsfahrten (bezahlt wird nur noch, wenn der Patient mindestens einen Tag lang stationär im Krankenhaus behandelt wird) verändert die nicht unmittelbar medizinischen Konsequenzen des ärztlichen Handelns; wird nur ambulant versorgt, hat dies auch bei ausreichendem Behandlungserfolg für den Patienten negative finanzielle Konsequenzen, die vom Arzt evtl. nicht gewünscht werden. Noch massiver können die Auswirkungen bezüglich des «Hilfeverhaltens» von Mitmenschen sein, da die Fahrtkosten (die durchaus 300 DM betragen können) nicht immer vom potentiellen Patienten, sondern im Konfliktfall von dem zu tragen sind, der den Wagen bestellt hat.

In all diesen Fällen wäre es prinzipiell möglich, bei rechtzeitiger Berücksichtigung durch Erweiterung des Projektes dessen Leistungsfähigkeit zu erhöhen, sei es durch Ergänzung des Kriterienkataloges, methodischer Vorkehrungen (zum Beispiel die Vermeidung von direkter oder auch nur indirekter Selbstevaluation) oder doch zumindest die Empfehlung vorbereitender

Maßnahmen im Partei/Schulsystem-Beispiel, insbesondere eine möglichst weitgehende Vermeidung von Einflußnahme auf die Ausgestaltung und Berichtlegung des Projektes. Ein Problem kann sein, daß die Ausarbeitung solcher denkbarer Nebenfolgen als «zynisch» bezeichnet und von den Beteiligten als eine unsachgemäße Unterstellung zurückgewiesen wird – irrationales Verhalten politischer Parteien, fehlende Innovationsfreudigkeit bei Lehrern, Eigennutz sowie die Berücksichtigung nicht-medizinischer Kriterien bei der Bestimmung der Behandlung durch Ärzte verstoßen gegen die sozial akzeptierten Normen der jeweiligen Gruppe. Bei einer solchen Erhebung sollte man daher die Ideensammlung mit Anonymisierungstechniken (etwa Metaplan, u.U. auch wirklich vertrauliche Interviews) durchführen und als Evaluator deutlich machen, daß diese Ideen nicht von dem Projektteam selbst entwickelt, sondern von praxiserfahrenen Außenstehenden genannt wurden.

4.2.3 Operationalisierungsfragen

Nach Auswahl der theoretischen Bewertungskriterien der zu evaluierenden Maßnahmen müssen diese in konkreter Weise faßbar gemacht werden. Dabei ergeben sich sowohl inhaltliche als auch methodische Probleme.

Die inhaltliche Problematik (an welchen Beobachtungen kann man das Ausmaß von «Therapie-Erfolg» oder «Lernfortschritt» erfassen?) ist nicht Gegenstand einer empirischen Wissenschaft, sondern erfordert eine geisteswissenschaftlich begründete Setzung, etwa anhand von subjektiver Plausibilität, Verträglichkeitskriterien mit «etablierten» Ansätzen oder unter Berücksichtigung von Nutzen-Überlegungen (für das prinzipielle Problem, daß sich die inhaltliche Seite der Operationalisierung der Beurteilung durch empirische Forschung entzieht, siehe etwa Wottawa, 1988, Seite 73). Dies macht eine intensive Abstimmung mit dem Auftraggeber erforderlich, selbst dann, wenn man auf «bewährte» Tests zurückgreift.

Die methodischen Probleme der Operationalisierung sind zwar nahezu ebenso schwierig, aber wissenschaftlich leichter bearbeitbar. Im folgenden wird auf die Punkte eingegangen:

- Ideographische Ansätze
- Nomothetische Ansätze; die Itemmengen sind definiert durch
  - Stoffgebiete
  - Konstruktionsregeln
  - eindimensionale Modelle

Die Wahl des methodischen Ansatzes sollte in jedem Evaluationsprojekt möglichst nach Sachaspekten getroffen werden, auch wenn vielfach eine Berücksichtigung von Ressourcenmangel nicht zu vermeiden ist.

Ideographische Ansätze

An Methoden dieser Art wird man denken, wenn die Evaluationsergebnisse stark in Abhängigkeit von Individuen bewertet werden müssen. Typische Beispiele:

- Erfolgskontrolle von psychologischer Beratung oder Psychotherapien; für einen Klienten kann die Reduktion des übertriebenen Selbstwertgefühls, für einen anderen die Steigerung dieser Dimension ein wesentliches Interventionsziel sein, so daß eine die Personen umfassende Mittelung dysfunktional wäre.
- Bewertung von einzelnen Maßnahmen unter besonderer Berücksichtigung singulärer Aspekte, vor allem im Zusammenhang mit formativer Evaluation; typisch dafür ist etwa die «wissenschaftliche Begleitung» von Modellversuchen, die nicht auf normativ-verallgemeinerte Aussagen hin orientiert ist, sondern vorwiegend den Zweck hat, für den einen zu evaluierenden Einzelfall möglichst optimale Gestaltungshinweise zu geben.
- Interventionen, die qualitative Veränderungen von Zusammenhangsstrukturen zum Ziel haben, zum Beispiel Veränderung von Abläufen in Organisationen oder die bessere Gestaltung kognitiver Strukturen durch Weiterbildung; hier kann nur der Vergleich der strukturellen Gegebenheiten vor und nach der Intervention die Evaluationsgrundlage bilden, was eine individuumsorientierte Erhebung voraussetzt.

Die häufigsten, aber auch «weichsten» methodischen Ansätze für diese Art von Datenerhebung sind Interviews (mit anschließender einzelfallbezogener Darstellung) und «Fallbeispiele». Solche Ausarbeitungen haben oft einen hohen heuristischen Wert, bereiten aber Schwierigkeiten bzgl. der Verallgemeinerung der Ergebnisse. Auffallend ist auch, daß etwa im Zusammenhang mit den sehr kontrovers beurteilten Gesamtschulevaluationen in Nordrhein-Westfalen einzelfallorientierte Ausarbeitungen (Diederich und Wulf, 1979) eine wesentlich geringere öffentliche Resonanz fanden als auf nomothetischer Messung aufbauende Studien (etwa Haenisch et al., 1979, Lukesch et al., 1979), obwohl alle diese Berichte in der gleichen Veröffentlichungsreihe erschienen sind und man annehmen könnte, daß zumindest für die Öffentlichkeit Fallbeschreibungen anschaulicher sind als Testergebnisse. Der Grund dafür könnte darin liegen, daß solche «weichen» Ausarbeitungen deutlich erkennbar in erheblichem Ausmaße von der subjektiven Voreinstellung der Untersucher abhängen, so daß die Glaubwürdigkeit von darauf gestützten Bewertungen vor allem in kontroversen Situationen herabgesetzt ist. Man sollte solche Verfahren daher vor allem bei allgemeinem Konsens und insbesondere bei formativen Fragestellungen einsetzen.

Die (unbeabsichtigte) Einflußnahme des Untersuchers auf die Ergebnisse wird geringer, wenn man die ideographische Datenerhebung stärker methodisch strukturiert. Beispiele dafür sind Ansätze, deren Ziel es ist, die für die jeweilige Fragestellung relevanten kognitiven Strukturen der Gesprächspartner (auch «subjektive Theorien» oder «Entscheidungsregeln» genannt) zu erheben. Frühe Beispiele dafür finden sich etwa im diagnostischen Bereich (Kleinmutz, 1963) oder auch der Erfassung subjektiver Theorien von Lehrern (vgl. dazu Hoffe, 1975). Für das Vorgehen bei solchen Erhebungen kann man sich zum Beispiel der Strukturlegetechnik (Groeben & Scheele, 1984) oder des Prinzips von HYPAG/Structure (Wottawa & Echterhoff, 1982) bedienen. Diese Ansätze sind im **Diagramm IV/6** bzw. **IV/7** kurz skizziert. Ein Anwendungsbeispiel für den Bereich der Evaluation (Auswirkung einer Weiterbildungsmaßnahme) findet sich etwa in Wottawa & Hof, 1987.

Für manche Fragestellungen ist die entscheidende Operationalisierung zwar nur individuell möglich, eine methodisch möglichst eindeutige Zusammenfassung der Einzelergebnisse zu einer Gesamtbewertung aber unbedingt erforderlich (was die beiden vorhergehend besprochenen Ansätze kaum leisten können), gerade im Bereich der Therapie-Evaluation. Hier ist das Ziel nicht nur eine Betrachtung des Interventionserfolges im Einzelfall, sondern eine vergleichend-verallgemeinernde Aussage über die relative Bewährung verschiedener Therapiemethoden für spezielle Indikationsstellungen. Ein speziell dafür entwickelter Operationalisierungsansatz ist die «Goal-Attainment-Scale» (GAS; s. Franklin & Trasher, 1976, Wittmann 1985), deren Grundprinzip im **Diagramm IV/8** dargestellt ist, beinhaltet auch Bewertungsaspekte und wird daher im Abschnitt 4.3 besprochen. Die dort vorgenommene «Umrechnung» des reaktiven Ausmaßes des Erreichens verschiedener

Ziele in Punktwerte ist zwar sicher subjektiv beeinflußt und entspricht nicht den Vorstellungen harter nomothetischer Messung, ermöglicht aber eine objektivere und besser nachkontrollierbare Zusammenfassung der Einzelergebnisse als die anderen hier besprochenen ideographisch orientierten Vorgehensweisen. Beispiele für die Anwendung der GAS für Evaluationsfragen finden sich u.a. in Sherman (1977).

Nomothetische Messung

Wird ein für die Evaluation ausgewählter theoretischer Konstrukt für eine nomothetische Messung, also für alle betroffenen Personen in der gleichen Form, operationalisiert, so stellt sich die Frage nach der Rechtfertigung gerade dieser Indikatorenwahl – schließlich hängt das

---

**Diagramm IV/6
Kurzdarstellung der Struktur-Lege-Technik (SLT) (nach *Groeben* und *Scheele*, 1984)**

Gundlagen

Ziel der SLT ist die Rekonstruktion subjektiver Theorien.
Darunter verstehen die Autoren «... ein Aggregat aktualisierbarer Kognitionen der Selbst- und Weltsicht mit zumindest impliziter Argumentationsstruktur, die eine (wenigstens partielle) Explikation bzw. Rekonstruktion dieses Aggregates in Parallelität zur Struktur wissenschaftlicher Theorien erlaubt.» (Groeben & Scheele, 1984, S. 2),
   Zur Explikation dieser subjektiven Theorien werden eine Reihe von Kästchen verwendet, die Begriffe und Konzepte repräsentieren sowie Kästchen, die die formalen Beziehungen zwischen diesen Begriffen und Konzepten festlegen.

Arbeitsablauf

1. Durchführung eines halbstandardisierten Interviews mit der Vp, wobei sog. hypothesen-ungerichtete, hypothesen-gerichtete und Störfragen eingesetzt werden.

2. Die Vp erhält zur Vorbereitung auf die folgende Sitzung, in der sie ihre subjektive Theorie konstruieren soll, den Struktur-Lege-Leitfaden, der die Grundprinzipien des Verfahrens erläutert.

3. Die Vp legt auf Grund der Interviewinformationen für sich bereits mit Hilfe der Kärtchen eine seiner Meinung nach für die Vp relevante Theoriestruktur fest.

4. In der Sitzung wird die Vp aufgefordert, ihre eigene Theoriestruktur zu rekonstruieren. Sie kann dazu auch andere Konzeptkarten benutzen, als die, die vom VL erarbeitet wurden.

5. Die Theoriestruktur der Vp wird mit der des VL verglichen und die Vp entscheidet, an welchen Stellen sie der Rekonstruktion des VL zustimmt oder aber der eigenen Version den Vorzug gibt.

6. Aus dem Vergleich der beiden Rekonstruktionen soll sich schließlich eine endgültige, beide Versuche integrierende Version entwickeln.

Diagramm IV/7
Kurzdarstellung von HYPAG/Structure

Grundlagen

Ausgangspunkt ist die Überlegung, daß
- die meisten Personen bei bloßem Befragen ihre eigenen Entscheidungsregeln auch in häufig auftretenden Situationen (Diagnostik, Indikationsstellung) nicht zutreffend explizieren können;
- der normale Entscheidungs- oder Auswahlablauf auch keinerlei Veranlassung bietet, sein Regelsystem zu explizieren; dies um so mehr, als die Einarbeitung in die Entschei-

dungsprozedur selten auf klar formulierten Regeln, sondern meist auf Nachahmungslernen oder erst in anwendbare Regeln zu transformierenden Wissensbasen beruhte;
- daher eine Situation geschaffen werden muß, in der die zu analysierende Person durch ein Wechselspiel von der Abgabe subjektiver Begründungen und deren Vergleich mit den tatsächlichen Entscheidungen veranlaßt wird, allmählich «zutreffende» Begründungen ihres eigenen Verhaltens zu bekommen.

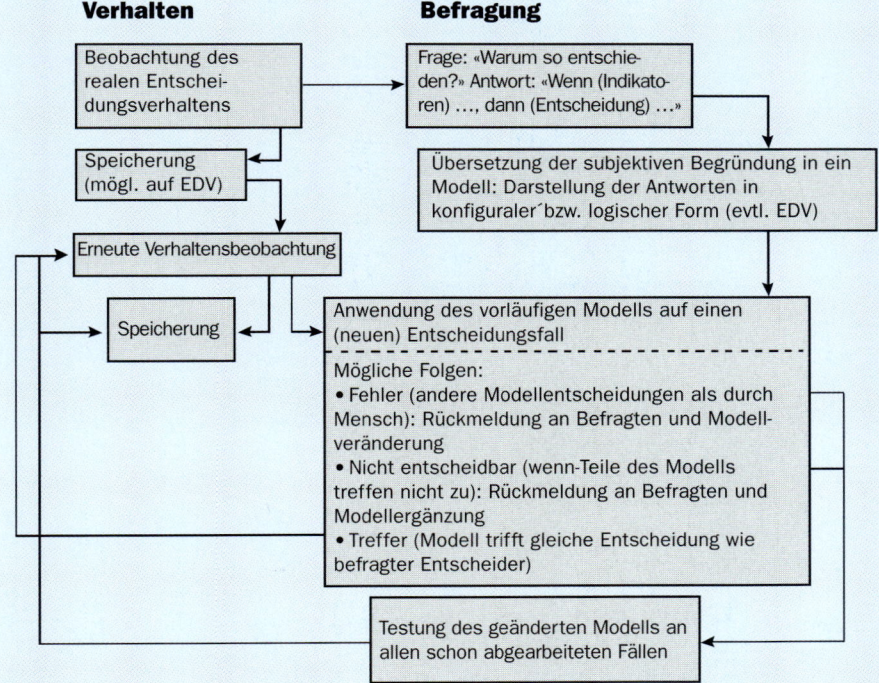

Kreuzvalidierung des als gültig angesehenen Regelsystems an Fällen, die nicht zur Erstellung herangezogen wurden.
Einleitung praktischer Maßnahmen, je nach Zielsetzung etwa:
- Intervention zur Änderung nicht optimal erscheinender Teilregeln
- Bewertung von Interpretationen durch den Vergleich des Regelsystems vor und nach

der Maßnahme (z.B. Training, Beratung, Therapie)
- Aufbereitung von Informationen in einer den Entscheidungsregeln entsprechenden Form (Akzeptanz von Materialien, Erleichterung der Entscheidungsfindung)
- Erarbeitung von Entscheidungshilfen, meist computergestützt.

Diagramm IV/8
Kurzdarstellung des Goal-Attainment-Scaling (nach *Wittmann*, 1985)

Definition
GAS ist ein Oberbegriff für eine Vielzahl von Techniken, die alle auf spezifische Klientenziele und skalierbare Teilschritte zugeschnitten sind (meist im klinischen Bereich eingesetzt).

Ziel
Bestimmung der durch eine Maßnahme zu erreichenden Effekte

Durchführung
- Auswahl relevanter Kriterien für den konkreten Einzelfall (z.B. Festlegung und Spezifikation von klaren und realistischen Behandlungszielen);
- Exakte, empirisch möglichst eindeutige Beschreibung dieser Kriterien;
- Ziele werden auf einer 5-Punkte-Skala skaliert:
  – Punktwert 0: ein erwarteter wahrscheinlicher Ausgang unter der Annahme einer effektiven Behandlung
  – Punktwert -1 bis -2: Kategorien weniger erwünschter Ausgänge

– Punktwert +1 bis +2: Kategorien von besonders erwünschten Ausgängen, wobei +2 das bestmögliche Ergebnis darstellt;
- Jeder Zielbereich wird seiner relativen Bedeutung nach in Relationen zu den anderen gewichtet. Dadurch soll der Wert dieses Zieles in Relation zu den anderen sichtbar werden.

Anwendung
- vor allem im klinischen Bereich Verbreitung als Evaluationsinstrument, GAS beteiligt den Klienten besonders stark, bietet unmittelbare Rückmeldung der Behandlungsergebnisse aus dem Einzelfall an den Therapeuten
- auch einsetzbar für Ziele einer Einrichtung, die soziale oder pädagogische Programme durchführt

Probleme
- Subjektive Bewertung aller Aspekte, vor allem Beliebigkeit der Ziele
- Validität des Verfahrens ist auf Grund der Individualspezifität schwer abschätzbar

Evaluationsergebnis ja ganz wesentlich von der genauen Ausformung des Meßinstrumentes ab.

Eine denkbare Möglichkeit ist es, unsystematisch eine größere Anzahl von Einzelindikatoren (Items, Beobachtungen u. dgl.) zu sammeln und über die einzelnen Fragen einen Konsens herbeizuführen. Da für die meisten Kriterien die Erfassung mit einem einzelnen Item zu wenig aussagekräftig ist (Einteilung der Personen nur in so viele verschiedene Klassen als Antwortmöglichkeiten vorgesehen sind, geringe Meßgenauigkeit) kann man im Nachhinein mit deskriptiven Verfahren wie der Faktorenanalyse versuchen, die Informationsmenge in Richtung auf einige besonders «wesentliche» Kriterien hin zusammenzufassen.

Ein solches Vorgehen dürfte in der Evaluationspraxis gar nicht so selten sein, bringt aber erhebliche Nachteile mit sich. Eine unstrukturierte oder nur schwach an Kriterienvorstellungen orientierte Itemsammlung wird im allgemeinen weniger Einfälle erbringen als ein systematisiertes Vorgehen (vgl. dazu Ab-

schnitt 4.1.1), eine nachträgliche Aufnahme für die Nicht-Berücksichtigung weiterer Vorschläge ist schwierig, und stets bleibt offen, ob die im Nachhinein den Datensatz zugrundegelegten Dimensionen den eigentlich angestrebten theoretischen Bewertungskonstrukten entsprechen. Aus diesen Gründen sollte ein solches «perfiat»-Vorgehen nur dann gewählt werden, wenn aufgrund gegebener Rahmenbedingungen ein sorgfältiger strukturiertes Vorgehen nicht möglich ist.

Eine andere Möglichkeit ist es, für die einzelnen Kriterien auf bereits vorhandene und möglichst gut konstruierte Test- oder Erhebungsverfahren zurückzugreifen. Man kann damit eine eigene Entwicklungsarbeit sparen, der Vergleich mit anderen Untersuchungen wird wesentlich erleichtert und die Verantwortung für evtl. doch bestehende Schwachstellen der Messung wird an die ursprünglichen Autoren delegiert. Prüfen muß man allerdings, ob die konkrete Operationalisierung auch tatsächlich einer Evaluationsfragestellung, die meist Veränderungsaspekte zum Inhalt hat, gerecht wird. Dazu einige Beispiele:

- Erfassung des Therapieerfolges an einer Befindlichkeitsskala, die auf maximale Reliabilität hin konstruiert wurde – es besteht die Gefahr, daß durch die Itemselektion bei der Testkonstruktion gerade die besonders änderungssensitiven Items eliminiert wurden, was die Aussagekraft für eine Interventionsbewertung senkt.
- Anwendung eines Fragebogens für «Führungsstil», bei dem die Probanden das ihrer Meinung nach richtige Verhalten in vorgegebenen Beispielsituationen anzugeben haben – unabhängig von Evaluationsprojekten kann ein solches Vorgehen durchaus Informationen über das tatsächliche Führungsverhalten indirekt erschließen lassen, nach gezielten Interventionsprogrammen ist aber die Gefahr hoch, daß die Teilnehmer im Sinne der Veranstaltungsinhalte antworten, ohne auch nur im geringsten daran zu denken, ihre Einstellungen oder gar das Verhalten zu modifizieren.
- Verwendung eines in internationalen Vergleichsstudien entwickelten Tests für Fremdsprachen für die Evaluation einer neuen Lehrmethode; war die Zielsetzung der Ausgangsstudie (zum Beispiel der Erwerb von Grundfertigkeiten wie Wortschatz oder elementare Grammatik) und die Spezifität der Intervention (zum Beispiel «Verbesserung der kommunikativen Fähigkeiten») nicht ausreichend ähnlich, ist dieses Meßinstrument auch dann nicht zu empfehlen, wenn es methodisch noch so fundiert ist.

Die besondere Zielrichtung von Evaluationsprojekten erfordert leider im Prinzip häufig eine spezifische Neukonstruktion der Meßinstrumente, auch wenn eine solche aus Zeit- und Kostengründen in der Praxis häufig nicht geleistet werden kann. Zumindest in großen Projekten und vor allem dann, wenn die Verwendung der Meßinstrumente im Längsschnitt vorgesehen ist, sollte man aber stets eine sorgfältige Meßkonstruktion anstreben. Hierbei können folgende drei Ansätze wichtig werden:

- Stoffgebiete mit Umsetzungsregeln
- Systematisierte Itemkonstruktion
- Eindimensionale probabilistische Modelle

Festlegung von Stoffgebieten

Vor allem im pädagogisch-psychologischen Bereich liegen für manche Teilgebiete komplette Operationalisierungen der Bewertungskriterien vor, vor allem bzgl. kognitiver Lerninhalte. Der Wissensstoff für ein bestimmtes Fach ergibt sich im Prinzip aus der Zusammenfassung aller dafür zugelassenen Lehrbücher, die (bisherigen) Abituranforderungen finden sich in der Menge aller gestellten Prüfungsthemen, Kriterien der «Schulreife» ergeben sich durch eine zusammenfassende Sammlung der für die erfolgreiche Einschulung erforderlichen Verhaltensweisen. Daher wird in diesem Bereich die Testkonstruktion stärker als in anderen Teilgebieten auf der sogenannten «kriteriumsorientierten Messung» (vgl. dazu Klauer, 1987) aufgebaut, wobei leider diese Bezeichnung zu Mißverständnissen führen kann – gemeint ist nicht eine Erhöhung der Test/Kriteriumsbeziehung im Sinne einer korrelativen Kriteriumsvalidität, sondern die sachgerechte Zusammenstellung von Itemsätzen aus einer das Kriterium definierenden Gesamtmenge (vgl. dazu auch den Begriff der Inhaltsvalidität etwa bei Cronbach, 1978).

Kann man von einer solchen Stoffmenge ausgehen, ist es nur noch erforderlich, ein objektives Verfahren zur Umsetzung in konkrete Meßinstrumente vorzunehmen. Dies ist manchmal völlig unproblematisch, etwa ein Zusammenstellen aller in den zulässigen Englisch-Lehrbüchern verwendeten Vokabeln und Bildung einer Zufallsstichprobe daraus für einen Wortschatztest. Der Aufwand ist höher, wenn für die Fragenerstellung Umformungen erforderlich sind, aber auch dann leistbar – man kann etwa die Beherrschung des Faches «Geschichte» so erfassen, daß man aus der Menge aller Absätze in den zulässigen Lehrbüchern wiederum nach Zufall auswählt und für jeden dieser Absätze nach möglichst objektiv befolgbaren Regeln eine Frage erstellt. Zwar wird in einem solchen Fall die Abhängigkeit vom Itemersteller relativ hoch sein (insbesondere bei multiple-choice-Aufgaben, wenn die Wahl der Distraktoren eine Rolle spielt), aber bei entsprechender Schulung sollte sich daraus keine entscheidende Verzerrung der Meßinstrumente gegenüber der Gesamtheit der Stoffmenge ergeben.

Ein solches Vorgehen hat, wenn die Voraussetzung einer konsensmäßig akzeptierten Stoffmenge tatsächlich gegeben ist, eine Reihe von Vorteilen, insbesondere

- objektive, nachprüfbare und damit sehr kritikresistente Fragenkonstruktion
- eine Kontrolle der Einhaltung normativer Standards wird aufgrund objektiver Zielvorgaben möglich (schließlich sollten die Inhalte der Lehrbücher bzw. der Lehrpläne ja auch tatsächlich beherrscht werden!); dies ermöglicht eine bessere Ergebnisbewertung als die mit üblichen Verfahren erzielten Vergleiche verschiedener Teilgruppen.
- Es sind wiederholte Messungen bei Sicherstellung der Vergleichbarkeit ohne Vertraulichkeits- und Coaching-Probleme möglich; gelingt eine objektive Umsetzung von Stoffmenge in Items, so kann man von Meßzeitpunkt zu Meßzeitpunkt nach diesen Regeln neue Tests zusammenstellen, die trotzdem die gleiche Stoffmenge erfassen und mit Ausnahme von Zufallsschwankungen auch die gleiche durchschnittliche Schwierigkeit aufweisen. Da stets andere Fragen verwendet werden, ist auch Verletzung der Vertraulichkeit und eine an den in den vorgehenden Untersuchungen verwendeten Items orientierte Testvorbereitung nicht möglich, und ein anderes sinnvolles Training wäre identisch mit dem ohnedies vorgegebenen Ziel, die definierte Stoffmenge möglichst umfassend zu erlernen.

Problematisch sind bei diesem Vorgehen die Meßeigenschaften der so gewonnenen Instrumente. Da die «Stoffmengen» in sich sehr heterogen sein können, können die einzelnen Items völlig unterschiedliche Aspekte ansprechen, deren Zusammenfassung zu einem Kriteriumswert nicht durch wissenschaftliche Aspekte, sondern nur durch die meist wissenschaftsextern definierte Stoffmenge gerechtfertigt ist. In Abhängigkeit von den Schwankungen der Itemschwierigkeiten (die u.a. von der jeweiligen Ausgangsmenge, etwa der Gestaltung eines konkreten Lehrbuches, abhängt) kann es auch sein, daß für verschiedene Testformen mit ausreichend ähnlicher Schwierigkeit relativ große Itemmengen erforderlich sind. Zu den Meßeigenschaften gehört auch das Problem, daß bei unrealistischer Zielvorgabe (häufig wird dies etwa bei Lehrplänen unterstellt) die danach konstruierten Itemmengen insgesamt viel zu schwierig werden und damit nur eine geringe Differenzierungsfähigkeit zwischen den einzelnen Probanden erlauben.

Da diese Probleme aber weniger oder überhaupt nicht ins Gewicht fallen, wenn man nicht am Vergleich von Einzelpersonen, sondern von ganzen Gruppen (Schulen etc.) interessiert ist, sollte man an diese Technik der Testerstellung vor allem dann denken, wenn viele Einzelergebnisse zu relativ globalen (Institutions-) Bewertungen zusammengefaßt werden, was ja gerade im pädagogischen Bereich häufig ist. Bei der praktischen Anwendung sollte man darüber hinaus zu einer Erhöhung der Differenziertheit der Aussagen versuchen, die Stoffmenge nicht zu global festzulegen, sondern verschiedene Untergruppen (etwa Wortschatz, passive Sprachbeherrschung etc.) zu bilden, aus denen jeweils eine Itemstichprobe gezogen wird.

Systematische Itemkonstruktion

Um die Nachteile einer willkürlichen oder nur vage assoziativ zu einem Oberbegriff passenden Itemerstellung zu vermeiden, kann man versuchen, sich an explizite Konstruktionsregeln zu halten. Hierfür sind zwei verwandte Denkansätze verbreitet:

- Die «Facettentheorie» (Guttman, 1957; Borg 1981) geht davon aus, daß verschiedene Aspekte der Aufgaben (im Beispiel «Grundrechenfertigkeit» etwa die vier Grundrechenarten, die Teile des Zahlenraumes «Einer, Zehner, Hunderter» die Berücksichtigung positiver und negativer Zahlen sowie nur ganzer oder auch Dezimalzahlen) zu einzelnen «Facetten» kombiniert werden (eine solche wäre etwa die Kombination «Multiplikation von positiven ganzen Zahlen mit höchstens zweistelligen Ergebnissen».) Nach diesem Prinzip lassen sich auch Skalen für die Bewertung von Therapien erarbeiten (etwa bei Kernberg et al., 1972). Dort wurden 16 Aspekte mit jeweils 2 bis 7 Ausprägungsgraden erarbeitet und aus der Vielzahl der damit möglichen Facetten eine Teilmenge für das Evaluationsinstrument ausgewählt. Für die Konstruktion von Intelligenztests vgl. auch Jäger (1967).

- Die «rationale» oder «regelgeleitete» Item-konstruktion besteht in der systematischen Kombination kognitiver Prozesse, die für die Aufgabenlösung benötigt werden. Ähnlich wie bei der Facettentheorie erleichtert dieses Vorgehen die Bildung großer, in ihrer Struktur bekannter Itemmengen, wie sie insbesondere für maßgeschneidertes, computer-gestütztes Testen (Vorgabe einer für jeden Probanden nach individueller Trennschärfe ausgewählten Itemmenge) benötigt werden. Allerdings kann die Kombination von Anforderungen unerwartete Effekte im Sinne von Wechselwirkungen ergeben (zum Beispiel die Möglichkeit, die Antwort auf einem viel leichteren Weg zu finden, als bei der Konstruktion intendiert), so daß die tatsächliche Homogenität der Items zusätzlich zur Einhaltung der Konstruktionsprinzipien mit probabilistischen Testmodellen empirisch geprüft werden muß. Ein Beispiel dafür gibt Hornke (1986).

Verglichen mit der Festlegung von Stoffmengen hat dieser Ansatz den Nachteil, keine an einem bereits bestehenden externen Maßstab orientierte Aussage zur Bewertung der erbrachten Testergebnisse leisten zu können. Im übrigen ist er mit dem zuerst diskutierten Vorgehen hinsichtlich der Leistungsfähigkeit vergleichbar, vor allem ist ebenfalls eine Testwiederholung mit jeweils verschiedenen, aber strukturell gleichen Items möglich. Dies ist vor allem dann wichtig, wenn die gleiche «Dimension» im Längsschnitt erfaßt werden soll (Lernfortschritte einzelner Schüler, Veränderungen durch therapeutische Eingriffe zu vielen Zeitpunkten während der Behandlung, Kontrolle der Auswirkungen einer Werbeaktion unter Benutzung eines Längsschnitts-Panels) und man zur Vermeidung von Störeffekten mit jeweils unterschiedlichen Items arbeiten möchte. Das Wechseln der Aufgaben ist zum Beispiel ganz besonders wichtig bei wiederholten Evaluationsmessungen im Schulsystem. Auch weiß man mehr über die Struktur der von den einzelnen Items angesprochenen Dimensionen, und man hat eine höhere Chance, besonders wünschenswerte Meßeigenschaften (effektive

Gültigkeit eindimensionaler Modelle) innerhalb der einzelnen «Facetten» zu erhalten.

Eindimensionale probabilistische Modelle

Dieser sich an den methodischen Aspekten von Messung orientierende Ansatz (für eine Übersicht siehe Lord & Novick, 1968; Fischer, 1974, Henning, 1974) betrifft in keiner Weise die inhaltliche Festlegung der Indikatoren, sondern nur deren im Hinblick auf Meßeigenschaften optimale Zusammenstellung. Da «eindimensional» als eine besondere Definition von «ähnlich» aufgefaßt werden kann (vgl. dazu Wottawa, 1979), ist es im Prinzip möglich, für jedes einzelne Item (etwa aus einer Stoffmenge ausgewählt oder auf andere Weise konsensmäßig festgelegt) unabhängig von seiner psychologischen Komplexität durch das Hinzufügen entsprechend gleich strukturierter Fragen (hierbei können die Prinzipien der rationalen Itemkonstruktion helfen) eine ganze Dimension zu erstellen. Der Erfolg einer solchen Testkonstruktion hängt im allgemeinen nur vom Einfallsreichtum des Untersuchers ab, so daß die Verwendung solcher Modelle im Prinzip keine Einschränkung der inhaltlichen Vielfalt bedeutet. Sie sind daher kein Ersatz, sondern eine Ergänzung der inhaltlich orientierten Ansätze.

Der Vorteil liegt in den Meßeigenschaften für Einzelpersonen, insbesondere durch die Anpassung der Itemschwierigkeit an den Leistungsstand verschiedener Subgruppen (Schulformen, Leistungskurse, Altersstufen). Sie ermöglichen besser als alle Alternativen die Beobachtung von Entwicklungsverläufen einzelner Personen im Längsschnitt. Für Evaluationsfragestellungen genügt es übrigens im allgemeinen, mit relativ schwachen Modellen (Mokken-Skalierung oder dreiparametrige logistische Modelle) zu arbeiten, da Meßeigenschaften bzgl. der einzelnen Items (etwa ein spezifisch objektiver Vergleich der Items untereinander), die restriktivere Modelle erfordern, für die Projektzielsetzung meist nicht erforderlich sind. Trotzdem kann der Aufwand für die Vortestung und entsprechende Modifikation der vorgeschlagenen Skalen ganz erheblich sein, so daß unter Effizienzgesichtspunkten der Verzicht auf diese Modelle die bessere Alternative sein kann, vor allem dann, wenn nur Gruppenvergleiche interessieren. Ein sehr interessanter, auch unter Effizienzgesichtspunkten für Evaluationsprojekte sinnvoller Ansatz auf dieser Basis ist das sogenannte «Matrix-Sampling» (Miles und Huberman, 1984).

4.3 Bewertungs- und Entscheidungshilfen

Mit dem Erheben der Bewertungskriterien endet der «naturwissenschaftliche» Teil der Arbeit an Evaluationsprojekten. Nach Abschluß dieser Arbeit liegen im glücklichen Fall alle relevanten, empirisch erfaßbaren Informationen für eine summative (Auswahl-) oder formative Entscheidung vor, die wissenschaftliche Arbeit ist eigentlich zu Ende.

Wie schon das Wort «Evaluation» sagt (vgl. Kap. 1), umfaßt die Arbeit des Evaluators aber mehr als das Aufzeigen von sinnvoll gewählten empirischen Fakten. Eine «Bewertung» ist nur möglich, wenn die objektiv bestehenden Fakten in nur subjektiv existierenden «Nutzen» übersetzt und das weitere Vorgehen nach dem Prinzip der Nutzenmaximierung geplant wird. Dieses erfordert einerseits eine Klärung der Frage, wessen Nutzen optimiert werden soll (siehe dazu Abschnitt 4.1), ein Problem, das insbesondere in Folge des Bestehens von Abhängigkeitsverhältnissen zwischen Evaluator und Auftraggeber (etwa als Dienstherr, Arbeitgeber oder Financier der Studie – und vielleicht noch folgender!) die professionelle Ethik des Evaluators berühren kann. Andererseits ist damit zu rechnen, daß die Umsetzung der empirischen Fakten in Nutzenwerte oder Globalentscheidungen den «Abnehmern» der Evaluationsergebnisse oft sehr schwer fällt, so daß es mit die Aufgabe des Evaluators ist, diesen Übersetzungsprozeß durch geeignete Sozialtechniken zu unterstützen. Hierzu liegt eine Fülle von Ansätzen vor, die wichtigsten sind im **Diagramm IV/9** zusammengefaßt.

In den folgenden drei Abschnitten können für die Bereiche Nutzenmessung, Entscheidung durch Experten und Entscheidung durch Betroffene jeweils nur die allerwichtigsten Ansätze diskutiert werden. Die wichtige praktische Ein-

übung in die jeweiligen Verfahren kann durch die theoretischen Konzepte nur unterstützt, aber sicher nicht ersetzt werden.

4.3.1 Explizite Verfahren der Nutzenbestimmung

Für eine objektive, formalisierte Nutzenbestimmung sind folgende Teilschritte erforderlich:

- für jedes Evaluationsobjekt muß der Ausprägungsgrad auf den festgelegten Kriterien erhoben werden; zum Beispiel: Ergebnisse der Schüler eines Schulsystems (Evaluationsobjekt) in einem Vokabeltest im Englischen (eines der Bewertungskriterien).
- für jeden empirisch gefundenen Ausprägungsgrad eines jeden Bewertungskriteriums muß der «Nutzen» festgestellt werden; diesen Vorgang nennt man «Nutzenmessung», und dieser erfordert subjektive Setzungen (im Beispiel muß jemand festlegen, wie nützlich zum Beispiel ein Ergebnis von durchschnittlich 20 richtigen Lösungen im Vergleich zu nur 15 richtigen Antworten ist).
- liegen mehrere Bewertungskriterien vor, muß bestimmt werden, wie die einzelnen Ergebnisse zu einem «Gesamtnutzen» zusammengefaßt werden können; dies nennt man «Nutzenverrechnung» (im Beispiel wären etwa die gefundenen Nutzenwerte auf den Kriterien Vokabeltest Englisch, Rechenaufgaben, Wohlbefinden in der Klassengemeinschaft etc. zu verrechnen – keine ganz leichte Aufgabe!).

Die Probleme werden noch dadurch verstärkt, daß der «Nutzen» für verschiedene Gruppen von Betroffenen bzw. Entscheidern sehr unterschiedlich gesehen werden kann. Werden etwa verschiedene Therapieformen für Alkoholkranke anhand der Kriterien «Dauer des Aufenthaltes in einer Suchtklinik» und «Rückfallquote» evaluiert, können Patienten, Klinikleitung und Kostenträger sehr unterschiedliche Nutzenbewertungen haben. Für die Klinikleitung mag ein längerer Aufenthalt auch höheren Nutzen haben, zumindest bei unvollständiger Kapazitätsauslastung (Einnahmensicherung), für die Kostenträger ist jeder Tag weniger eine wichtige Einsparung, und für den Patienten (und

---

Diagramm IV/9
Übersicht über einige wichtige Techniken zu Entscheidungs- und Bewertungshilfen (Auswahl)

Vorwiegend monetäre Ansätze
- Kosten-Nutzen-Analyse
- Kosten-Effektivitäts-Analyse
- Methoden der Kosten- und Investitionsrechnung
- Management Systems (z. B. Management by Budgeting Systems PPBS)

Nutzenbestimmung durch Betroffene
- Concret goal setting (GS)
- Goal-Attainment-Scaling (GAS)
- Goal-Orientate + Automate + Progress Note (GAP)
- Patient Progress Record (PPR)
- Informierte Einzelentscheidung
- Planungszelle

Bewertung durch Experten
- Expertenurteil
- Gruppendiskussion
- Szenario-Technik
- DELPHI-Technik

Elaborierte wissenschaftliche Ansätze
- Entscheidungsanalyse (EA)
- Soziale Urteilsbildungstechnologie (SJT)
- Multi-Attributive Nutzentechnik (MAUT)

---

evtl. den Kostenträger) kann vor allem die Verhinderung von Rückfällen die alles andere überragende Bedeutung haben. Sofern so stark divergierende Bewertungen wirklich vorliegen, ist eine «objektive» Nutzenbestimmung kaum möglich.

Die hier angedeuteten Schwierigkeiten sollen nicht zu einer Abwertung expliziter Verrechnungsverfahren führen. Die Probleme bestehen in gleicher Form bei allen anderen Entscheidungsverfahren, nur werden sie dort weniger deutlich, was für eine sachgerechte Lösung oft von Nachteil ist.

Nutzenmessung

Die Übersetzung einzelner Kriteriumsausprägungen in zugeordnete Nutzenwerte erfüllt zwei Funktionen:

- Sie ermöglicht die Anwendung formalisierter Bewertungs- bzw. Entscheidungsverfahren, vor allem bei Vorliegen harter (Intervalloder Rational-) Skalen, etwa nach dem «Erwartungs-mal-Wert»-Prinzip (siehe dazu Winterfeldt, 1974)
- Auch bei schwachen (Rang-)Skalen trägt die Nutzenmessung zur Problemexplikation bei und kann damit eine rationale, konsensbezogene Entscheidungsfindung auch ohne

formalisierte Verrechnungsmethoden erleichtern.

Die Vorteile einer auch nur auf Ranginformation aufbauenden Nutzenmessung werden deutlich, wenn man sich überlegt, daß ein monotoner Zusammenhang zwischen Kriteriumsausprägung und Nutzen in keiner Weise selbstverständlich ist (für verschiedene Funktionsverläufe vgl. **Diagramm IV/10**). Zwar gibt es sicher oft monotone Zusammenhänge, doch sollte man dies nie ungeprüft voraussetzen, nicht einmal bei so einfachen Aspekten wie «Preis» oder «Intellektuelle Leistungsfähigkeit» – eine besonders billige Ware kann leicht nur wegen des Preises als qualitativ minderwertig eingestuft werden (was den Nutzen des Kaufes entsprechend subjektiv senkt), und ob eine Spitzenintelligenz für einfachste Berufstätigkeiten (wegen dem subjektiven Anspruchsniveau) oder für Konzentration erfordernde Tätigkeiten wie etwa Autofahren (etwa wegen der intensiven gedanklichen Beschäftigung mit einem Problem) wirklich besser geeignet ist als ein durchschnittlich begabter Mensch, ist zumindest fraglich (man vergleiche etwa die ebenfalls inverte u-förmige Beziehung zwischen Aktivationssteigerung und Leistung, siehe etwa Mietzel, 1998). Zunächst monoton verlaufende und ab einem Grenzwert weitgehend konstant bleibende Kriteriums-/Nutzenbeziehungen finden sich u.a. bei den sogenannten «Hygiene-Faktoren» der Arbeitsplatzgestaltung (Herzberg et al., 1959, S. 66). Die Verbesserung solcher Aspekte (etwa Senkung der Lärmbelastung) erhöht bis zu einer gewissen Grenze den Nutzenaspekt «Arbeitszufriedenheit», jenseits eines solchen kritischen Wertes führt eine weitere Verbesserung der objektiven Fakten aber nicht mehr zu einer Nutzensteigerung.

Für das Erarbeiten der im konkreten Anwendungsfall vorliegenden Kriteriums-/Nutzenbeziehung wurde eine Reihe von technischen Vorgehensweisen entwickelt, die sich vor allem hinsichtlich des Aufwandes bei der Durchführung des nutzenbezogenen Vergleichs zwischen den einzelnen Ausprägungsgraden und, damit zusammenhängend, dem angestrebten Skalenniveau der Nutzendimension unterscheiden. Einige wichtige Ansätze dazu finden sich im **Diagramm IV/11** (vgl. Fishburn, 1967). Für Evaluationsfragestellungen ist die Anwendbarkeit dieser Verfahren dadurch eingeschränkt, daß sie im Prinzip für jeden Beteiligten (oder doch zumindest jede beteiligte Gruppe) gesondert durchgeführt werden müßten und eine Mitte-

lung von Nutzenwerten für die einzelnen Kriteriumsausprägungen über Personengruppen hinweg die Aussagekraft stark reduzieren kann.

Größere Praxisrelevanz haben Verfahren, die die Mehrdimensionalität des Nutzens von Handlungsalternativen berücksichtigen. Auch wenn dort vergleichbare methodische Schwächen auftreten, liefert die Explikation der relevanten Teildimensionen an sich schon einen Informationsgewinn, der selbst dann für die Entscheidungsfindung nützlich ist, wenn man auf formalisierte Entscheidungen verzichtet. Ein für die multidimensionale Nutzenmessung besonders wichtiger Ansatz ist die MAUT-Technik, die schon in verschiedenen Anwendungsbereichen von Evaluationsfragestellungen eingesetzt wurde (siehe etwa Kasubek und Aschenbrenner, 1978).

Das Vorgehen dieser Technik ist im folgenden dargestellt:

1. Identifizierung der Personen oder Organisationen, deren Nutzen zu maximieren ist.
2. Erarbeitung des Problembereichs, das heißt, der Entscheidung, für den/die die Nutzenmaximierung relevant ist.

Diagramm IV/10
Übersicht über Methoden der eindimensionalen Nutzenmessung (nach *Fishburn*, 1967)

Der funktionale Zusammenhang zwischen Kriteriumsausprägung (k) und dem Nutzen davon (N(k)) kann folgende Formen aufweisen:

- nicht-monotone: tritt auf, wenn ein mittlerer Kriteriumswert besonders günstig ist, etwa bei dem Verhältnis von (psychischer) Anspannung und Leistung (1)
- monotone: der Nutzen steigt i. A. monoton mit dem Kriterium, es gibt aber Kriteriumsintervalle,

für die der Nutzen konstant bleibt; ein Beispiel ist etwa die Erledigungsgeschwindigkeit von (Teil-)Arbeiten in einem Projekt, deren Erhöhung nur dann eine Nutzensteigerung erbringt, wenn nicht auf andere Teilarbeiten gewartet werden muß (2)

- streng monotone: der Nutzen steigt zwar stets mit steigendem Kriterium, aber nicht proportional; typisch für alle Grenznutzenphänomene, etwa bei finanziellen Anreizen durch Gehaltssteigerungen (3)
- lineare: gleichbleibender, proportionaler Nutzenanstieg bei steigenden Kriteriumswerten; empirisch relativ selten, aber zur Vereinfachung in vielen Nutzenmessungsmethoden als näherungsweise Abbildung ohne Überprüfung angenommen (Ausnahme: MAUT und EA mit expliziter Überprüfung der Verlaufsform der Nutzenfunktion) (4)
- unstetige: der Funktionsverlauf verändert an einem Grenzwert seine Struktur; typisch für alle Hygienefaktoren», die zunächst mit steigender Ausprägung auch einen höheren Nutzen haben (z.B. am Arbeitsplatz), aber jenseits eines sinnvollen Grenzwertes keine weitere Nutzensteigerung mehr erbringen (5)

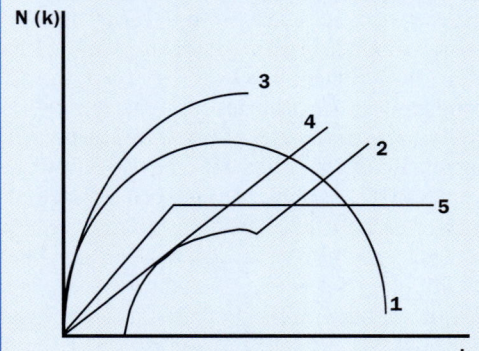

Diagramm IV/11
Übersicht über Methoden der eindimensionalen Nutzenmessung (nach *Fishburn*, 1967)

Wichtige Unterscheidungskriterien von Nutzen-messungsmethoden

– Skalenniveau der Messung
– Subjektive, teilweise subjektive oder objektive Bewertungskriterien
– Methode arbeitet mit Wahrscheinlichkeit oder nicht
– Methode basiert auf Präferenzurteilen, Indifferenzurteilen, direkten Gleichheits- oder Ungleichheitsurteilen über den Nutzen
– Anzahl der Bewertungskriterien, die in ein Urteil eingehen
– Methode ist geeignet für diskrete und/oder kontinuierliche Bewertungsfaktoren

Gebräuchliche Verfahren der eindimensionalen Nutzenmessung

1. Einfache Rangreihenbildung

Ziel dieser Methode ist es, die Bewertungsalternativen bzgl. ihres Nutzens auf jeder Bewertungsdimension in eine Rangreihe zu bringen. Der Rangplatz der Alternative kennzeichnet dann den Nutzenwert auf der entsprechenden Bewertungsdimension.

2. Paarvergleich

Beim Paarvergleich werden alle in Frage stehenden Alternativen jeweils bzgl. eines Bewertungskriteriums mit allen anderen Alternativen verglichen. Dabei muß zu jedem Paar angegeben werden, welche Alternative bevorzugt wird.
Aus diesem Vergleich ergibt sich die Bevorzugungs-wahrscheinlichkeit jeder Alternative auf jeder Bewertungsdimension.
Von den Bevorzugungswahrscheinlichkeiten kann wiederum auf die «Beliebtheit» jeder Alternative geschlossen werden, die den Ausgangspunkt für die Zuordnung von Nutzenwerten darstellt.

3. Gewichtete Rangreihe

Bei dieser Methode müssen die Alternativen für jedes Bewertungskriterium getrennt in eine Rangreihe gebracht werden. Danach erfolgt die Gewichtung der Alternativen, wobei die schlechteste Alternative einen festen Wert (z.B. 10 Punkte) zugeordnet bekommt. Alle anderen Alternativen müssen nun hierzu und untereinander bzgl. ihrer Nützlichkeit auf dem Bewertungskriterium ins Verhältnis gebracht werden.

3. Identifizierung der Alternativen, die in die Bewertung eingehen sollen.
4. Zusammentragen der relevanten Bewertungskriterien, anhand derer die Alternativen bewertet werden sollen.
5. Einordnung der relevanten Bewertungskriterien in eine Zielhierarchie.
6. Gewichtung der Bewertungskriterien
7. Erstellung von Nutzenfunktionen für jedes einzelne Bewertungskriterium.
8. Feststellung des Ausprägungsgrads jeder zu bewertenden Alternative auf jeder Bewertungsdimension (gleicher Skalenbereich für alle Kriterien wichtig!).
9. Bestimmung des Gesamtnutzens jeder zu bewertenden Alternative nach folgender Formel:

$$u_i (A_j) = \text{Summe} (w_i \cdot u_i (x_{ij}))$$

wobei $u (A_j)$ = Gesamtnutzen der Alternative Aj
$u (A_{ij})$ = Teilnutzen von xij
x_{ij} = Ausprägung der Alternative A auf dem i-ten Kriterium

w_i = Gewicht des i-ten Kriteriums
(Vorher müssen alle Werte normiert werden.)

10. Entscheidung: Wahl derjenigen Alternative mit dem höchsten Nützlichkeitswert u_i.

Für eine ausführliche Darstellung der multi-attributiven Nutzentechnik vgl. Winterfeld (1974), Fischer (1975).

Unabhängig von Verfahrensdetails sollte man sich als Evaluator stets bewußt sein, daß auch numerisch erhaltene «Nutzenwerte» nichts an dem Faktum ändern können, daß sie letztlich subjektive Setzungen sind. Das Ergebnis entsprechender Auswertungen ist streng genommen nicht ein wissenschaftlich erfaßter Nutzenwert, sondern die Aussage «Die Personen haben subjektiv folgenden Nutzen eingeschätzt» oder «Das Wahlverhalten der Personen läßt sich durch Zugrundelegung folgender Nutzenstruktur beschreiben». Nutzenaspekte bleiben stets eine Sache der Setzung durch Individuen, deren Subjektivität auch nicht durch noch so elaborierte und objektive Erhebungsmethoden beseitigt werden kann.

Nutzenverrechnung

Die Zusammenfassung der Teilnutzen-Werte auf den Bewertungskriterien erfolgt im einfachsten Fall in linearer Form. Die einzelnen Kriterien erhalten je nach ihrer (subjektiven) Bedeutung ein Gewicht zugeschrieben, und der Gesamtnutzen eines Evaluationsobjektes ergibt sich aus der damit gewichteten Summe der Nutzenwerte dieses Objektes in den einzelnen Kriterien. Dieses Vorgehen wird zum Beispiel bei MAUT gewählt, wo auch diese Art der Zusammenfassung formal dargestellt wurde (s.o.).

Eine so einfache Verrechnungsform ist aber nicht immer sinnvoll. Sie impliziert zum Beispiel, daß ein Evaluationsobjekt mit durchschnittlichen Nutzenwerten auf den Bewertungskriterien den selben rechnerischen Gesamtnutzen haben kann wie ein anderes, daß auf einigen Kriterien sehr hohe, auf anderen ganz geringe Nutzenwerte erbrachte. Sind nun die einzelnen Kriterien für verschiedene «Betroffene» unterschiedlich bedeutsam, wäre eine solche «Gleichheit» rechnerischer Art inhaltlich nicht sinnvoll. Hinzu kommt, daß die Bildung von gewichteten Summen für die Nutzenwerte die Messung auf dem Niveau von mindestens Intervallskalen bedingt, was oft nicht sinnvoll angenommen werden kann.

Unterstellt man vorsichtig-realistisch, daß die Nutzenmessung von Ausnahmefällen abgesehen nur auf Rangskalen erfolgen kann und insbesondere eine Gewichtung der einzelnen Teilaspekte über Personen bzw. Personengruppen hinweg unterschiedlich sein kann, so ist auf der Basis einer formalen Nutzenverrechnung oft nur ein «screening» (damit meint man eine möglichst einfache Vorauswahl letztlich nicht relevanter Alternativen) der Evaluationsobjekte möglich. Man kann sich dazu des Gedankens des Bildens der «pareto-optimalen Teilmenge» bedienen, das Prinzip ist anhand von nur 2 Nutzendimensionen im **Diagramm IV/12** dargestellt. Eine andere Möglichkeit sind Multiple-Cut-Off-Strategien.

Bilden von pareto-optimalen Teilmengen

Die Idee dabei ist, daß eine Alternative unabhängig von der speziellen Gewichtung oder Verrechnung immer dann einer anderen unterlegen ist, wenn sie gleichzeitig in allen Bewertungskriterien niedrigere Nutzenwerte hat. So ist etwa im **Diagramm IV/12** das Objekt A in beiden Kriterien dem Objekt U unterlegen; unabhängig davon, wie man diese Kriterien gewichtet, würde immer für A daher ein niedrigerer Gesamtnutzen als für U folgen, so daß A innerhalb der dort dargestellten Vergleichsobjekte niemals das beste sein kann. Aus gleichen Überlegungen scheiden B, C und D aus. Für die verbleibenden Objekte ist keine weitere Selektion nach diesem Prinzip möglich. Z hat zwar den höchsten Wert auf dem 1. Kriterium, ist aber den anderen im 2. Kriterium unterlegen, ähnliches gilt für U, X und Y.

Die Bildung der pareto-optimalen Teilmenge ist vor allem dann nützlich, wenn viele «Objekte» zu evaluieren sind und klare Verrechnungsregeln fehlen (gut anwendbar zum Beispiel bei Personalentscheidungen, Verpackungs- oder Textvarianten in der Werbung, Anbieter von Weiterbildungsseminaren). Das Vorgehen liefert i. A. keine endgültige Entscheidung, sondern nur eine Vorselektion der Objekte, die zu recht in die engste Wahl kommen.

Anwendung multipler cut-off-Strategien:

Auch wenn eine klare Zusammenfassung der einzelnen Nutzendimensionen fehlt, kann man häufig plausibel machen, daß auf den einzelnen Teilnutzenaspekten jeweils gewisse Mindestwerte überschritten werden müssen (dies hat auch den Vorteil, daß man mit Ordinalskalen bei der Nutzenmessung auskommt). Ein Beispiel dafür wäre etwa die Auswahl besonders guter Seminaranbieter für Weiterbildungsprogramme (es kommen nur solche in Frage, die für die einzelnen Teildimensionen wie Lernerfolg, Seminarklima oder Übertragbarkeit der Inhalte Mindestwerte überschritten haben), therapeutische Eingriffe (nur solche, die etwa hinsichtlich unerwünschter Nebenwirkungen Höchstgrenzen nicht überschreiten) oder die Optimierung von Textgestaltungen (jeweils Mindest- bzw. Höchstwerte in Länge, Verständlichkeit, emotionale Anmutung und dgl.). Die gleiche Denkweise ist auch typisch für die Auswahl von Personen auf der Basis von Einzelfallbewertungen, etwa in der Eignungsdiagnostik, der Potentialabschätzung oder bei Plazierungsaufgaben. Man spricht dort gerne von «Screening-Verfahren». Eine solche formale Vorselektion erleichtert auch bei Fehlen expliziter Regeln der Nutzenverrechnung das weitere Vorgehen, da die Zahl der noch zu berücksichtigenden Objekte reduziert wurde. Zwischen den verbleibenden Alternativen muß anschließend mit weniger formalisierten Verfahren entschieden werden. Eine Möglichkeit ist die Konsensfindung unter Betroffenen (vgl. 4.3.3), eine andere der Einsatz von «Experten».

4.3.2 Expertengestützte Entscheidungsfindung

Am einfachsten ist die Zusammenfassung unterschiedlicher Aspekte durch eine persönliche Einzelentscheidung (typisch in Teilen von Managementfunktionen, aber eher mit abnehmender Tendenz) oder der Versuch, auf der Basis der empirischen Ergebnisse einen Gruppenkonsens herbeizuführen. Bei nicht besonders konfliktreichen Situationen genügt es oft, wenn es gelingt, die für die jeweilige Entscheidung zuständige oder davon unmittelbar betroffene Gruppe von Personen zusammenzuführen und unter sachgerechter, konsensfördernder Motivation diskutieren zu lassen (für Moderations-

techniken vgl. Klebert et al. 1987). Typische Beispiele dafür sind etwa Projektgruppen in Wirtschaft oder Verwaltung, Lehrerkonferenzen, Sitzungen von Therapeutenteams. Für kompliziertere, spezielle Kenntnisse erfordernde Problemlagen ist es aber sinnvoll, zusätzlich das Wissen von Spezialisten (zum Beispiel Evaluatoren) zusätzlich einzubeziehen.

In der Praxis finden sich für die Beteiligung von Experten an der Entscheidungsfindung viele institutionalisierte Vorgehensweisen, etwa Enquette-Kommissionen, Anhörungen oder Begutachtungen. Solche Methoden sind solange weitgehend unproblematisch, als es um das Darstellen von (wissenschaftlich) unumstrittenen Fakten geht. Setzen subjektive Bewertungen mit ein oder sind die «Fakten» insbesondere im Hinblick auf ihre Bedeutung und Verursachung nicht so eindeutig beschreibbar (im sozialwissenschaftlichen Bereich gilt dies fast immer), bieten solche Anhörungen manchmal ein das Ansehen der Wissenschaft nicht gerade förderndes Bild.

Zur Vermeidung solcher Mißstände ist es angezeigt, anstatt öffentlicher «Schaukämpfe» zumindest für politisch-emotional sehr umstrittene Evaluationsfragestellungen Techniken einzusetzen, die Rollenverhalten einschränken und konsensbildend wirken. Einige Beispiele (etwa Meta-Plan) wurden bereits in den vorher-

---

Diagramm IV/12
Prinzip der Pareto-optimalen Teilmenge

Grundlagen

Liegt mehr als ein Bewertungskriterium vor, stellt sich die Frage nach der Zusammenfassung der jeweiligen Nutzenwerte zu einer Auswahlentscheidung. Unabhängig von einer speziellen Gewichtung oder einer anderen Verrechnungsvorschrift kann aber jede Alternative von vorneherein ausgeschlossen werden, die *gleichzeitig* auf allen Nutzen-Teildimensionen von einer anderen Alternative übertroffen wird.

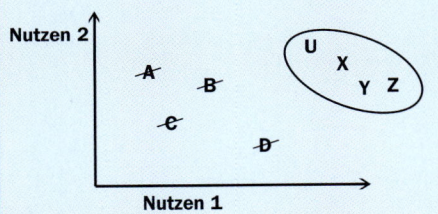

Skizze des Entscheidungsverlaufes bei zwei Nutzendimensionen

Die Alternative A ist auf beiden Dimensionen kleiner als U und wird ausgeschlossen, B und C werden von X übertroffen, D von Y. Die übrigen (U, X, Y, Z) können nicht ausgeschlossen werden; zwar wird z.B. Y von Z auf der ersten Nutzendimension übertroffen, hat aber auf der zweiten einen etwas höheren Wert, sodaß Y und U (z.B. bei wesentlich stärkerer Gewichtung der zweiten gegenüber der ersten Dimension) in der Gesamtbewertung doch über Z liegen könnte.
Die verbleibende Alternativenmenge wird «pareto-optimal» genannt.

gehenden Abschnitten besprochen. Für die Arbeit mit Experten besonders bewährt hat sich die sogenannte «Delphi-Methode», die in **Diagramm IV/13** dargestellt ist (vgl. Linstone & Turoff, 1975; Bortz, 1984). Die anonyme Rückmeldung über die Angaben der Expertenkollegen vermeidet gruppendynamische Effekte, es fällt leichter, die von anderen vorgebrachten Argumente ohne Emotionen zu prüfen und seine ursprüngliche Aussage als Ergebnis solcher zusätzlicher Überlegungen ohne Gesichtsverlust zu verändern. Leider ist dieses Verfahren von den Kosten her aufwendig, und es widerspricht auch dem Selbstverständnis vieler Wissenschaftler – wer gibt schon gerne zu, daß er auch in der Rolle als Sachverständiger zu einigen Themen dazu neigt oder doch zumindest neigen könnte, auch sachfremde Einflüsse wie Emotionen in seine Aussagen einfließen zu lassen?

Aus solchen Gründen wird die Delphi-Technik (bisher) für Evaluationsfragen leider nur selten angewandt; ein Beispiel im Zusammenhang mit der Curriculumsentwicklung gibt Häußler et al., 1980.

4.3.3. Entscheidungsfindung durch Betroffene

Eigentlich sind die Betroffenen (aus wissenschaftlicher Sicht meist Laien) jene Gruppe, die am ehesten befugt wäre, bei Evaluationsfragestellungen eine Entscheidung zu treffen. Das Problem dabei ist, daß eine begründete Auswahl oder Gestaltungsvorschläge doch eine relativ weitgehende Sachkenntnisse der Grundlagen und Nebenfolgen voraussetzen, über die auch ein intelligenter und in der Sache engagierter «Laie» im allgemeinen nicht verfügt. Dazu kommt noch, daß Betroffene natürlich sehr dazu neigen, ihre persönlichen Nutzenaspekte besonders hoch zu veranschlagen und evtl. sogar massive Nachteile für andere weni-

---

Diagramm IV/13
Übersicht über die Grundlagen der DELPHI-Technik (nach *Bortz*, 1984)

Definition

Bei der DELPHI-Methode handelt es sich um eine spezielle Form der schriftlichen Befragung, mittels derer ein Kreis von Experten zu einem ausgewählten Problembereich in einem mehrstufigen Prozeß individuell befragt wird, sodaß gruppendynamische Effekte ausgeschaltet werden können. Ein Leitungsgremium übernimmt dabei eine Koordinationsfunktion, indem es einen Katalog von Ausgangsfragen und Zielen entwickkelt, die Antworten der Experten auswertet, sowie einen ständig verbesserten Fragenkatalog ausarbeitet.

Ziele

- Gewinnung von neuen Ideen durch Experten
- Annäherung der Standpunkte durch ständige Rückmeldung, sodaß ein übereinstimmender Lösungsvorschlag für das behandelte Problem entwickelt werden kann.

Ablauf der DELPHI-Technik

- Das Leitungsgremium erarbeitet für die anstehende Problematik einen speziellen Fragebogen
- Ein ausgewähltes Expertenteam wird mit Hilfe des vorbereiteten Fragebogens um seine Meinung gebeten. Die schriftliche Befragung findet individuell und anonym statt.

- Die Ergebnisse der Umfrage werden durch das Leitungsteam ausgewertet (qualitativ und quantitativ)
- Auf der Basis der Resultate dieser ersten Befragung wird durch das Leitungsgremium ein neuer Fragenkatalog entworfen.
- In einer zweiten Befragungsrunde erhalten die einzelnen Experten den neuen Fragebogen zusammen mit den Ergebnissen der ersten Umfrage sowie zusätzliche Informationen über die Standpunkte und Lösungsbeiträge der anderen Experten. Die Experten werden dabei um eine Kommentierung ihrer Antwort im Vergleich zu den Gruppenergebnissen gebeten, wobei eine gewisse Angleichung der Ansichten erwartet wird.
- Weitere Auswertungen und Umfragen (meistens werden drei bis fünf Wiederholungsrunden nach dem obigen Ablaufschema durchlaufen). Dabei werden extreme Meinungen eliminiert und das Schwergewicht auf strittige Punkte gelegt.
- Liegt eine Ideensammlung von größerer Aussagefähigkeit vor, erarbeitet das Leitungsgremium schließlich einen umfassenden Lösungsvorschlag für das relevante Problem.

ger gravierend zu gewichten. Möchte man diese Störungen ausschalten, ist ein intensiver persönlicher Kontakt zwischen verschiedenen Betroffenen mit unterschiedlichen Interessen, eine sorgfältige Information dieser «Entscheider» sowie eine konsensfördernde Diskussionsgestaltung erforderlich. Wichtig ist auch eine wirklich repräsentative Auswahl der «Entscheider» aus der Gesamtheit der Betroffenen, da sonst durch Selbstselektion oder Verbands- bzw. Parteiennominierung ein stark verzerrtes Bild über die tatsächlich vorhandenen Interessen, noch verstärkt durch die bei den Experten genannten Rollenzwängen, entstehen kann.

Ein für die Lösung dieser Probleme hervorragend geeigneter Ansatz ist die Planungszelle (Dienel, 1978), die im **Diagramm IV/14** skizziert ist. Die dort getroffenen Maßnahmen schließen den empirischen Erfahrungen zufolge nahezu alle klassischen Störeffekte einer Entscheidungsbildung durch Laien aus, kompetente Durchführung der einzelnen Teilschritte vorausgesetzt. Das Verfahren ist besonders dann angemessen, wenn die «wissenschaftlichen» Grundlagen für die Entscheidung entweder wenig wichtig oder leicht verständlich sind. Dies dürfte der Grund sein, warum diese Methode vorwiegend für antizipatorische Evaluation von Stadtplanungsmaßnahmen (siehe dazu Dienel, 1978) eingesetzt wurde. Bei entsprechender

Modifikation wäre das Verfahren sicher auch sehr gut geeignet, in anderen Bereichen eine wirkliche Beteiligung der Betroffenen an der (politischen) Entscheidungsfindung zu ermöglichen, deren Qualität weit über die in manchen Bereichen gesetzlich vorgesehenen «Anhörungen» hinausgeht.

Leider muß man feststellen, daß die Planungszelle in jüngster Zeit nur selten angewandt zu werden scheint, was nur zum Teil durch die nicht unerheblichen Kosten zu erklären ist. Man muß im Bereich der Evaluation damit leben, daß die Berechtigung zum Treffen von Entscheidungen mit sehr vielen zusätzlichen, für die Motivierung von Menschen wichtigen, Nebenaspekten verbunden ist und sich daher kaum jemand subjektiv als bedeutend eingeschätzte Entscheidungen von anderen abnehmen läßt. Die Delegation relevanter Entscheidungen etwa von politischen Mandatsträgern auf informierte «Betroffene» dürfte vor diesem Hintergrund nicht als Entlastung, sondern als ein Verlust von Macht und Einfluß gesehen werden. Wozu braucht man eigentlich noch politische Parteien und deren Mandate, wenn in wichtigen Angelegenheiten ohne oder sogar gegen sie entschieden wird? Da es für politische Entscheidungen sehr unglücklich wäre, zuerst eine Planungszelle einzuführen und später als

---

Diagramm IV/14
Übersicht über die Grundlagen der Planungszelle (nach *Dienel*, 1978)

Prinzip

Das Prinzip der Planungszelle liegt in der Zusammenfassung einer größeren Anzahl von Betroffenen in mehreren Kleingruppen. Diese erhalten sorgfältige und umfassende Informationen durch Fachexperten. In einer Diskussion der Informationen in der Kleingruppe werden abschließend eine Bewertung des Problems bzw. eine Beschlußfassung festgelegt.

Definition «Planungszelle» (nach *Dienel*, 1978, S. 74)

... ist eine Gruppe von Bürgern, die nach einem Zufallsverfahren ausgewählt und für begrenzte Zeit von ihren arbeitstäglichen Verpflichtungen vergütet freigestellt worden sind, um, assistiert von Prozeßbegleitern, Lösungen für vorgegebene, lösbare Planungsprobleme zu erarbeiten.

Merkmale des Modells:

- Unerläßliche konstruktive Merkmale
  - Gruppenentscheid
  - Akzeptable Rollenzuordnung für alle Teilnehmer
  - Freistellung der Teilnehmer von Arbeits- und Familienverpflichtungen
  - Vergütete Teilnahme
  - Befristete Teilnahme
  - Teilnehmerzufallsauswahl
  - Laienteilnehmer
  - Fachliche Begleitung
  - Vorgegebene Aufgabenstellung
  - Freizügigkeit des Einsatzes
  - Simultananwendbarkeit durch andere Gruppen
- Variable Merkmale
  - Teilnehmerzahl (meistens 25 Personen)
  - Dauer (meistens drei Wochen)
  - Programmdichte (= Einflußmöglichkeit auf den Programmablauf)

rechtlich verantwortliches (politisches) Gremium eine gegenteilige Entscheidung zu treffen (man denke nur an die Darstellung eines solchen Vorgehens in den Massenmedien!), bedeutet die Einschaltung einer Planungszelle praktisch die Entscheidungsdelegation und damit eine sowohl subjektiv erlebte als auch objektiv gegebene «Entmachtung» in dieser Teilfrage.

4.3.4 Grenzen objektiver Nutzenbewertung

Verfahren zur Nutzenmessung und Hilfen bei der Entscheidungsfindung können wesentlich zu rationalen, auch konsensfähigen Entscheidungen auf der Basis von Evaluationsprojekten beitragen. Man darf aber nicht erwarten, daß solche «objektiven» Techniken stets anwendbar bzw. an sich akzeptabel sind. Manche Hinderungsgründe sind bedauerlich und nicht prinzipiell (Innovationsscheu, Angst vor Reduktion des persönlichen Einflusses etc.), einige aber auch sachlich gerechtfertigt:

- Die Setzung von Zielen «wie die Welt sein soll» ist keine empirische Frage, sondern eine subjektive Entscheidung; es ist daher durchaus legitim, sich für die Erreichung eines Zieles auch bei (zunächst?) widersprechenden Evaluationsergebnissen politisch bzw. argumentativ einzusetzen.
- Oft sind die Entscheider eingebettet in ein Netzwerk von Einflüssen, und die von ihnen ausgewählte Alternative wirkt aufgrund der Reaktion der Betroffenen auf die Situation der Entscheider zurück. Dies ist typisch für politische Maßnahmen (Gesetzesvorhaben, Gestaltung von Schulsystemen, Organisationsmaßnahmen der Verwaltung) oder die Arbeit besonders bedeutsamer Organisationen (Parteien, Gewerkschaften, Krankenkassen u.ä.), in kleinerem Umfang auch in privaten Vereinen wie etwa Berufsverbänden. In solchen Situationen bleibt die Bewertung von Alternativen (insbesondere bei prospektiver Evaluation) meist einem umfassenden Diskussionsprozeß vorbehalten, den man als «freies Spiel der Argumente» charakterisieren könnte. In solchen Fällen ist die Gefahr, daß der Evaluator zum Anwalt einer bestimmten Richtung wird, besonders hoch (vgl. Abschnitt 2.1.1).
- Viele Entscheider würden vermutlich völlig demotiviert, wenn sie alle oder doch die wichtigsten beruflichen Entscheidungen auf einer rein rationalen, berechenbaren (und damit letztlich auch automatisierbaren) Basis treffen sollten. Die völlige Reduktion auf solche formalisierten Verfahren würde keinen Raum mehr für persönliche Vorlieben, Freude am auch in Grenzen «willkürlichen» Gestalten und kreativen, den formal-rationalen Rahmen übersteigende Ideen lassen. Vermutlich wären viele gesellschaftliche Veränderungen nie erfolgt, wenn man ihre Überlegenheit gegenüber althergebrachten Verfahrensweisen auf der Basis empirisch erhobener und explizit verrechneter Nutzenwerte hätte begründen müssen.

Diese Argumente sollten aber nicht als Abwertung einer sorgfältigen Nutzenerhebung verstanden werden. Auch heute noch dürfte es eher einen Mangel als ein übertriebenes Ausmaß rationaler Entscheidungen geben, selbst bei der Verwendung von empirischen Evaluationsergebnissen.

Es kommt immer wieder vor, daß sich der Evaluator über sachfremde Einflüsse auf die Projektdurchführung und Ergebnisverwertung ärgert, langfristig (vom Mittelalter bis heute) ist aber eine evaluationsfreundliche Veränderung der Gesellschaft unverkennbar. Auch muß man damit rechnen, in diesem Berufsfeld immer wieder Entscheidungsträgern mit offensichtlich feudalstaatlich geprägten Denkstrukturen zu begegnen (und dies keineswegs nur in Politik und Verwaltung), doch kann gerade die Explikation der Zielsetzung und der Bewertungskriterien wesentlich dazu beitragen, den Wirksamkeitsbereich solcher gesellschaftlicher Fossilien allmählich einzuschränken.

Übersicht Kapitel 4:
Zielexplikation und Bewertungskriterien

4.1
Zielexplikationen

Möglichkeiten

Strikte Vorgaben der Zielsetzung durch den Auftraggeber	Vorliegen einer gewissen Zielsetzung durch den Auftraggeber. Evaluator muß diese aber konkretisieren und verbessern	Auftraggeber hat nur eine sehr vage Vorstellung von den Zielen der Evaluation. Evaluation muß intensive Zielexplikation betreiben

Regelfall

Problem: Zielexplikation bei Vorliegen von Konflikten innerhalb des Auftrages

Zielgruppenbestimmung • Bestimmung der von der Evaluation betroffenen Zielgruppe • Hilfsmittel: Kreativitätstechniken	Konkretisierung des Evaluationsprojekts • Erarbeitung von relevanten Ausprägungsgraden des Evaluationsprojektes • Hilfsmittel: Situationsanalyse Gruppendiskussion Brain-Storming	Antizipatorische Ergebnisbewertung • Probleme bei Evaluationsvorhaben • Veränderung der Rahmenbedingungen • Nachträgliche, ergebnisabhängige Verschiebung • Abhilfe durch Antizipation der Verwertungssituation Hilfsmittel: Szenario-Technik Planspiel

4.2
Bewertungsprozeß

Bewertungskriterien Aufstellung einer Zielhierarchie und Auswahl der passenden Bewertungsdimensionen • Hilfstechniken: Brain-Storming Metaplan-Techniken	*Nebenfolgenabschätzung* Abschätzung der Nebenfolgen durch Untersuchung der Zielgruppen, ob Maßnahmen Konsequenzen für die Handlungspläne der Zielgruppen haben könnten • Hilfsmittel: Metaplan-Techniken vertrauliche Interviews	*Operationalisierungsfragen* Operationalisierung der Bewertungskriterien Inhaltliche und methodische Probleme

4.3
Bewertungs- und Entscheidungshilfen

Verfahren der Nutzenbestimmung

• eindimensional: funktionale Verknüpfung Kriteriums-/Nutzenwert	Teilschritte der Nutzenbestimmung Zusammenfassung der Nutzenwerte zur Nutzenverrechnung • Linearkombinationen • pareto-optimale Teilmenge • multiple cut-off-Strategien	• mehrdimensional: z. B. MAUT

Entscheidungsfindung durch Experten Hilfstechniken: • Delphi-Methode • Meta-Plan	Entscheidungsfindung durch Betroffene Hilfstechniken: • Planungszelle • Moderation	Grenzen objektiver Nutzenbewertung • Zielsetzung subjektiv • vernetzte Einflüsse • Freiraum für Entscheider

5. Planung von Evaluationsprojekten

Wie schon im 1. Kapitel dargestellt, ist das Berufsfeld Evaluation so heterogen, daß eindeutige «Vorschriften» für die Planung solcher Vorhaben nicht zu erstellen sind. Hinzu kommt noch, daß die Planung von Projekten naturgemäß eine Gestaltungsaufgabe ist, für die es auch im konkreten Einzelfall viele verschiedene durchaus gute «Lösungen» gibt.

Um wenigstens einen ersten Einblick in die Planungsarbeit geben zu können, wird in den folgenden Abschnitten von einem typischen Fall, nämlich der Reaktion auf eine Projektausschreibung, ausgegangen. Die Projektarbeit beginnt dann mit der Angebotserstellung, wobei vor allem Fragen des Projektmanagements (5.1.) wichtig sind. Kommt ein Auftrag zustande, beginnt die eigentliche, intensive Vorbereitung (Design-Fragen, Abschnitt 5.2.) und darauf aufbauend die Vorbereitung der Auswertung (5.3).

Auf andere Auftragsverhältnisse bei der Evaluation, etwa

- Einholen eines einzigen Angebots bei einem besonders vertrauten oder als besonders kompetent geltenden Experten,
- Finanzierung des Vorhabens aus Stiftungs- oder anderen Förderungsmitteln,
- Planung einer Evaluation mit ausschließlich «hausinternen Mitteln», über die evtl. der Evaluator selbst im Rahmen seiner beruflichen Zuständigkeit ohne finanzielles Risiko verfügen kann,
- Durchführung des Vorhabens im Rahmen einer Diplomarbeit, o.ä.
- Selbstevaluation

sind einige der in den folgenden Abschnitten dargestellten Ausführungen nicht anwendbar.

Da für diese Arten von Evaluation aber am ehesten Hinweise in der vorhandenen Literatur verfügbar sind (siehe dazu etwa Prell, 1984; Hellstern und Wollmann, 1984), wird im folgenden von einem kommerziell orientierten Evaluationsvorhaben ausgegangen.

Das folgende Kapitel ist nach dem zeitlichen Ablauf der Arbeit an einem Evaluationsprojekt gegliedert, die Hauptpunkte dabei sind in **Diagramm V/1** zusammengefaßt.

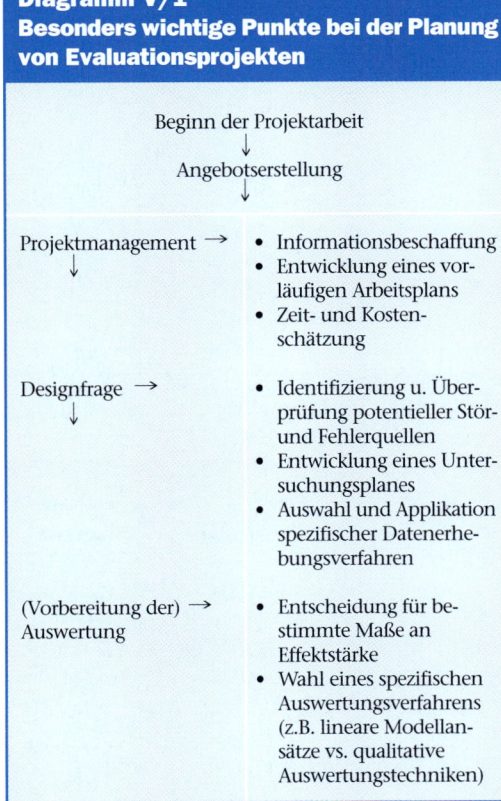

Diagramm V/1
Besonders wichtige Punkte bei der Planung von Evaluationsprojekten

Beginn der Projektarbeit
↓
Angebotserstellung
↓

Projektmanagement →
↓

- Informationsbeschaffung
- Entwicklung eines vorläufigen Arbeitsplans
- Zeit- und Kostenschätzung

Designfrage →
↓

- Identifizierung u. Überprüfung potentieller Stör- und Fehlerquellen
- Entwicklung eines Untersuchungsplanes
- Auswahl und Applikation spezifischer Datenerhebungsverfahren

(Vorbereitung der) →
Auswertung

- Entscheidung für bestimmte Maße an Effektstärke
- Wahl eines spezifischen Auswertungsverfahrens (z.B. lineare Modellansätze vs. qualitative Auswertungstechniken)

5.1 Projektmanagement

Die für die Projektorganisation entscheidende Phase ist die Planung, die auch die Grundlage jeder professionellen Angebotserstellung ist. Gelingt es, diese vorbereitenden Arbeiten sachgerecht durchzuführen, kann sich das spätere Projektmanagement im wesentlichen auf die Kontrolle der Einhaltung des Planes beziehen, was gegenüber ad-hoc-Lösungen für nicht rechtzeitig überlegte Probleme sehr entlastet und die Qualität der Projektarbeit fördert.

In diesem Abschnitt kann nur ein erster Einblick in technische Hilfen für die Planung und Abwicklung von Evaluationsprojekten gegeben werden. Meist beginnen die Probleme schon mit unzureichenden Informationen für ein auch nur annähernd aussagekräftiges Angebot.

Für Evaluationsvorhaben (und ähnliche Fragestellungen auf der Basis sozialwissenschaftlicher Kenntnisse) sind Ausschreibungen meistens nur bedingt informativ. Man kann in einer für die Angebotserstellung halbwegs ausreichenden Weise ein Bauprojekt, die Erledigung von EDV-Arbeiten oder den Ankauf einer bestimmten Menge einer Ware mit vorgegebenen Qualitätsstandards ausschreiben, die Planung eines Evaluationsprojektes setzt aber eine wesentlich intensivere Kenntnis der speziellen Rahmenbedingungen voraus. Häufig ist dieses Faktum, und insbesondere die genaue Ausdifferenzierung der notwendigen Vorinformationen, dem potentiellen Auftraggeber gar nicht bekannt – wenn im eigenen Hause erfahrene Evaluatoren wären, wäre ja vermutlich eine Ausschreibung für externe Auftragnehmer nicht erforderlich. Hinzu kommt, daß es zwar zur Allgemeinbildung gehört, Grundkenntnisse in naturwissenschaftlichen oder technischen Bereichen zu haben, im allgemeinbildenden Schulwesen aber ebenso wie innerhalb der meisten universitären Studiengänge kaum sachlich zutreffende Darstellungen über psychologische oder sozialwissenschaftliche Inhalte zu finden sind. Die Einholung der erforderlichen Informationen stößt daher von Seiten der potentiellen Auftraggeber manchmal auf Unverständnis (siehe 5.1.1). Nach Lösung dieser Probleme kann ein vorläufiger Arbeitsplan erstellt werden, dessen möglichst übersichtliche und gleichzeitig «werbende» Darstellung den we-

sentlichen Inhalt des (meist schriftlichen) Angebotes bildet (5.1.2). Auf der Basis dieser vorläufigen Planung wird ein Zeit- und Kostenplan erstellt, bei dem man prinzipiell vor einem Dilemma steht:

- veranschlagt man den Aufwand zu niedrig, können erhebliche finanzielle Belastungen des Institutes die Folge sein, auch die Qualität der Arbeitsausführung leidet darunter erheblich
- kalkuliert man zu großzügig, kann der überzogene Betrag die Ursache sein, den Zuschlag nicht zu erhalten, mit allen Konsequenzen daraus (zum Beispiel Kündigung von ohne weitere Projekte nicht länger finanzierbaren Mitarbeitern)

Diese Entscheidung wird oft weniger auf der Basis solider Fachkenntnisse getroffen, sondern bleibt der Zuständigkeit des jeweiligen Institutsleiters vorbehalten, der aufgrund seiner Stellung letztlich die Entscheidung zu verantworten hat. Von der Fachseite kann nur eine Kalkulation der erforderlichen Mindestaufwendungen geleistet werden (vgl. Abschnitt 5.1.3).

5.1.1 Informationen zu Projektdetails und Rahmenbedingungen

Es empfiehlt sich, zunächst eine Liste von Aspekten anzufertigen, die man vor der konkreten Projektarbeit gerne geklärt hätte. Im **Diagramm V/2** sind einige Bereiche genannt, die man zum Beispiel in einem Vorgespräch über eine Evaluation einer laufenden Werbekampagne klären sollte (nur eine Auswahl aus allen vermutlich wichtigen!). Man muß allerdings davon ausgehen, daß aufgrund der ersten, relativ vagen Vorkenntnisse zunächst relevante Punkte übersehen werden.

Ein Teil der benötigten Informationen, insbesondere zum allgemeinen Hintergrund, läßt sich auf der Basis von schriftlichen Unterlagen beschaffen. Allgemeine Informationen wie Größe des Unternehmens, Zahl der Zweigstellen, Umsatz- und Gewinndaten kann man den jährlichen Geschäftsberichten entnehmen, die sich entweder an Universitätsbibliotheken (Wirtschaftswissenschaften!) befinden oder bei dem potentiellen Auftraggeber direkt angefordert werden können. Eine nicht ganz problemlos zugängliche Informationsquelle sind nach Stichworten aufbereitete Archive von Zeitungs- bzw. Zeitschriftenartikeln, wie sie insbesondere die großen Verlage in der Bundesrepublik unterhalten und gelegentlich auch externen Interessenten zugänglich machen.

Eine besonders wichtige Grundlage sind persönliche Gespräche mit dem potentiellen Auftraggeber, die in jedem Fall herbeigeführt werden sollten. Über Fakten hinaus kann man dabei auch Hintergründe, erwartete Probleme und evtl. Konflikte zwischen Mitarbeitern oder Abteilungen des Auftraggebers erfahren oder doch erahnen (gerade in dieser Hinsicht ist der direkte persönliche Kontakt dem leichter erreichbaren Telefongespräch weit überlegen). Die Informationsbeschaffung für die Angebotserstellung ist häufig nicht nur ein sachliches Problem, sondern auch ein taktisch-psychologisches.

Die beste Vorbereitung für ein persönliches Gespräch ist das Erstellen einer Fragenliste, die man aber in keinem Fall als «Fragebogen» verstehen darf. Ein Informationsgespräch mit einem potentiellen Auftraggeber sollte niemals den Charakter eines standardisierten Interviews

haben. Das Gespräch muß möglichst flexibel geführt werden, um auch gegenüber zunächst nicht berücksichtigten Aspekten offen zu sein, gleichzeitig muß aber sichergestellt werden, daß alle relevanten Bereiche angesprochen werden. Man kann eine entsprechende Aufstellung von abzuklärenden Punkten (vgl. dazu auch **Diagramm V/2**) durchaus als Arbeitsgrundlage nehmen.

Auch bei sorgfältigster Vorbereitung hängt der Gesprächserfolg stark vom Verhalten des Evaluators ab, wertvolle Hinweise dazu geben die psychologiegestützten Ausarbeitungen für effektive Gesprächsführung (siehe dazu etwa Kopperschmidt, 1976; Holly, 1979.) Bei der Übertragung auf Informationsgespräche dieser Art muß man allerdings bedenken, daß diese Ansätze meist aus dem klinischen Bereich heraus entwickelt wurden und gewisser Modifizierungen bedürfen.

Die explizite Nachbereitung der Informationserhebungsphase unterbleibt leider oft. Anfänger nehmen sie zu wenig wichtig, und erfahrene Evaluatoren haben das Gefühl, ohnedies alles an relevanten Ergebnissen auch ohne schriftliche Fixierung präsent zu haben. Meist gilt dies aber nur kurzfristig, man vergißt auch entscheidende Punkte relativ schnell.

Diagramm V/2
Auflistung des besonders relevanten Informationsbedarfes am Beispiel «Werbestrategie»

Anforderungen u. Auflagen von Seiten des Auftraggebers	**Restriktionen von Seiten der Auftraggebers**
• Klärung der Intention bzw. der Zielsetzung • Berücksichtigung der Firmenphilosophie • Verständigung über die Produkt-, Sortiments-, Distributions- und Finanzpolitik der Unternehmung • Abklärung der Konkurrenzsituation etc.	• Definition des kalkulierten Zeit- und Kostenvolumens • Erfragen von Kapazitätsbeschränkungen etc.
Informationen über spezifische Eigenschaften u. Qualitäten des betreffenden Produktes	**Fragen der Entwicklung, Beschaffung, Finanzierung u. Distribution des Werbematerials**
• Abklärung (produktions-)technischer Details • Stellung des Produktes im Sortiment des Anbieters • innovative Eigenschaften u. Funktionen des Produktes etc.	• Erfassung von akzeptierten Mieten u. Bürokosten • Erfragen von Volumen für Löhne u. Gehälter • Klärung der Frage «Make or Buy» etc.
Informationen über die von der Unternehmung in der Vergangenheit durchgeführten Werbeaktionen	
• Strategien, Aufmachung • Erfolge, Defizite etc.	

5.1.2 Vorläufiger Arbeitsplan

Schon für mittlere und erst recht für große Projekte empfiehlt es sich, die notwendigen Teilschritte in Form eines strukturierten Arbeitsplanes niederzulegen. Dieser muß nicht aufwendig formalisiert sein, sollte aber doch alle Punkte berücksichtigen, die ein Angebot unbedingt enthalten muß:

- Die einzelnen vorgesehenen Arbeitsschritte in der für das Projekt notwendigen zeitlichen Abfolge
- Entscheidungspunkte, die im Verlaufe der Arbeit durch den Auftraggeber geklärt werden müssen
- Zu den einzelnen Arbeitsschritten den ungefähr dafür vorgesehenen Aufwand (etwa Anzahl der Beobachtungseinheiten, ungefähre Dauer der Datenerhebung für die einzelnen Interviewfälle usw.), evtl. mit Angabe empfohlener Mindest- und Höchstgrenzen
- Eine sorgfältige Auflistung aller Arbeiten, die vom Arbeitgeber erbracht oder von diesen außerhalb des Angebotes in Auftrag gegeben werden sollen (etwa interne Entscheidungen nach einzelnen Projektteilen)
- Alle vom Auftraggeber zu verantwortenden Vorarbeiten, die aufgrund der Vorgespräche in Aussicht gestellt wurden und eine unerläßliche Grundlage des Angebotes sind (zum Beispiel die Zustimmung des Betriebsrates, der ausgewählten Schulen etc.)

Hinzu kommen natürlich möglichst exakte Terminangaben und die erforderlichen finanziellen Aufwendungen. Da sich der Auftraggeber im Falle des Zustandekommens eines Vertrages selbstverständlich auf diese Kalkulationen berufen wird, ist dies ein nicht ganz einfaches Vorhaben. Der sinnvolle Aufwand für diesen (vorläufigen) Arbeitsplan ist schwer einzuschätzen. Eine zu oberflächliche Analyse ist unverantwortbar, da man ja später an die Arbeitsschritte (auch hinsichtlich der Kosten) gebunden ist. Streng genommen könnte man ein verantwortbares Angebot erst dann vorlegen, wenn alle Detailplanungen abgeschlossen sind, da sich erst zu diesem Zeitpunkt eine halbwegs exakte Kostenplanung erstellen läßt. Dem steht aber entgegen, daß in den meisten (in keiner Weise allen) Ausschreibungsfällen die

Arbeiten zur Angebotserstellung bestenfalls bei Auftragserteilung in Rechnung gestellt werden können, so daß man zwischen der sachlichen Fundierung des Angebots und dem möglicherweise finanziell nicht ersetzten Arbeitsaufwand für die Angebotserstellung abwägen muß. Dies ist für kleinere Institute oder gar freiberuflich tätige Wissenschaftler, die kommerzielle Evaluationsprojekte durchführen, ein erhebliches Problem. Bei mittelgroßen Evaluationsprojekten muß man für alle Arbeitsschritte der Detailplanung bis zu einem vollen Mann-Monat rechnen, die Selbstkosten dafür sind beträchtlich. Zum eigentlichen Bruttogehalt kommen die Lohnnebenkosten (etwa 80%), Ausgaben für Raummiete, Heizung, Telefon und Arbeitsmittel sowie der von diesem Mitarbeiter zu erbringende Deckungsbetrag für die übrigen Institutskosten (anteilige Umlage von zum Beispiel Ausgaben für Verwaltungspersonal, technische Einrichtungen wie etwa EDV-Anlagen, Werbe- und PR-Aktionen, Aufwendungen für Weiterbildung wie Kongresse und dgl.). Ein Mann-Monat kann daher auch bei kostengünstig geführten Instituten leicht einem halben Jahresnettoeinkommen eines akademisch vorgebildeten Mitarbeiters entsprechen. Da selbst bei gezielten Ausschreibungen, die von vorn herein nur an für geeignet gehaltene Institutionen ausgegeben werden, von den potentiellen Auftraggebern meist 3 bis 6 Angebote eingeholt werden (bei offenen Ausschreibungen ist die Zahl der Mitbewerber meist deutlich größer), müßte man im Durchschnitt für jeden tatsächlich erhaltenen Auftrag mit Vorbereitungskosten von 2 bis 3 Jahresnettoeinkommen rechnen. Es wäre sehr schwer, solche Beträge zusätzlich in der Kostenkalkulation einzubringen und trotzdem noch unter finanziellen Gesichtspunkten wettbewerbsfähig zu bleiben. Schon aus diesem Grund beschränkt sich die Ausarbeitung des Projektplanes für die Angebotserstellung auf eine grobe Vorplanung. Überdies sind viele Auftraggeber nicht bereit, die auch für sie zeitaufwendigen Arbeiten für die Bereitstellung der notwendigen Detailinformationen für neue Anbieter zu leisten. So wäre es etwa einer Weiterbildungsabteilung nicht zumutbar, wegen einer fundierten Angebotserstellung die Mitarbeiter von etwa 6 oder gar 10 verschiedenen Anbietern während jeweils mehrtägiger Hospitationen zum Zwecke einer detaillierteren Zielexplikation mit den Details der Bildungsarbeit vertraut zu machen. Vieles wird erleichtert, wenn eine längere vertrauensvolle Kooperation mit dem potentiellen Auftraggeber besteht oder zumindest fundierte Erfahrungen mit ähnlichen Projekten vorliegen, von denen aus man die ungefähren Kosten übertragen kann. Für Anfänger, die ohne eine längere Mitarbeit in einer eingeführten Unternehmung selbständig Evaluationsprojekte einwerben wollen, ist der dem Angebot zugrundeliegende Arbeitsplan leider eine sehr risikoreiche Hürde, an der man auch bei sehr guten Fachkenntnissen (etwa durch Erfahrungen in wissenschaftsbezogenen Projekten) scheitern kann.

5.1.3 Zeit- und Kostenabschätzung

Für diese Fragestellungen wurden eine Vielzahl von Techniken entwickelt, vor allem im wirtschafts- und ingenieurwissenschaftlichen Bereich. Einige davon sind in **Diagramm V/3** zusammengestellt.

Den gebräuchlichsten Verfahren (Balkenplan- und Netzplantechnik sowie Ableitungen davon) geht eine Struktur- und eine Zeitanalyse voraus.

Strukturanalyse

Das Ziel der Strukturanalyse ist die Zerlegung des Gesamtprojektes in die es konstituierenden:

Diagramm V/3
Übersicht über die Methoden der Projektplanung und -kontrolle

Methoden der Kostenplanung und -kontrolle

- Abweichungsanalyse
- Außerplanmäßige Berichte
- Einsatzmittelübersicht
- Kostenentwicklungsplan
- Kostenschätzung und -erfassung
- Kosten-Trend-Rechnung
- Netzplantechnik

- Nutzen-Kosten-Analyse
- Planmäßige Berichte
- Präsentationen
- Sofort-Maßnahmen-Verfahren
- Soll-Ist-Vergleich
- Zahlungskontrolle

Methoden der Zeitplanung und -kontrolle

- Balkenplantechnik
- Einsatzmittelübersicht
- Graphen, Netze

- Netzplantechnik
- Planmäßige Berichte
- Präsentationen
- Sofort-Maßnahmen-Verfahren
- Soll-Ist-Vergleich
- Termin-Trend-Darstellung

Methoden der Durchführungsplanung und -kontrolle

- Änderungsverfahren
- Auftragsvergabe
- Außerplanmäßige Berichte
- Brainstorming
- Checklisten
- Einsatzmittelübersicht
- Dokumentation z.B. Projektstrukturplan
- Graphen, Netze
- Kontrollbesuche
- Morphologische Methoden

- Nutzenwertanalyse
- Planmäßige Berichte
- Planspiele
- Präsentationen
- Projektbesprechung
- Projektstrukturanalyse
- Relevanz- und Entscheidungsbaumverfahren
- Szenario-Schreiben
- Sofort-Maßnahmen-Verfahren
- Soll-Ist-Vergleich

Für eine ausführliche Beschreibung der einzelnen Methoden siehe: Der Bundesminister für Bildung, Forschung, Wissenschaft u. Technologie (Hrsg.), 1977

Diagramm V/4
Strukturanalyse zur Durchführung und Bewertung am Beispiel «Werbekampagne»

VORGANG zeitforderndes Geschehen mit definiertem Anfang u. Ende	EREIGNIS Eintreten eines definierten Zustandes im Projektverlauf	ANORDNUNGSBEZIEHUNG quantifizierbare Abhängigkeit zw. den Vorgängen	
1. Gespräch mit Auftraggeber	• Exposé	—	2
2. Konzeptphase (Ist-Zustands-Analyse, Zielgruppenanalyse, Standortauswahl)	• Konzeptvorlage	1	3, 5, 8
3. Planungsentwicklung (Konzeption des Marketings, Festlegung der Marketing-strategie)	• Projektdurchführungsplan	2	4
4. Gespräche mit Werbeagen-turen u. Designern	• Entwurf des Werbematerials	3	7
5. Einholen von Kostenvoran-schlägen	• Kostenübersicht	2	6
6. Angebotsauswertung	• Auftragsvergabe	5	7
7. Herstellung des Werbe-materials	• Werbemittel	6	10
8. Stellenausschreibung für Distributoren/Interviewer	• Personalauswahl	2	9
9. Personalschulung	• einsatzfähige Interviewer	8	11
10. Projektdurchführungsphase	• Werbekampagne	7	11
11. Erhebung/Interviews	• Rohdaten	10	12
12. Auswertung der Erhebungs-daten	• Abschlußbericht, Evaluation	11	—

Diagramm V/5
Zeitanalyse für das Werbekampagne-Beispiel (vgl. Diagramm V/4)

Vorgangs-nummer	Gemäß dem deterministischen Konzept Bestimmung d. Zeitvariablen aufgrund von Erfahrungswerten	Gemäß dem stochastischen Konzept Bestimmung d. Zeitvariablen aufgrund von Wahrscheinlichkeiten
1	1	0,5 – 2
2	6	4 – 7
3	2	1 – 3
4	2	1 – 3
5	1	0,5 – 2
6	1	0,5 – 2
7	5	4 – 6
8	2	1 – 3
9	1	0,5 – 2
10	1	0,5 – 2
11	1	0,5 – 2
12	3	2 – 4

- Vorgänge: zeiterfordernde Geschehnisse mit definiertem Anfang und Ende
- Ereignisse: Eintreten eines definierten Zustandes im Ablauf (des Projektes)
- Anordnungsbeziehungen: quantifizierbare Abhängigkeiten zwischen den Vorgängen, deren Gesamtheit die Ablaufstruktur (des Projektes) bildet.
(vgl. REFA, 1985)

Zur Kennzeichnung der Anordnungsbeziehungen zwischen den einzelnen Vorgängen werden die «Vorgänger» (dem betreffenden Vorgang unmittelbar vorgeordneter Vorgang) bzw. «Nachfolger» (unmittelbar nachgeordneter Vorgang) zu jedem Vorgang ermittelt und festgehalten.

Es empfiehlt sich, den Projektablauf zunächst global und danach mit fortschreitender Detaillierung aufzugliedern.

Die Aufstellung aller Vorgänge, Ereignisse und Abhängigkeiten (Anforderungsbeziehungen), aus denen sich das Projekt zusammensetzt, erfolgt in der Regel auf Grund der Einbeziehung von Erfahrungen aus derartigen Problemstellungen.

Ein Beispiel für eine solche Strukturanalyse gibt **Diagramm V/4**.

Diagramm V/6
Graphische Darstellung der Ergebnisse aus Struktur- und Zeitanalyse als Balkenplan zum Beispiel «Werbekampagne»

Vorgänge \\ Wochen	1	2	3	4	5	6	7	8	9	10	11	12	13	14	15	16	17	18	19	20	21	22	23
Gespräche mit Auftraggebern																							
Konzeptphase																							
Planungsentwicklung																							
Gespräche mit Werbeagenturen										1													
Kostenvoranschläge																							
Bewertung: Auftragserteilung											2												
Herstellung des Werbematerials																							
Stellenausschreibung für Interviewer																							
Personalauswahl und Schulung																							
Projektdurchführungsphase																							
Erhebungen; Interviews																							
Auswertung; Evaluation																							

Legende:　　　　［　　］　deterministische Zeitvariable

Erläuterung: Durch den Balkenplan können sog. «Oder-Beziehungen» (d.h. der Nachfolger eines Vorganges X kann der Nachfolger Y *oder* Z sein) nicht dargestellt werden. Zur Illustration s. 1: Verlaufen die Gespräche mit den Werbeagenturen erfolgreich, kann im Anschluß daran sofort die Produktion des Werbematerials beginnen; *oder* scheitern die Gespräche, so verzögert sich der Anfangstermin für die Herstellung. Eine «Oder-Beziehung» kann auch für 2 angenommen werden; die Bewertung der Kostenvoranschläge führt zur Auftragserteilung und zieht die Herstellung des Werbematerials nach sich *oder* die Kostenbewertung führt zur Einholung neuer Kostenvoranschläge anderer Firmen.

Zeitanalyse

Das Ziel der Zeitanalyse ist es, die Dauer der durch die Strukturanalyse gefundenen Vorgänge und deren Anordnungsbeziehungen zu ermitteln.

Die Dauer wird in Zeiteinheiten angegeben. Die damit verbundenen numerischen Größen erhält man in der Regel entweder durch Abschätzung plausibel erscheinender Zeitintervalle (sog. «stochastisches Konzept») oder durch Rückgriff auf die Erfahrungswerte früherer Projekte «deterministisch» (mit fest angenommenen Zeiten). Rein technische Variablen (zum Beispiel die Dauer für die Fertigung des Werbematerials) lassen sich durch Rücksprachen mit potentiellen Auftragnehmern unter Berücksichtigung vorhandener Kapazitäten ermitteln. Für das Werbekampagne-Beispiel sind entsprechende (grobe) Abschätzungen für den Zeitbedarf der einzelnen Vorgänge aus **Diagramm V/4** im **Diagramm V/5** eingetragen. Auf diesen Grundlagen bauen dann die spezifischen Techniken auf.

Diagramm V/7
Graphische Darstellung eines Quick-Look-Plans zum Beispiel «Werbekampagne»

Vorgänge \ Wochen	1	2	3	4	5	6	7	8	9	10	11	12	13	14	15	16	17	18	19	20	21	22	23
Gespräche mit Auftraggebern **1**																							
Konzeptphase																							
Planungsentwicklung **2** **3**																							
Gespräche mit Werbeagenturen																							
Kostenvoranschläge																							
Bewertung: Auftragserteilung																							
Herstellung des Werbematerials																							
Stellenausschreibung für Interviewer																							
Personalauswahl und Schulung																							
Projektdurchführungs- phase																							
Erhebungen; Interviews																							
Auswertung; Evaluation																							

Legende:

- geplante Terminsituation (deterministische Zeitvariable)
- - - - eingetretene Terminsituation
—— Abhängigkeiten zwischen den Vorgängen

Erläuterung: Anmerkungen zu den Balken- und Terminverlagerungen: z.B. ermöglicht der vorzeitige Abschluß der Gespräche mit den Auftraggebern eine terminliche Verlagerung der Konzeptphase (2), wodurch auch die Planungsentwicklung (3) zu einem früheren Zeitpunkt aufgenommen werden kann. Durch die zusätzlich zur Verfügung stehende Zeit kann diese dann profunder durchgeführt werden.

Balkenplantechnik

Das für die Zeitplanung bei sozialwissenschaftlichen Projekten wohl gebräuchlichste Verfahren ist die Balkenplan-Technik. Die Zeiten für die einzelnen Arbeitsvorgänge werden abgeschätzt, die einzelnen Arbeiten der zeitlichen Sequenz nach geordnet und unter Berücksichtigung von Überlappungsbereichen in Diagrammform dargestellt. Ein Beispiel dafür findet sich im **Diagramm V/6**, ausführlichere Darstellungen dieser Methode sowie auch Hinweise auf verwandte Verfahren gibt Bundesministerium für Forschung und Technologie, 1977). Ein ausführliches Beispiel für die Studienplanung, insbesondere im Zusammenhang mit der Diplomarbeit, gibt Wottawa, (1997).

Dieses Verfahren ist leicht verständlich, auch für Laien übersichtlich und für einfache Projektvorhaben voll ausreichend. Schwierigkeiten treten auf, wenn die einzelnen Arbeitsteile in komplizierter Weise miteinander verknüpft sind, also etwa die Erledigung von drei spezifischen Vorarbeiten mit jeweils unterschiedlicher

Diagramm V/8
Arbeitsschritte der Netzplantechnik nach (REFA, 1985)

Problemstellung

1. Zeitplan (Kostenplan) für alle Arbeitsschritte eines Projektes?
2. Kontrolle und Termin- (Kosten-) Überwachung?
3. Darstellung der logischen Zusammenhänge vom Anfang bis zum Endtermin?
4. Auffinden der potentiellen kritischen Engpässe des Projektes?

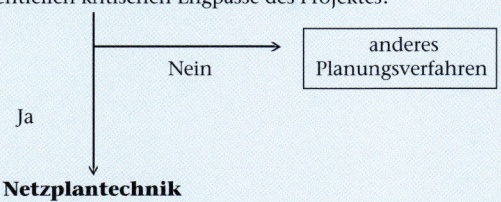

Nein → anderes Planungsverfahren

Ja

Netzplantechnik

Phase 1: Ereignisse, Vorgänge/Arbeitsschritte («Strukturanalyse» s. Balkenplantechnik)

Phase 2: Dauer (Kosten) der Vorgänge/ Arbeitsschritte («Zeitplananalyse» s. Balkenplantechnik)

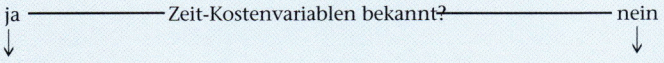

ja ——————— Zeit-Kostenvariablen bekannt? ——————— nein

Bestimmung des «kritischen» Weges auf Grund von Erfahrungswerten (deterministisches Konzept),

Netzplanberechnung auf Grund von Schätzwerten (stochastisches Konzept),

Phase 3: Erstellung des Netzplanes

Bestandteile/Elemente zur Konstruktion eines Netzplanes:

a) Elemente zur Darstellung strukturanalytischer Ergebnisse:
- Ereignisse = «Knoten»
- (reale) Vorgänge/Arbeitsschritte = Pfeile ⟶
- fiktive Vorgänge/Arbeitsschritte, die eingeführt werden, um den Nebenbedingungen zu genügen = Scheinvorgänge – – –→

b) Darstellung zeitanalytischer Werte
- Zeitangaben (deterministische und/oder stochastische)
- die Zeitvariablen werden nur den realen Vorgängen zugeordnet, Scheinvorgänge haben grundsätzlich die Zeitdauer null.

Grundsätze/Nebenbedingungen

1. Alle Vorgänge und Ereignisse müssen genau definiert sein
2. das Netzwerk hat nur einen Start- und Endpunkt
3. das Netz ist lückenlos verknüpft, d.h. jedes Ereignis ist über eine Kette von Vorgängen mit dem Start und Ende verbunden
4. zwei Ereignisse dürfen nur durch einen einzigen Vorgang verbunden sein
5. jedem Vorgang ist eine Zeitvariable zugeordnet, (bei dieser Methode sagt die Länge des Pfeiles nichts über den Zeitbedarf aus!)
6. das Netz muß schleifenfrei verlaufen
7. parallel verlaufende Vorgänge werden durch «Scheinvorgänge» miteinander verbunden (damit Bedingung 4 nicht verletzt wird)

Phase 4: Graphische Darstellung des Netzplans

Phase 5: Netzplanberechnung

Unter verschiedenen Wegen vom Anfang bis zum Endpunkt gibt es einen Weg von längster Zeitdauer (sog. «kritischer Weg»), dieser Weg bestimmt den frühestmöglichen Zeitpunkt für das Projektende, d.h. addiert man alle Zeitvariablen, die den Vorgängen des «kritischen Weges» zugeordnet sind, so repräsentiert die Summe den frühestmöglichen Endzeitpunkt

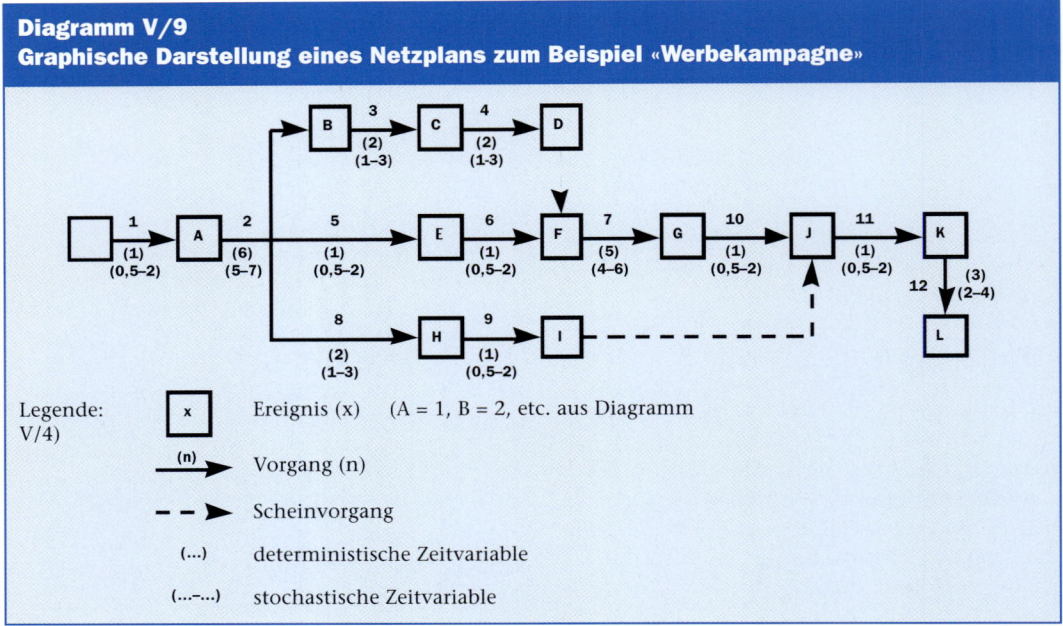

Diagramm V/9
Graphische Darstellung eines Netzplans zum Beispiel «Werbekampagne»

Legende:
V/4)

☐ x	Ereignis (x) (A = 1, B = 2, etc. aus Diagramm
→ (n)	Vorgang (n)
– – ►	Scheinvorgang
(...)	deterministische Zeitvariable
(...–...)	stochastische Zeitvariable

Zeitdauer die Voraussetzung sind, mit einem vierten Projektschritt beginnen zu können, falls dieser nicht auf Grundlage eines anderen, üblicherweise länger andauernden Projektfortschrittes aufgebaut werden kann. Für solche komplizierten Fälle und insbesondere für eine sachgerechte Zeitabschätzung bei sehr komplexen Arbeitsvorhaben wurde die sogenannte «Netzplantechnik» (s. u.) entwickelt, die auch den Vorteil hat, EDV-gestützten Optimierungsabschätzungen zugänglich zu sein.

Ein Spezialfall der Balkenplantechnik ist der sogenannte Quick-Look-Plan. Er dient zur Kontrolle der Projektfortschritte. Die geplante Terminsituation wird mit der tatsächlichen verglichen (Soll-Ist-Vergleich), um Abweichungen möglichst frühzeitig zu erkennen.

Das Vorgehen ist einfach. Unter den Balken mit der geplanten Dauer wird zusätzlich der tatsächlich benötigte Zeitaufwand eingetragen (für ein Beispiel s. **Diagramm V/7**).

Netzplantechnik

Für komplizierte Projekte mit vielfältig abhängigen Vorgängen ist der Balkenplan ungeeignet, in diesen Fällen wird meist die Netzplantechnik gewählt. Die einzelnen Arbeitsphasen

dieses Vorgehens sind in Diagramm V/8 dargestellt. Die Übertragung des Balkenplanes aus **Diagramm V/6** in diese Darstellungsform gibt **Diagramm V/9**.

Das **Diagramm V/9** zeigt die logische Verknüpfung der Vorgänge und Ereignisse des Projektes. Jedes Ereignis ist über eine Kette von Vorgängen mit dem Start- und Endpunkt verbunden.

Zur Bestimmung des frühestmöglichen Projekttermins ist es zunächst erforderlich, die Dauer aller möglichen Wege, die (vom Startpunkt ausgehend) zum Endpunkt des Netzes führen, zu berechnen. Dieses geschieht durch Addition aller (deterministischen) Zeitvariablen, die den Vorgängen eines Weges zugeordnet sind. Aus den verschiedenen Summenwerten wird dann der Wert minimaler numerischer Größe selegiert; dieser repräsentiert die Dauer des sog. «kritischen Weges».

Der kritische Weg im Beispiel aus **Diagramm V/9** wäre mit 15 Zeiteinheiten verbunden:

$$(1\ 6\ 2\ 2\ 5\ 1\ 1\ 3) = 21$$
$$(1\ 6\ 1\ 1\ 5\ 1\ 1\ 3) = 19$$
$$(1\ 6\ 2\ 1\ 1\ 1\ 3) = 15$$

Möchte man den ungünstigsten (spätesten) Projektendtermin ermitteln, so addiert man jeweils den maximalen stochastischen Wert aller Vorgänge, die auf dem «kritischen Weg» liegen. Im Beispiel:

$$(2\ 7\ 3\ 3\ 6\ 2\ 2\ 4)\ =\ 29$$

Netzpläne erlauben es auch, in Abhängigkeit von «Entscheidungsknoten» von Anfang an verschiedene Projektvarianten vorzusehen. Ist es zum Beispiel unsicher, ob die Stellenausschreibung der Interviewer (Vorgang 8 in dem Netzplan aus **Diagramm V/9**) ausreichend viele gut geeignete Mitarbeiter erbringt, können zwei verschiedene weitere Arbeitspläne erstellt werden (zum Beispiel zusätzlicher Einbau einer längeren Schulungsphase oder Änderung der Materialien in der Form, daß man mit weniger gutem Personal auskommt). Solche Vorausplanungen von mehr oder weniger wahrscheinlichen «Katastrophen» erleichtern die Bewältigung von Problemen während der Projektdurchführungsphase außerordentlich. Leider geht die Übersichtlichkeit des Netzplanes verloren, wenn man zu viele Entscheidungsknoten vorsieht, so daß man selten mehr als zwei dieser Knoten gleichzeitig aufnehmen kann.

Erweitert man diesen Ansatz um eine Abschätzung der Eintretenswahrscheinlichkeit der Ausgänge der Entscheidungsknoten (im Beispiel: erfolgreiche Personalsuche bzw. Mißerfolg), lassen sich Netzpläne zum Entscheidungsnetzplan-Verfahren ausbauen, die den Vorteil haben, auch «oder-Beziehungen» zwischen den Vorgängen zu erfassen. Als Beispiel etwa: «Mit der Erhebung kann begonnen werden, wenn entweder die Stellenausschreibung den erwünschten Erfolg hatte oder weitere, zusätzliche Schulungen abgeschlossen wurden oder die Erhebungsmaterialien entsprechend modifiziert wurden». Mit dieser Erweiterung ist die Netzplan-Vorgehensweise dann den Balkenplänen auch qualitativ überlegen.

Als besondere Stärke von Netzplänen sind zu nennen:

- Übersichtliche Darstellung termingebundener Projekte
- geringer Rechenaufwand
- der Planer wird gezwungen, alle Projekte zusammenhängend gründlich zu durchdenken

- realistische Festlegung von Terminen
- potentielle Engpässe/Störungen können klar erkannt werden, da der Netzplan eine systematische und lückenlose Darstellung der zwischen den Vorgängen bestehenden Zusammenhänge ermöglicht.

Für wirklich komplexe Projekte (diese sind allerdings bei normalen Evaluationsfragestellungen selten, am ehesten treten sie noch bei einer langfristigen, formativen Programmevaluation auf) sind grafische Darstellungen allerdings nicht mehr übersichtlich genug, so daß man dann entsprechende EDV-Hilfen benötigt, was die Arbeit erschwert. Außerdem ist die Zuverlässigkeit der Zeitabschätzungen immer ein Problem, da man stets mit unerwarteten Ereignissen rechnen muß. Netzpläne sind daher zwar ein der «Intuition» der Projektleitung sicher überlegenes Mittel, man darf sie aber auch nicht als absolut sicher und durch spätere Erfahrung im laufenden Projekt nicht zu korrigierende Tatsachenfeststellungen fehlinterpretieren.

Kostenschätzung

Im Prinzip ist die Berechnung der durch das Projekt ausgelösten Kosten relativ leicht, wenn die einzelnen Vorgänge und die dafür erforderlichen Zeiten wirklich gut in den Zeitplan aufgenommen wurden. Man braucht dann nur die Personalkosten für die jeweiligen Arbeiten (unter Einrechnung aller Lohnnebenkosten, vgl. Einleitung zu Kap. 5) mit den Zeiten zu multiplizieren. Die Sachkosten (Material etc.) sind meist aus vorliegenden Angeboten bekannt.

Eine solche Kalkulation ist etwa die Grundlage eines Universitätsinstituts für die Beantragung von Förderungsmitteln bei der Deutschen Forschungsgemeinschaft oder einer Stiftung, da in solchen Fällen die Fixkosten (Verwaltungsapparat, «Leerläufe» ohne finanzierte Projekte, Weiterbildungs- und Vorbereitungszeiten, Kosten für Räume und Grundausstattung) von der Öffentlichen Hand getragen werden und die erheblichen steuerlichen Belastungen privater Unternehmen ebenfalls keine Rolle spielen. Die «tatsächlichen» Kosten bei Finanzierung der Institution über Evaluationsprojekte können leicht, je nach Ausmaß der erforderlichen Beiträge zu den laufenden Institutskosten, das Doppelte der zunächst kalkulierten Beträge ausmachen. Sozialwissenschaftlich gestützte angewandte Tätigkeit ist bedauerlicherweise teuer.

Eine sehr gute Übung ist es, sich für eine kleine, überschaubare Arbeit (zum Beispiel die eigene Diplomarbeit) die gesamten Kosten durchzurechnen, und dabei neben der eigentlichen Arbeitszeit auch die von der Universität getragenen Aufwendungen, so insbesondere für hochspezialisierte Beratung, mit zu berücksichtigen. Vor diesem Hintergrund werden den manchen Anfängern traumhaften «Tagessätze» von erfolgreichen freiberuflich tätigen Kollegen verständlich, die je nach Kalkulationsart und persönlichem Marktwert durchaus bei der Hälfte (und mehr) eines Monatseinkommens eines Anfängers im öffentlichen Dienst mit akademischer Vorbildung liegen.

Entscheidungsbaumverfahren

In manchen Evaluationsprojekten stellt sich unter Kostenaspekten die Frage nach der optimalen Reihenfolge von Teilarbeiten. Besonders typisch dafür sind Terminvereinbarungen an verschiedenen Orten (etwa zur Durchführung von Datenerhebung durch das gleiche Team oder die Abhaltung von Experteninterviews).

Das konzeptuell einfachste Vorgehen dabei ist die sogenannte Voll-Enumeration. Dabei werden einfach alle möglichen Reihenfolgen durchpermutiert und der für jede Variante erforderliche Aufwand (etwa die Fahrstrecken) bestimmt.

Würde etwa in dem Werbekampagne-Beispiel jeweils ein Gespräch zwischen dem Projektleiter (Sitz Bochum, BO) und Geschäftsführern in Frankfurt (F), Hamburg (HH) und München (M) zu führen sein, ergibt sich für jede Reihenfolge der Gespräche der Fahraufwand annähernd durch die Addition der Entfernungskilometer. Da drei Städte in der Reihenfolge zu permutieren sind (Bochum steht ja als Ausgangs- und Endpunkt fest), erhält man 3! = 6 verschiedene Möglichkeiten, und zwar:

Reihenfolge	Einzeldistanzen	Summe
BO HH F M BO	349 495 400 610	1854
BO HH M F BO	349 780 400 224	1753
BO F HH M BO	224 495 780 610	2110
BO F M HH BO	224 400 780 349	1753
BO M HH F BO	614 780 495 224	2113
BO M F HH BO	614 400 495 349	1858

Leider steigt der Aufwand mit der Zahl der Städte enorm an. Schon für 10! = 3 628 800 Möglichkeiten ist auch ein schneller Rechner sehr gefordert, die Rechenzeiten können teurer werden als die Einsparungen durch die optimale Reihenfolge. In solchen Fällen kann man mit «begrenzter Enumeration» arbeiten. Man beginnt mit einer plausibel erscheinenden Reihenfolge (so wird niemand meinen, daß man die Strecke M–HH–F wählen sollte) und versucht davon ausgehend, weitere Verbesserungen durch Permutation zu finden.

Eine umfangreichere Übersicht über die hier skizzierten Techniken gibt Ziegenbein, 1984; Bramsemann, 1978.

5.2 Designfragen

War das Angebot erfolgreich, kann die Detailplanung beginnen. Gewisse Vorstellungen über die anzuwendenden Methoden, Designs und Auswertungstechniken mußten natürlich schon vorliegen, um den Arbeitsplan gemäß Abschnitt 5.1 zu erstellen. Die Detailarbeit erfolgt aus Kostengründen aber meist erst nach Auftragserteilung.

Es gibt zahlreiche Bücher, in denen die verschiedenen Möglichkeiten der formalen Designplanung entweder aus grundlagenwissenschaftlicher Sicht (vgl. dazu Schulz et al., 1981; Cook et al., 1979) oder speziell für Evaluationsprojekte dargestellt sind, etwa in Rutman, 1977; Trochim, 1984. Die Vielfältigkeit des Aufgabenfeldes «Evaluation» (vgl. dazu **Diagramm II/2**) läßt es kaum möglich erscheinen, im Rahmen eines einzelnen Kapitels die Designproblematik erschöpfend zu behandeln. In den folgenden 3 Unterabschnitten kann nur auf die wichtigsten Fehlerquellen, typischen Untersuchungspläne und bewährte Erhebungstechniken verwiesen werden, die Detailproblematik der einzelnen Verfahren findet sich in der jeweiligen Spezialliteratur.

5.2.1 Fehlerquellen

Im Prinzip gibt es nahezu unübersehbar viele Fehlerquellen bei der Durchführung von Evaluationsprojekten. Besonders oft stören folgende:

- Reifung
- Nicht-Äquivalenz (von Vergleichsgruppen)
- Mortalität (im statistischen Sinne)

Wichtig ist, daß man diese Störquellen nicht nur im engsten Sinne der Begriffsdeutung sieht, sondern das Prinzip, die dahinterstehenden Strukturprobleme, auch in verschiedene Kontexte überträgt. Als Beispiele:

Reifung

«Reifung» im Sinne einer Fehlerquelle von Designs liegt dann vor, wenn es generelle Veränderungen gibt, die nicht auf gezielt gesetzte Maßnahmen zurückgehen (etwa eine zunehmende Akzeptanz von EDV in Verwaltungsberufen). Sie finden sich u.a. bei:

- Bewertung von Werbekampagnen (durch «Gewöhnung» an die Konsumgewohnheiten der sozialen Umgebung)
- den medizinisch-therapeutischen Bereich (zum Beispiel Coping-Strategien bei chronischen Krankheiten)
- Aufklärungsaktionen, etwa bzgl. neuer gesetzlicher Bestimmungen, zum Beispiel für von der Öffentlichen Hand gewährten Unterstützungen (durch langsames Gewöhnen der Betroffenen und der Verwaltungsstellen an die routinemäßige Beantragung und Vergabe dieser Mittel).
- Schuluntersuchungen, die ohne ausreichende Kontrollgruppen im Längsschnitt durchgeführt werden und keine Trennung von Programm- und Entwicklungseffekten zulassen.

Generell zwingt dieser Verfälschungsaspekt zu Designs, die nicht nur die Entwicklung der zu evaluierenden Maßnahme über die Zeit hinweg verfolgen, sondern auch Beobachtungsgruppen ohne die Auswirkungen der Maßnahme vorsehen. Leider ist dies manchesmal technisch unmöglich (zum Beispiel bei gesetzlichen Maßnahmen) oder wegen der Frage nach vergleich-baren Teilgruppen (mit bzw. ohne Maßnahmenwirkung) zumindest schwierig.

Äquivalenzprobleme

An die Nicht-Äquivalenz denkt man vor allem, wenn es nicht möglich ist, die Probanden nach einem Zufallsprinzip den verschiedenen Evaluationsbedingungen zuzuweisen; dies ist typischerweise bei (partieller) Selbstselektion der Probanden der Fall, etwa bei der freiwilligen Anmeldung von Schülern zu bestimmten Schulformen (man kann – zum Glück – in demokratischen Staaten niemand zwingen, sein Kind zu Untersuchungszwecken einer bestimmten Schulart oder gar einer Versuchsschule anzuvertrauen) oder bei der Zuordnung von Treatment-Gruppen im Konsens mit den Betroffenen (so wäre es kaum vorstellbar, daß man zum Zwecke einer Evaluation verschiedener chirurgischer Eingriffsmöglichkeiten bei Brustkrebs die betroffenen Frauen nach Zufall entweder einer radikalen Entfernung oder einer teilweise die Brust erhaltenden operativen Maßnahme zuführt); gleichermaßen wäre es bei einer psychologischen Intervention nicht vertretbar, auch schwierige Fälle (zum Beispiel hoch selbstmordgefährdete Patienten) aus Untersuchungsgründen einer «Warteliste» zuzuführen und zunächst auf eine Hilfestellung zu verzichten oder sie einem neuen, bisher nicht bewährten Ansatz als Therapietechnik auszusetzen.

Das gleiche Problem der Nicht-Äquivalenz liegt auch vor, wenn sich die Schaffung von Bedingungskonstellationen für die Evaluationsmaßnahme nicht willkürlich gestalten läßt, sondern bestimmte Kombinationen aus Sachgründen vorgegeben sind; typische Beispiele dafür:

- die Kombination von Lehrern und Schulformen (freiwillige Meldungen zu bestimmten Schulformen verzerren die Ergebnisse u.U. ebenso wie Zwangsversetzungen mit den darauf folgenden negativen emotionalen Einstellungen der Betroffenen),
- die Kombination des didaktischen Vorgehens und der Trainer für Weiterbildungsmaßnahmen (selbst wenn hier durch Anweisung zum Beispiel für zufällig ausge-

wählte Trainer ein spezieller Seminarstil vorgeschrieben werden könnte, wäre das für die Aussagekraft des Ergebnisses aufgrund der zu erwartenden Wechselwirkungen zwischen Trainerpersönlichkeit und didaktischem Konzept zweifelhaft)

- die Herstellung von Bedingungskombinationen, die gefährliche Auswirkungen haben könnten (man denke etwa an einen Feldversuch zur Verkehrslenkung und die Kombination des Verkehrszeichens «Schule» und «Geschwindigkeitsbeschränkung auf 120 km/h»).

Statistische Mortalität

Die statistische «Mortalität» stammt ursprünglich aus dem medizinischen Bereich (das Sterben der Patienten während der unterschiedlichen Behandlungen mit schwierigen Folgen für die Auswertung, vgl. dazu Cook und Campbell, 1976). Bei im engeren Sinne sozialwissenschaftlicher Evaluation tritt das gleiche Phänomen auf, wird aber dort bedauerlicherweise oft nicht ausreichend beachtet, da das «Sterben» bzw. Ausscheiden von Probanden in diesem Bereich im Gegensatz zur medizinischen Behandlung nicht besonders eng und systematisch mit der Intervention verknüpft erscheint. Das strukturell gleiche Phänomen zeigt sich aber, wenn sich Probanden einer als unangenehm empfundenen Situation entziehen (spezielle Schule, längerfristiges Weiterbildungsprogramm, zum Zwecke der Evaluation neu gestaltete Arbeitsbedingung). Analysiert man ohne Berücksichtigung dieser Ausscheider die Maßnahme, bauen alle Vergleiche nur auf den Personen auf, denen die spezifische Interventionsbedingung relativ zugesagt hat, was eine Überschätzung der positiven Auswirkung der Maßnahme zur Folge hat (vor allem dann, wenn einer neuen Variante, zum Beispiel bei der Arbeitsgestaltung, ausgewichen werden kann, während sich ein Verbleiben in den bisherigen Bedingungen nur wesentlich schwerer vermeiden ließe, vgl. 3.3.3). Der strukturell gleiche, aber anders verursachte Problemkreis liegt vor, wenn die «Mortalität» durch die spezifischen Gegebenheiten der jeweils zu evaluierenden Maßnahmen beeinflußt wird. Ein Beispiel dafür ist der Vergleich von Schulorganisationsformen mit und

ohne der Möglichkeit, bei schlechten Leistungen aufgrund der Beurteilung der Lehrer eine Klasse wiederholen zu müssen, was im Querschnittsvergleich der Klassenstufen eine Verzerrung der durchschnittlichen Leistungsstärken ergibt.

Es ist die Aufgabe des Evaluators, durch die Gestaltung des Untersuchungsplanes und der Rahmenbedingungen alle denkbaren Störquellen so gering wie möglich zu halten. Es ist aber unter den üblichen quasi-experimentellen Bedingungen faktisch nicht möglich, alle oder auch nur alle plausibel erscheinenden Verzerrungen auszuschließen, woraus sich die prinzipielle Angreifbarkeit jeder zumindest größeren Evaluationsstudie im Feld ergibt.

5.2.2 Untersuchungspläne

Eine Übersicht über einige besonders wichtige Untersuchungspläne (in Anlehnung an Cook & Campbell, 1976) ist im **Diagramm V/10** enthalten.

Das Grundbestreben aller Designansätze ist es, Störquellen (insbesondere die im vorhergehenden Abschnitt skizzierten) soweit wie möglich auszuschließen. Wie schon der Name «Versuchspläne» andeutet, kommen sie zum größten Teil aus Entwicklungen im Bereich der experimentellen Grundlagenforschung, wo sich auch das Ausschalten von Störeffekten in annähernd idealer Weise realisieren läßt. Sie passen daher im wesentlichen zu einer summativen Evaluation verschiedener, möglichst disjunkter Maßnahmen.

Für die meisten Fälle der Programmevaluation im Feld kommen nur quasi-experimentelle Designs in Frage, die deshalb ausführlich in **Diagramm V/10** enthalten sind. Die für echte experimentelle Designs erforderliche Bildung von wirklich äquivalenten Vergleichsgruppen ist nur in manchen, der Grundlagenforschung nahestehenden Evaluationsvorhaben möglich. Typische Beispiele dafür sind:

- Fragestellungen, bei denen wichtige Teilaspekte in kontrollierten Untersuchungen geprüft werden können; zum Beispiel Verständlichkeit von Textvarianten, Akzeptanz von Werbemitteln, Prüfung der Benutzerfreundlichkeit von Geräten. Hier ist eine echte Zu-

Diagramm V/10
Übersicht über besonders wichtige Versuchspläne (vgl. *Cook & Campell*, 1976)

Quasi-experimentelles Design:
Design mit unbehandelter Kontrollgruppe,
Vortest und Nachtest

$$O_1 \quad X \quad O_2$$
$$\text{-----------------}$$
$$O_1 \qquad O_2$$

Design mit entgegengesetztem Treatment,
nicht-äquivalenter Kontrollgruppe,
Vortest und Nachtest

$$O_1 \quad X^+ \quad O_2$$
$$\text{-----------------}$$
$$O_1 \quad X^- \quad O_2$$

Design mit entfernten Treatments,
Vortest und Nachtest

$$O_1 \quad X \quad O_2 \quad O_3 \quad \overline{X} \quad O_4$$

Design mit wiederholtem Treatment

$$O_1 \quad X \quad O_2 \quad O_3 \quad X \quad O_4$$

Selektives-Kohorten-Design

$$X \quad O \qquad \text{1. Kohorte}$$
$$O \qquad \text{2. Kohorte}$$

$$O_1 \text{------------------} \text{1. Kohorte}$$
$$X \quad O_1 \qquad \text{2. Kohorte}$$

Regressions-Discontinuity-Design mit
Vor- und Nachtest

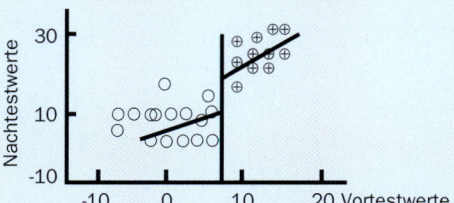

Zeitreihenanordnung

$$O_1 O_2 O_3 O_4 \qquad X \qquad O_5 O_6 O_7 O_8$$

Zeitreihenmodell mit
nicht-äquivalenter Kontrollgruppe

$$O_1 O_2 O_3 O_4 O_5 \, X \, O_6 O_7 O_8 O_9 O_{10} O_{11}$$
$$O_1 O_2 O_3 O_4 O_5 \quad O_6 O_7 O_8 O_9 O_{10} O_{11}$$

Zeitreihenmodelle mit nicht-äquivalenten
abhängigen Variablen

$$O_{1a} O_{2a} O_{3a} \, X \, O_{4a} O_{5a} O_{6a}$$
$$O_{1b} O_{2b} O_{3b} \, X \, O_{4b} O_{5b} O_{6b}$$

Korrelationsdesigns
• Pfadanalyse

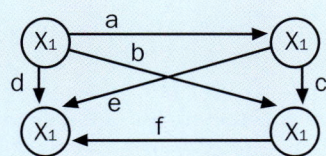

• gekreuzte Panelstudie

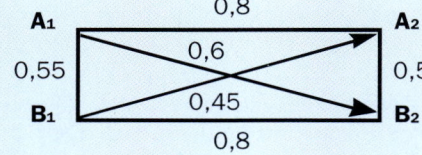

teilung nach Zufall zu den verschiedenen Gruppen möglich.

- Studien, die wegen der hohen Bedeutung der Ergebnisse unter Konsens aller Beteiligten trotz erheblicher praktischer Konsequenzen randomisiert erfolgen können; typisch dafür sind etwa Prüfungen von Pharmazeutika, wenn ein neues, vorgetestetes Präparat mit dem bisherigen Standardmittel im Doppel-Blind-Versuch verglichen wird. Die Grenzen der zufälligen Zuteilung liegen dort, wo die unmittelbaren Folgen des Treatments für die Betroffenen gravierend sind (zum Beispiel bei der Prüfung des Nutzens einer Vollamputation gegenüber einer brusterhaltenden Operation bei Brustkrebs).
- Feldexperimente zu Fragen, die eine Gruppenzuweisung nach (fast) zufälliger Auswahl erlauben, da die Probanden gar nicht wissen, daß sie an einer Evaluationsstudie mitwirken; dies gilt etwa für die Bewertung von verschiedenen Formen einer Seminargestaltung in der Weiterbildung bei zufälliger Aufteilung ohnehin vorhandener Parallelgruppen, das Erproben verschiedener Interviewtechniken oder, mit gewissen Einschränkungen bezüglich der Gruppenäquivalenz, bei Maßnahmen zur Verkehrslenkung.

Solche Studien sind aus wissenschaftlich-methodischer Sicht natürlich besonders aussagekräftig, sollten aber wegen der für viele Fragestellungen unrealistisch hohen Anforderungen nicht als die einzig zulässige Vorgehensweise angesehen werden.

Sonderfall: Überprüfung der Zielerreichung

Die hier diskutierten Designfragen stellen sich im Prinzip nicht, wenn das Ziel der Evaluationsstudie (zum Beispiel im Rahmen des Qualitätsmanagements, siehe Abschnitt 2.2.4) die Kontrolle des Erreichens eines vorher festgelegten Ergebnisprofils ist. Da in diesem Fall keine vergleichende Evaluation vorliegt, erübrigt sich die Notwendigkeit, durch entsprechende Designs aussagekräftige Gruppenvergleiche zu sichern.

Allerdings muß man sich bei einem solchen Ansatz darüber im klaren sein, daß die damit erzielten Ergebnisse keinerlei Aussagen über Kausalursachen zulassen. Sie sind daher zum Beispiel gut geeignet, um die Erfüllung vertrag-

lich zugesagter Leistungen (was ja ein wesentliches Element des Qualitätsmanagements ist) zu überprüfen, oder um Hinweise auf Schwachstellen (in welchen Bereichen wurde die erwartete Leistung nicht erbracht?) zu geben. Es kann aber daraus nicht abgeleitet werden, ob die evaluierte Maßnahme tatsächlich die «Ursache» der Zielerreichung (oder der Zielverfehlung) war, da stets auf eine Vielzahl möglicher weiterer förderlicher oder das Ergebnis beeinträchtigender Faktoren verwiesen werden kann. Für manche Fragestellungen ist der Verweis auf solche Drittvariablen allerdings nicht naheliegend, vor allem bei der Überprüfung von Leistungen, die unmittelbar für Kunden bzw. Leistungsempfänger erbracht wurden (wenn Teilnehmer ohne entsprechende Vorkenntnisse zu einer drei-tägigen EDV-Schulung geschickt werden, und danach die zugesagten Leistungsergebnisse im Abschlußtest erzielen, ist es kaum glaubhaft, daß dies auf andere Faktoren als die Trainingsmaßnahme selbst zurückgeht). Je weniger direkt aber die Wirkung der Maßnahmen geprüft wird, um so problematischer wird der mögliche Einfluß von Zusatzaspekten. So wäre etwa im gewählten Beispiel die Feststellung des Trainingserfolges an zugesagten Transferleistungen (also die tatsächliche Nutzung der Lerninhalte in der beruflichen Praxis) schon wesentlich weniger stringent auf das Training zurückzuführen, da positive Ergebnisse zum Beispiel durch die Hilfestellung von Vorgesetzten oder Kollegen erreicht werden können (selbst bei einem völlig unzureichenden Training), und die Nicht-Erfüllung der Ergebnisvereinbarung auch bei hoher Trainingsqualität durch Rahmenbedingungen (zu großer zeitlicher Abstand zwischen Training und der tatsächlichen Möglichkeit der Nutzung der Trainingsergebnisse durch vorübergehend fehlende technische Möglichkeiten am Arbeitsplatz, Widerstände gegen die Nutzung der Trainingsinhalte durch eine zum Beispiel subjektiv verschlechtert erlebte Arbeitssituation bei Anwendung der neuen Kenntnisse, Behinderung des Trainingstransfers durch Vorgesetzte oder Kollegen, die auf das Beibehalten der bisherigen Verfahrensweisen drängen) verursacht werden kann. Es empfiehlt sich daher auch bei solchen Evaluationsstudien, die zunächst kein unmittelbares Designproblem stellen, mögliche fördernde oder hemmende Aspekte rechtzeitig in den Untersuchungsplan aufzunehmen, um damit zumindest korrelativ, wenn auch nicht kausal-experimentell, zu einer weiteren Aufklärung des Bedingungsgefüges beitragen zu können. Ein solches Vorgehen ist insbesondere dann unverzichtbar, wenn die Zielsetzung formativer Art ist, also eine Verbesserung der Gestaltung der evaluierten Maßnahmen erfolgen soll.

Grenzen der Realisierbarkeit von Idealforderungen

Wie schwierig die Erfüllung strenger Designforderungen selbst in sorgfältigen, mit hohem Aufwand durchführbaren Evaluationsstudien ist, zeigen etwa die «Konstanzer Studien» zur Gesamtschulevaluation in den Bundesländern Niedersachsen, Hessen und Nordrhein-Westfalen. Selbst wenn man nur für die Schulgestal-

tung wichtigsten Faktoren kombiniert, ergibt sich der im **Diagramm V/11** dargestellte «Plan», der gegen alle Prinzipien der Auswertbarkeit (im Sinne des Allgemeinen Linearen Modells, vgl. dazu etwa Rochel, 1983) verstößt. Die Ursache dafür ist natürlich nicht Inkompetenz oder böser Wille der Verantwortlichen, sondern die bei Evaluationsstudien im Feld kaum vermeidbare Berücksichtigung wissenschafts- bzw. untersuchungsexterner Faktoren. Was soll der Evaluator zum Beispiel tun, wenn aufgrund programmatischer Einstellungen der verantwortlichen Bildungspolitiker die Gesamtschulen in einem Bundesland praktisch nur in Ganztagsform realisiert werden, während sich Ganztagsschulen im gegliederten Schulwesen nicht repräsentativ finden?

Außerhalb der summativen Evaluation kann man oft überhaupt nicht von einem «Versuchsplan» sprechen (etwa bei antizipatorischer Eva-

---

Diagramm V/11
Beispiel eines unvollständigen, daher nicht auswertbaren Designs der Konstanzer Studien (aus *Wottawa*, 1982)

a) Klasse 6

		TS Lehrer		GS Lehrer	
		normal	freiwillig	normal	freiwillig
freiwillige Schüleranmeldungen	ganztags	0	0	0	0
	halbtags	0	0	0	0
	ganztags	0	0	0	0
normal	halbtags	NW	0	He	0

b) Klasse 9

		TS Lehrer		GS Lehrer	
		normal	freiwillig	normal	freiwillig
freiwillige Schüleranmeldungen	ganztags	0	0	0	0
	halbtags	0	0	0	0
	ganztags	0	0	0	0
normal	halbtags	NW, NS	0	He	0

0 = diese Bedingungskombination wurde nicht erfaßt
He, NW, NS = diese Bedingungskombination wurde in Hessen, Nordrhein-Westfalen, Niedersachsen erfaßt

luation), und für viele Fragestellungen der formativen Evaluation entsprechen die realisierten «Designs» keinen vertretbaren Forderungen. Man denke etwa daran, daß im Laufe eines längerfristigen Prozesses ein Therapeutenteam die Details einer bestimmten Therapietechnik, inklusive der dafür erforderlichen Indikationsstellung, optimieren möchte. Die Einhaltung von Versuchsplanbestimmungen, etwa eine randomisierte Zuteilung von Personen, würde vor allem bei einer ausführlichen Indikationsstellung an der Verfügbarkeit vergleichbarer Probanden in einem überschaubaren Zeitraum scheitern. Gleiche Probleme finden sich bei vielen Arten der berufsbegleitenden formativen Evaluation, zum Beispiel bei der Verbesserung des didaktischen Vorgehens von Lehrern, Veränderungen im Führungsverhalten von Managern oder die Fortentwicklung von Werbemaßnahmen. In diesen Fällen ist der entscheidende Zweck der Datenerhebung nicht eine vergleichende Bewertung im Sinne des «Hypothesentestens», sondern soll primär heuristischen Wert haben, Hinweise auf mögliche und sinnvolle Verbesserungsvorschläge liefern. Solche dynamischen Prozesse widersetzen sich im Regelfall einer wissenschaftlich exakten Versuchsplanung.

Notwendig: Praktikable Kompromisse

Eine möglichst gute Kenntnis der Techniken der Versuchsplanung zur Vermeidung von Störeffekten ist eine unverzichtbare kognitive Grundlage für ein sinnvolles Arbeiten im Bereich von Evaluationsprojekten. Man darf nur nicht den Fehler machen, «sklavisch» an den entsprechenden, von der Grundlagenforschung her geprägten Vorbildern zu hängen. Diese sind zwar bei entsprechenden Voraussetzungen optimale Bearbeitungswege, aber in keiner Weise die einzige Möglichkeit, heuristisch verwertbare Informationen zu sammeln. Nur für den relativ kleinen, aber das Bild des Evaluators zumindest in der Literatur stark prägenden Teilbereich summativer Evaluation können Idealvorstellungen bezüglich der Designs gelegentlich wirklich realisiert werden. In den übrigen Fällen stellen die Designforderungen häufig nur eine Denkhilfe in Form eines nicht-erreichbaren Ideals dar, dessen Annäherung man soweit wie möglich versuchen sollte. Falsch wäre es:

- eine Untersuchung nur deswegen als unwissenschaftlich abzulehnen und nicht durchzuführen, weil sie aus unvermeidbaren, sachinhärenten Gründen den Designforderungen nicht voll entsprechen kann
- nicht alles zu tun, um die für die Vermeidung von Störquellen sinnvollen Designforderungen soweit wie möglich zu erreichen
- eine veröffentlichte Evaluationsstudie nur deswegen negativ zu charakterisieren, weil sie idealen methodischen Anforderungen nicht entspricht.

Dieser letzte Punkt ist von besonderer praktischer Bedeutung bei Projekten, die aus übergeordneten Gesichtspunkten heraus kontrovers beurteilt werden, was für viele gerade gesamtgesellschaftlich besonders relevante Vorhaben zutrifft. Da sich bei größeren Vorhaben im Regelfall nicht vermeidbare Methodenschwächen oder der Zwang ergeben, entweder den einen oder den anderen Nachteil in Kauf zu nehmen, ist eine darauf gestützte nachträgliche Kritik im Sinne einer Abwertung der Aussagekraft der erreichten Ergebnisse praktisch immer möglich und damit letztlich nicht aussagekräftig. Das Problem ist, daß es andererseits natürlich auch Evaluationsprojekte gibt, die wesentlich schlechter als notwendig durchgeführt bzw. weit überinterpretiert wurden und zu Schlüssen kommen, die sich gerade auch aufgrund der Methodenschwächen wirklich nicht auf die gefundenen Daten stützen lassen. Ob es sich im Einzelfall um eine professionell sehr gute, unter den gegebenen Rahmenbedingungen ptimale Designlösung handelt oder eine auch fachlich sehr schwache Studie vorliegt, kann auf der Basis des veröffentlichten Berichtes oft nicht entschieden werden, da dort die schwierige Hintergrundsituation häufig nicht mehr ausreichend dargestellt ist (bzw. der Verdacht entstehen kann, daß Schwierigkeiten aufgebauscht werden, um unnötige methodische Schwächen im Nachhinein zu rechtfertigen). Für die Abwägung zwischen den beiden Übeln «Ungerechtfertigte Kritik» und «Kritiklose Hinnahme nicht vertretbarer Studien» fehlen derzeit professionelle Standards, die vielleicht bei einer qualitativen und quantitativen Zunahme von praktisch tätigen Evaluatoren allmählich entstehen werden.

5.2.3 Datenerhebungsverfahren

Auf die besondere Problematik einer sinnvollen Definition der jeweiligen Bewertungskriterien wurde bereits im Abschnitt 4.2.3 verwiesen. Für die konkrete Erhebung der jeweils ausgewählten Kriterien stellt sich das aus grundlagenwissenschaftlicher Sicht bedauerliche Problem, daß nicht selten gilt: Je exakter die Art des Meßverfahrens, um so geringer der praktische Nutzen.

Tests bzw. Fragebögen

Aus Gründen der Exaktheit besonders wünschenswert wären sorgfältig konstruierte (psychologische) Testverfahren, die einer problemadäquaten Testtheorie genügen. Es dürfte aber kaum Evaluationsprojekte geben, in denen es möglich ist, den dafür erforderlichen Konstruktionsaufwand zusätzlich zu den sonstigen Arbeiten abzudecken. Man ist daher im Regelfall darauf angewiesen, auf vorhandene Meßverfahren oder einfachere Konzepte zurückzugreifen.

Die üblichen, am Markt erhältlichen Testverfahren sind aus naheliegenden Gründen entweder für Forschungszwecke (mit starker Anlehnung an theoretisch-psychologische Konstrukte) oder für angewandt-diagnostische Fragen entwickelt worden, nicht für Evaluationszwecke. Dies bereitet insbesondere folgende Probleme:

- Oft geringe Änderungssensitivität; meist sind die Items so ausgewählt, daß sie auch eine hohe Testwiederholungsreliabilität zeigen, und damit gerade nicht kurzfristig fluktuierende, leichter einer Intervention zugängliche Aspekte erfassen (besonders deutlich im Intelligenzbereich).
- Die Länge der Testverfahren ist auf die Bedürfnisse der Einzelfalldiagnostik abgestellt, so daß sie für maßnahmenbezogene Evaluation (die auf der Basis von Gruppendaten erfolgt) häufig unter Effizienzaspekten zu aufwendig sind; die Reduktion der Testlänge verändert aber, soweit nicht aufgrund des jeweiligen Verfahrens von einer annähernden Parallelität der einzelnen Items auszugehen ist, auch die inhaltlichen Aspekte und beeinträchtigt somit stark die Bezugnahme auf die wissenschaftlichen Grundlagen und sonstige mit dem Test gewonnenen Erfahrungen.

- Die Konstrukte, für die die jeweiligen Testverfahren Operationalisierungen darstellen, sind überwiegend nach den Bedürfnissen der Forschung oder der Diagnostik ausgewählt; sie decken oft nicht den Operationalisierungsbedarf von Evaluationsprojekten ab. Als Beispiel: Um einem Schüler mit Schwierigkeiten im Sprachbereich zu helfen, ist für die Differentialdiagnose ein die einzelnen Bereiche der Sprachbeherrschung ausdifferenzierendes Testverfahren von großem Vorteil – aber wie faßt man Wortschatz, Satzstruktur, Beherrschung der Zeitformen, Wortflüssigkeit etc. zu einer Maßzahl zusammen, die die Evaluation zweier verschiedener Lehrbuchvarianten gestattet?
- Der Zusammenhang zwischen Testwert und Nutzen (vgl. Abschnitt 4.3.1) ist entweder überhaupt nicht bekannt oder dem Auftraggeber zumindest schwer vermittelbar; was würde es zum Beispiel an praxisrelevantem Nutzen bedeuten, wenn ein Führungskräftetraining im Durchschnitt bei den Teilnehmern eine Steigerung des Faktors Q2 im 16 PF um einen Staninwert (eine Normierungsart, bei der den Prozenträngen 0 bis 10 der Wert 1, zwischen 11 und 20 der Wert 2 etc. zugeordnet wird) erbringt?

In Anbetracht dieser Sachlage gibt es nur wenige Bereiche, in denen der Einsatz von wissenschaftlich konstruierten «allgemeinen» Testverfahren wirklich empfehlenswert ist. Häufig finden sich solche Evaluationsprojekte in den USA für den pädagogischen Bereich, da dort Tests auch als schulische Prüfungen eingesetzt werden (vergleichbar damit ist in der Bundesrepublik Deutschland etwa die Bewertung der Ausbildung verschiedener medizinischer Fakultäten anhand der bundesweit einheitlichen Prüfungen im ersten medizinischen Staatsexamen), zum gleichen Zweck können auch die Bundesländer mit Zentralabitur (in manchen Bundesländern, zum Beispiel Baden-Württemberg, werden in jedem Jahr für das ganze Land gleiche Abituraufgaben gestellt) diese Arbeiten heranziehen, ohne daß dort der Anspruch an «Testkonstruktion» bei den Prüfungsaufgaben erfüllt wäre. Für manche therapeutische Interventionen bei Kindern können Entwicklungs- bzw. Reifetests eingesetzt werden, bei Erwachsenen wird man häufig mit speziellen Konstruktionen (etwa GAS, vgl. **Diagramm IV/8**) vorteilhafter arbeiten.

Das Bestreben vieler Evaluatoren, objektive Testverfahren einzusetzen, ist verständlich. Man muß aber auch die Grenzen der Möglichkeiten dieser Instrumente zumindest bei ihrem derzeitigen Entwicklungsstand sehen, und es kann sinnvoller sein, mit einer «weichen», weniger exakten und elaborierten Methode ein interessantes Kriterium zu messen als mit hoher Präzision etwas, was inhaltlich nicht zu den eigentlichen Evaluationszielen paßt. Allerdings ist der «Verteidigungswert» von sog. bewährten Testverfahren gegen spätere Kritik höher als bei ad-hoc konstruierten Instrumenten.

Eine etwas weniger fundierte Meßmethode ist der Versuch, im Rahmen des Evaluationsprojektes Fragebögen für die interessanten Variablen selbst zu konstruieren. Oft ist dies das einzig denkbare Vorgehen, da die schriftliche Vorgabe von Fragebögen gegenüber den Werten unter besprochenen Alternativen (Verhal-

tensbeobachtung und mündliche Interviews) wesentlich kostengünstiger ist. Einige besonders wichtige Probleme, wie sie bei Fragebögen wissenschaftlich untersucht sind, finden sich im **Diagramm V/12**. Auch bei sorgfältiger Gestaltung kann natürlich nicht verhindert werden, daß man immer nur die (Selbst-) Einschätzung der Befragten erfährt und damit der Verhaltens- und Praxisbezug immer angezweifelt werden kann.

Beobachtung

Die Vermeidung der «Realitätsferne», die man Testergebnissen und Fragebögen zuschreiben kann, ist mit Methoden der Verhaltensbeobachtung möglich (vgl. etwa König, 1976). Diese Methoden sind dann ideal, wenn der technische Aufwand bewältigbar ist und sich die Evaluationskriterien wirklich auf beobachtbare Verhaltensweisen beziehen. Typische Beispiele:

Diagramm V/12
Probleme der Fragebogenkonstruktion (nach *König*, 1976)

- Klärung der Frage, welche Auskünfte von den Befragten gewünscht werden

- Klärung der Frage, an welche Personen-(Gruppen) sich der Fragebogen richten soll

- Wahl des testtheoretischen Ansatzes (Modellwahl)

- Auswahl der einzelnen Fragen; die verschiedenen Einzelfragen müssen so aufeinander abgestimmt werden, daß eine logische Fortentwicklung der Fragen gegeben und somit ein einheitliches Ganzes vorhanden ist.

- Formulierung der Fragen
  1. Wahl assoziationsarmer, unbelasteter und subgruppenspezifischer Formulierungen sowie einfacher und klarer Syntax
  2. Bei heiklen Themen: Formulierung muß so gewählt werden, daß der Befragte bei bestimmten Antworten keinen Prestigeverlust befürchten muß und somit Abwehrmechanismen auf ein Mindestmaß beschränkt werden können
  3. Verwendung offener vs. geschlossener Fragen
  4. Wahl der möglichen Antwortalternativen (bei geschlossenen Fragen) Dichotomie vs. Auswahl zwischen mehreren Möglichkeiten
  5. Verwendung indirekter oder direkter Fragen (Face-Validität für die Befragten)
  6. Probleme, die sich bei indirekten Fragen ergeben: Selbstdarstellungstendenzen oder Fragebeantwortung im Hinblick auf soziale Erwünschtheit von Seiten der Befragten, Widerstände des Respondenten, etc.
  7. Probleme, die sich bei direkten Fragen ergeben: Probleme, die Gültigkeit derartiger Fragen zu bewerten
  8. Fragen müssen so formuliert werden, daß die Befragten zur Mitarbeit bereit sind
  9. Fragen dürfen nicht die ggf. vorhandenen Erwartungen des Testkonstrukteurs widerspiegeln

- Anzahl der Fragen und Stellung der Fragen in der Fragenfolge (Abfolge von den einfacheren zu den komplizierteren Fragen, Berücksichtigung potentieller Ermüdungseffekte bei exzessivem Fragenumfang

- Aufzeichnung der Fragebogendaten
  1. Feldverschlüsselung
  2. wörtliche Aufzeichnung
  3. Gewichtung der verschiedenen Antwortalternativen

- Verhaltenstherapien, etwa hinsichtlich phobischer Reaktionen
- Trainings in Sozialtechniken, etwa Diskussionsverhalten, Kommunikationstechniken oder Gesprächsführung
- Lehrverfahren oder Lehrmethoden mit kognitiven Inhalten und unmittelbarer Handlungsrelevanz, etwa die Bedienung von Maschinen, EDV-Anlagen oder auch die «Postkorb-Übung» aus dem Assessmentcenter.

Für diese Beispiele wird es angemessen sein, das Verhalten unmittelbar (etwa die Reaktion auf einen vorher massiv Angst auslösenden Reiz, Aufbau und Durchführung eines Vortrages, die Art des Umganges mit der Maschine) zu erheben anstatt indirekt über Fragebögen oder Tests Meinungen bzw. Kompetenzen zu erfassen. Was Verhaltensbeobachtungen aber nicht direkt leisten können, ist die Erfassung der subjektiv gesehenen Zusammenhänge und Ursachen für die jeweilige Verhaltensweise. Diese Strukturen, die vor allem Hinweise auf Opti-

mierung der jeweiligen Maßnahmen geben können, müssen von Beobachtern im Nachhinein in die objektiv beobachtbaren Fakten hineininterpretiert werden, was natürlich zu Verzerrungen führen kann.

Interviewtechniken

Für die Erfassung der subjektiven Erklärungen für das Verhalten sowie generell für sehr komplexe kognitive Strukturen und deren Veränderungen ist das offene oder teils strukturierte Interview ein sehr aufwendiges, aber unverzichtbares Hilfsmittel. Hinweise dazu gibt **Diagramm V/13**.

Bei normaler Gesprächsführung bleibt für die Interpretation der subjektiv gesehenen Zusammenhänge ein für Evaluationsfragestellungen manchesmal nicht vertretbarer Spielraum des Interviewers, so daß sich der Einsatz spezieller Techniken empfiehlt, wenn gerade die Veränderung solcher subjektiven Theorien das Ziel

---

Diagramm V/13
Das Interview – Grundbegriffe und Probleme (*König*, 1976)

Aufgaben des Interviews
- Entdeckung: Auffinden der relevanten Variablen, die zur Herstellung der theoretischen Zusammenhänge benötigt werden oder die eine Abgrenzung der relevanten Befragtengruppen erlauben
- Messung: von Ausprägung der Variablen. (Mit welcher Häufigkeit sind bestimmte Variablen in einer bestimmten Population verteilt?)
- Interpretation u. Verfeinerung statistischer Beziehungen: Deutung unerwarteter Korrelationen oder sog. «Ausreißer-Fälle»

Formen
Unterscheidung strukturiert – unstrukturiert bezieht sich darauf, ob ein Fragebogen verwendet wird
- strukturiert: mit Fragebogen, Inhalt, Anzahl u. Reihenfolge der Fragen festgelegt
- unstrukturiert: kein Fragebogen oder nur Gesprächsleitfaden, hoher Freiheitsspielraum. Fragen sind dem Befragten jeweils individuell anpaßbar
Unterscheidung geschlossene – offene Fragen bezieht sich auf die Form der einzelnen Fragen
- geschlossen: Auswahl der zutreffenden Alternativen aus einer Reihe von Antwortmöglichkeiten
- offen: erfordert freies Antwortverhalten
Unterscheidung standardisiert – nicht-standardisiert. Bezieht sich auf die Verwendung von Antwortkategorien
- standardisiert: individuelle Antworten nach Kategorien geordnet, sodaß sich für die befragte Gruppe Häufigkeitsverteilungen ergeben
- nicht-standardisiert: Verzicht auf Kategorisierung, nur sinnvoll, wenn auf Häufigkeitsverteilungen und Vergleichbarkeit verzichtet werden kann
Unterscheidung weiches, neutrales, hartes Interview, abhängig davon, wie autoritär der Interviewer das Interview leitet.
- Problem: Einfluß des Interviewers (Auftreten, Art d. Fragenformulierung, Tonfall, etc.), Einfluß d. Situation (Störfaktoren wie Lärm, unerwartete Unterbrechungen durch Telefonanrufe während des Interviews, etc.)
- Ist die Vergleichbarkeit der Einzeldaten derart garantiert, daß sie tatsächlich als Häufigkeiten bestimmten Variablen zuordbar sind?
- Entsprechen die erhobenen Daten normalen, alltäglichen Verhaltensweisen u. Einstellungen der Befragten oder spiegeln die Daten lediglich Artefakte wider?

von Interventionsmaßnahmen sind. Dafür stehen u.a. die Verfahren zur Verfügung, die schon in 4.2.3 (**Diagramm IV/6** und **IV/7**) besprochen wurden.

Die Fülle der im sozialwissenschaftlichen Bereich eingeführten Erhebungsmethoden konnte hier nur in dieser groben Form vorgestellt werden, ausführlichere Einblicke gibt etwa Bortz, 1984.

5.3 Auswertungsverfahren

Die vorgesehenen Auswertungsverfahren sollten schon in der Planungsphase möglichst genau mit dem Auftraggeber abgesprochen werden – zumindest dann, wenn dieser überhaupt bereit ist, sich auf solche «Detailfragen» einzulassen. Ganz besonders gilt die Notwendigkeit der Vorabsprache für die prinzipielle Entscheidung, ob überhaupt statistisch vorgegangen werden soll oder eine eher beschreibend-verstehende, hermeneutische Vorgehensweise gewünscht wird.

Ein wichtiger Punkt, sofern man statistisch vorgehen möchte, ist die Entscheidung zwischen festen Stichprobengrößen oder Sequentialstatistik. Bei der letzteren wird nicht von vorn herein die Anzahl der zu untersuchenden Personen festgelegt, sondern die Hypothesenprüfung schrittweise, nach jeder neu untersuchten Person nochmals durchgeführt. Darin liegt ein erheblicher Vorteil: Bei festen Gruppengrößen kann es sein, daß eine Signifikanz nur deswegen nicht auftritt, weil man ein paar Probanden zuwenig eingeplant hat. Tatsächlich sind ja die Trennschärfe-Abschätzungen, die die Grundlage für eine sinnvolle Bestimmung der Gruppengrößen bieten könnten, meist nur schwach fundiert und werden überdies in der Forschungspraxis nur selten überhaupt eingesetzt (s. dazu Gigerenzer, 1989). Ebenso schade ist es, wenn man viel zu viele Personen untersucht, etwa mehrere hundert, und die statistische Absicherung der Effekte schon mit einem Bruchteil davon möglich gewesen wäre.

Da die Sequentialstatistik garantiert, daß gerade soviele Daten erhoben werden, wie man zur Entscheidungsfindung benötigt, reduziert sie die durchschnittlich erforderlichen Probandenzahlen ganz enorm, Angaben über ca. 2/3

an Einsparungen sind durchaus realistisch. Dieses Vorgehen sollte daher insbesondere dann gewählt werden, wenn die Probanden stark belästigt oder gar geschädigt (und sei es nur in Form des Unterbleibens einer an sich möglichen besseren Förderung) werden. Da dadurch überdies wesentliche Kosten eingespart werden, sollte sie für viele Evaluationsstudien das bevorzugte statistische Herangehen sein. Allerdings gibt es auch Gründe, die dagegen sprechen:

- Die Kosten der Datenerhebung sind nicht im vornherein kalkulierbar; die Probandenzahl hängt ja, im Gegensatz zu festen Stichprobengrößen, von den erst zu erhebenden Resultaten ab.
- Gerade wegen der Einsparung von Personen liefert die Sequentialstatistik oft schon signifikante Ergebnisse, wenn erst eine der «üblichen» Gepflogenheiten nach zu geringe Stichprobengröße erreicht ist; die konkreten Erfahrungen zeigen, daß die Auftraggeber manchmal erhebliche Schwierigkeiten haben, eine solche «zu kleine» empirische Studie zu akzeptieren (vor allem dann, wenn die Ergebnisse nicht der Vorerwartung entsprachen); hier ist rechtzeitige Aufklärung vor Bekanntsein der Ergebnisse unverzichtbar!
- Die Sequentialstatistik erfordert mehr Vorüberlegungen, insbesondere bezüglich der Alternativhypothesen: Dies kann, vor allem bei mehrdimensionalen Ho Schwierigkeiten machen.

Für weitere Details zur Sequentialstatistik siehe etwa Wald, 1947; Bauer et al., 1986. Auf die Schwierigkeiten, diese Verfahren trotz offensichtlicher theoretischer und pragmatischer Überlegenheit im sozialwissenschaftlichen Bereich verstärkt einzuführen, verweist Diepgen, 1987.

Es ist natürlich unmöglich, im Rahmen eines allgemeinen Evaluationsbuches alle methodischen Ansätze im Detail darzustellen. Im folgenden finden sich zunächst einige Ausführungen über das Problem von Effektstärken (5.3.1), die leider häufig durch bloßes Signifikanztesten ersetzt werden; daran anschließend werden einige für den Evaluationsbereich wichtige Besonderheiten linear-statistischer Verfahren besprochen (5.3.2), da diese für die Auswertung von Evaluationsprojekten eine quantitativ besondere Bedeutung haben. Im letzten Abschnitt (5.3.3) wird ein kurzer Überblick über wichtige qualitative Verfahren gegeben, die insbesondere für die Auswertung «weicher» Daten (Nominalskalen oder überhaupt keine explizite Messung, wie sie bei Interviewergebnissen häufig ist) Bedeutung haben.

Fundierte Einblicke in die Fülle im Rahmen der sozialwissenschaftlichen Evaluationsforschung relevanten Methoden geben etwa Cook und Reichard, 1979 oder Bortz, 1994.

5.3.1 Beurteilung der Effektstärke

Für viele Fragestellungen im Zusammenhang mit Evaluationen genügt es nicht zu wissen, daß ein Effekt besteht, sondern man möchte auch Angaben darüber, wie groß zum Beispiel der Unterschied zwischen zwei Programmvarianten ist. Leider ist diese Frage viel komplizierter, als man zunächst meinen sollte. Die mangelnde Vertrautheit mit der (für psychologische bzw. sozialwissenschaftliche Meßinstrumente selbstverständlichen) Skalenproblematik in der Öffentlichkeit bzw. bei den Nutzern der Projektergebnisse, die Verwechslung von Signifikanz und Relevanz, sowie die häufige Fehlinterpretation von statistischen Kennzahlen durch Laien erschwert wesentlich eine sachgerechte Kommunikation der Evaluationsergebnisse.

Normierte Skalenwerte

Sofern man von einer sorgfältigen Messung durch Tests, Fragebögen oder Verhaltensbeobachtungen ausgehen kann, ist in sozialwissenschaftlichen Projekten das Meßniveau auf Intervallskalenniveau erreichbar. Bei diesen sind beliebige lineare Transformationen möglich, ohne daß die inhaltliche Aussage verändert würde.

Man benutzt dies, um die an sich ohne Zusatzinformation nicht interpretierbaren Ereignisse (was heißt es, wenn in einem Test eine Probandengruppe im Mittel 18, die andere 25 Punkte erreicht hat?) zu standardisieren. Am gebräuchlichsten sind dafür Vorgehensweisen,

die Mittelwert und Standardabweichung festlegen und die Einzelergebnisse in Relation dazu umformen.

Welche Festlegung von Mittelwert und Standardabweichung man wählt, ist aber im Prinzip willkürlich. Häufig (vgl. Lienert, 1969) sind z-Werte (Mittelwert 0, Standardabweichung 1), T-Werte (50 bzw. 10) und Standardwerte (100 bzw. 10). Ein z-Wert von 1 entspricht also einem T-Wert von 60 (Mittelwert einer Standardabweichung) und einem Standardwert von 110. Sachlich sind alle drei Darstellungen äquivalent.

Diese Vergleichbarkeit gilt aber nicht für die Aufnahme der Information bei «Laien» oder gar den Medien. Hat etwa ein Schulsystem in einem Bewertungskriterium gegenüber der Normstichprobe einen Wert erhalten, der eine halbe Streuung unter dem Mittelwert der Normstichprobe liegt, und das andere System ein genau dem Norm-Mittelwert entsprechendes Ergebnis, so würde dies in z-Werten «0,5» bzw. «0,0» bedeuten. Für Laien wäre schon die Vorstellung einer negativen Schulleistung absurd, und daß ein Leistungswert von genau Null etwas Gutes sein könnte, wäre für viele schwer vorstellbar. Betrachtet man nur die Differenz der beiden Systeme, so entsteht bei einem Wert von 0,5 eigentlich der Eindruck eines vernachlässigbaren («Hinter dem Komma») Unterschiedes. Etwas anderes wäre der gleiche Sachverhalt mit Standardwerten. Für das zweite System klingt die Angabe von 100 (statt 0) eigentlich nach völliger Soll-Erfüllung, und eine Differenz von fünf Punkten (vermutlich als «5%» völlig fehlinterpretiert) klingt ja halbwegs beachtlich.

Gerade unter dem Gesichtspunkt der Öffentlichkeitswirkung hat es sich in den USA eingebürgert, die Evaluationsergebnisse von Schuluntersuchungen (zum Beispiel alljährliche Leistungsveränderungen) auf einer Skala anzugeben, deren Mittelwert 350 und die Standardabweichung 50 beträgt. Auf dieser Skala wäre das hier beispielhaft verwendete Ergebnis 325 zu 350, und 25 Punkte weniger ist ja durchaus beachtlicher als 0,5 z-Werte, zumindest für den Laien.

Es kann keine «richtige» Normierung geben, da die entsprechenden Setzungen bei Intervallskalen eben willkürlich sind. Vielleicht wäre es sinnvoll, sich auf eine Skala bei öffentlichen Darstellungen zu einigen, damit allmählich ein Gefühl für die Bedeutung von zum Beispiel 10 Standardwerten entsteht. Verwenden sollte man die normierten Werte bei der Ergebnisdarstellung vor allem dann, wenn die Adressaten über eine entsprechende Vorbildung verfügen. In jedem Fall sind normierte Werte günstiger als die Roh-Punkte, da diese auch von Fachleuten ohne Zusatzinformationen (die eine implizite Normierung ermöglicht) nicht interpretiert werden können.

Signifikant = relevant?

Zusätzlich zum Ausmaß gefundener Unterschiede muß geklärt werden, ob diese vielleicht nur durch Zufallsschwankungen in der Stichprobenziehung in der gefundenen Größe auftreten können, also nicht als gesicherte, von Null verschiedene Befunde zu interpretieren sind. Dazu bedient man sich der bekannten Methoden der statistischen Inferenz. Die (in vieler Hinsicht bedauerlicherweise) häufigste statistische Testtheorie für die Auswertung psychologischer oder sozialwissenschaftlicher Studien geht auf Neyman-Pearson zurück. Die Grundidee (vgl. dazu ausführlicher Bortz, 1979) solcher Auswertungen in den meisten Anwendungen aus dem Grundlagenbereich ist, daß man zunächst eine Hypothese (H_0) aufstellt, an die man ohnedies nicht glaubt (zum Beispiel kein Unterschied zwischen verschiedenen Maßnahmen) und sich dann freut, wenn die schon inhaltlich unplausible Null-Hypothese aufgrund der empirischen Beobachtungen falsifiziert werden kann (es also doch Unterschiede zwischen den Maßnahmen gibt). Die Freude ist voll berechtigt, da sie im wesentlichen aussagt, daß der Untersucher ausreichend viel und gründlich gearbeitet hat – unter den üblichen Stetigkeitsannahmen (kontinuierliche Parameterdimension, unendliche Population) ist die Chance, daß es tatsächlich keinen Unterschied zwischen den Maßnahmen in der Population gibt (also die Differenzen aller Populationsparameterwerte exakt null sind) verschwindend gering bzw. überhaupt null. Sie entspricht der Wahrscheinlichkeit, aus einer Urne mit unendlich vielen Kugeln (entsprechend den unendlich vielen möglichen Aus-

prägungsgraden auf den Parameterdimensionen) genau eine vorher prognostizierte Kugel zu ziehen. Das Auftreten eines signifikanten Ergebnisses hängt daher im wesentlichen von der Trennschärfe des Vorgangs ab, also insbesondere von der Genauigkeit der Messung und der Anzahl der herangezogenen Versuchspersonen. Mit steigender Stichprobengröße führen auch immer kleinere Unterschiede zwischen den zu evaluierenden Maßnahmen zu einem signifikanten Resultat.

Im Bereich der (psychologischen) Grundlagenforschung ist dieses Phänomen deswegen nicht allzu gravierend, weil aus Gründen des Aufwandes meist nur eine sehr kleine Zahl von Probanden untersucht werden kann, so daß in einer an sich statistisch nicht vertretbaren, aber praktisch plausiblen Schlußweise von einer Signifikanz (unter der Nebenbedingung eben kleiner Stichproben) auf das Bestehen eines nicht unerheblichen Unterschiedes zwischen den Versuchsgruppen indirekt geschlossen werden kann. Da aber bei zahlreichen Evaluationsprojekten die Stichproben sehr groß sind (man denke etwa an die vielen hundert Schüler bei Schulvergleichsuntersuchungen oder die üblicherweise 1000 bis 2000 Personen umfassenden Umfragen für Rückschlüsse auf allgemein wirksame Maßnahmen wie etwa Aufklärungs- oder Werbekampagnen) werden auch viele sachlich irrelevante Unterschiede «sehr hoch signifikant». Die statistische Signifikanz kann in solchen Fällen nur eine notwendige Bedingung (wenn der Effekt nicht einmal gegenüber zufälligen Unterschieden gesichert ist, sollte man ihn nur äußerst vorsichtig interpretieren) aber niemals als hinreichend verstanden werden. Für ausführlichere Darstellungen zum Signifikanz-Testen vgl. etwa Clauß und Ebner, 1972; Siegel, 1956.

Interpretation deskriptiver Kennzahlen

Um unabhängig bzw. ergänzend zur zufallskritischen Absicherung deskriptive Aussagen über die Stärke der nachgewiesenen Effekte erhalten zu können, wurden in der Statistik verschiedene Maßzahlen entwickelt, die aber auch zum Teil Probleme mit sich bringen, wenn man sie falsch anwendet oder unzulässig interpretiert (s. dazu Stelzl, 1982).

Auch bzgl. dieser Kennziffern bestehen gelegentlich erhebliche Interpretationsunsicherheiten. Um nur 2 Beispiele herauszugreifen:

- Ein t-Wert von 2,0 oder 3,0 gilt schon als «massives» Ergebnis; tatsächlich ist aber selbst dann die Überschneidung zwischen den beiden verglichenen Gruppen beträchtlich (s. Wottawa, 1981). Wie man dort sieht, sind auch «sehr hoch signifikante» Ergebnisse mit ganz massiven Überlappungen behaftet, so daß eine Verallgemeinerung des gesicherten Mittelwertunterschiedes auf Unterschiede der Einzelpersonen nur sehr bedingt erfolgen kann. Das Ergebnis darf dann nicht lauten «Die Angehörigen der Gruppe A zeigten höhere Werte als die der Gruppe B» sondern «Der Mittelwert der einen Gruppe ist höher als der der anderen». Es ist manchesmal nicht ganz einfach, den Auftraggeber (oder bei politisch relevanten Maßnahmen gar die interessierte Öffentlichkeit) auf die für praktische Bewertung von Ergebnissen nicht unerheblichen Unterschiede dieser beiden Formulierungen hinzuweisen und den Sachverhalt aufzuklären.

- Selbst so vertraute Maße wie die Korrelation machen erhebliche Schwierigkeiten; man denke an das Problem, einem sozialwissenschaftlichen Laien klarzumachen, warum der gleiche Sachverhalt einmal mit einer Korrelation von 0,7 (für den Laien: «Über Zweidrittel»), das andere Mal mit einem Bestimmtheitsmaß von 0,49 («weniger als die Hälfte») beschrieben wird oder was eigentlich der Begriff «Varianzaufklärung» bedeutet. Methodisch interessanter ist die Möglichkeit, insbesondere multiple Korrelationen (oder Bestimmtheitsmaße) durch die Verwendung von Mittelwerten anstelle von Einzeldaten in der Regressionsgleichung nahezu beliebig zu erhöhen. Da bereits durch das bloße Ausmitteln von Meßfehlern bei einem solchen Vorgehen die Varianz der abhängigen Variablen stark reduziert wird, können dabei Korrelationen in der Größenordnung der Testreliabilität (auf der Basis der Einzelpersonen berechnet!) auftreten, ein Beispiel dieser Art findet sich etwa bei dem Konfluenzmodell (Zajonc & Markus, 1975). Bei diesem wird die Intelligenz auf Grund der Familienkonstellation vorhergesagt (vor allem durch Überlegungen über die unterschiedlich intellektuelle Anregung eines Einzelkindes, des zweiten, in die Familie hinzukommenden Kindes usw., unter Beachtung der Altersabstände). Auf dieser Basis konnte ein Modell erarbeitet werden, dessen Vorhersagen mit den Testwerten zu 0,94 korrelierten, was über der erwartbaren Testreliabilität liegt. Die Erklärung dafür ist, daß die Daten von fast 400000 Rekruten verrechnet wurden und das Modell nicht für Einzeldaten, sondern für die Mittelwerte der Kombinationen von Familiengröße und Geburtsreihenfolge Vorhersagen leistet. Jeder der 35 «Datenpunkte» faßte also die Werte von Tausenden Einzelbeobachtungen zusammen, was die Fehlervarianz entsprechend stark reduziert. Auf dieser Basis gewonnene Korrelationen werden mit steigender Stichprobengröße nicht aussagekräftiger, sondern verlieren im Gegensatz zur Anschauung gerade mit höheren Fallzahlen immer mehr Wert als Ausdruck der Effektstärke eines Phänomens. Dieses eigentlich elementare statistische Phänomen ist für die Evaluationsforschung deswegen von besonderer Bedeutung, da dort meistens Maßnahmen auf der Basis von Mittelwerten (etwa von Schulklassen oder therapeutischen Indikationsgruppen) bewertet werden und sich daher die Verwendung entsprechender Bestimmtheitsmaße auf dieser Grundlage anbietet.

Neben dieser statistisch-technischen Effekte, die zu einer Fehlinterpretation meist im Sinne einer Überschätzung der Aussagekraft der Studie führen, scheint die Verarbeitung multivariater Information Schwierigkeiten zu machen. So ist man zum Beispiel gewöhnt, eine durchaus brauchbare Information über eine Stichprobe durch ein Maß der Zentraltendenz, insbesondere den Mittelwert, zu erhalten. Es dominiert die (implizite) Vorstellung, daß sich die Meßwerte meistens irgendwie eingipfelig, wenn schon nicht unbedingt nach der Gauß-Verteilung (die ja aus diesen Gründen auch «Normalverteilung» genannt wird) um diesen Wert herum gruppieren. Diese Vorstellung stimmt schon im univariaten Fall oft nicht (so ist zum Beispiel der Mittelwert bei extrem zweigipfeligen Verteilungen besonders weit von allen tatsächlich gefundenen Meßwerten entfernt), völlig unübersichtlich wird es im multivariaten Fall. Als Anschauungshilfe werden gelegentlich optische Darstellungen verwendet, etwa die «Cherkoff-Gesichter». Dies sind einfache Strichzeichnungen, die Ausprägungen der Einzelheiten (etwa der Augenabstand, die Augengröße, Krümmung des Mundwinkels etc.) entsprechen den Ausprägungsgraden der einzelnen Variablen. Solche Darstellungen können Fehlinterpretationen, etwa bezüglich der Beschreibungsgüte (die oft überschätzt wird) einer Stichprobe durch das multivariate Mittelwertsprofil, vermeiden helfen.

Leider ist es relativ leicht, die mit den einzelnen Maßen der Effektstärke verbundenen Probleme aufzuzeigen; viel schwieriger ist es, positive Empfehlungen zu geben, da jede dieser Kennziffern ihre Vor- und Nachteile hat. Es bleibt nur, die jeweiligen Besonderheiten für das konkrete Projekt abzuwägen und vor allem durch vorbereitende Information zu versuchen, bei den «Abnehmern» der Ergebnisse wenigstens ein wenig Verständnis der Interpretationsschwierigkeiten zu erwecken, was allerdings in keiner Weise einfach ist.

Meta-Analysen

Die im Abschnitt 5.2 dargestellten Schwierigkeiten von wirklich aussagekräftigen Evaluationsprojekten lassen es in diesem Forschungsfeld besonders wichtig erscheinen, die Ergebnisse (gerade in Form der Effektstärken) möglichst vieler verschiedener Studien zu einer Globalaussage zusammenzufassen. Dies setzt die Einhaltung bestimmter methodischer Vorgehensweisen voraus. Ausführliche Darstellung dieser Techniken finden sich bei Fricke und Treinies, 1985. Für den psychologisch-sozialwissenschaftlichen Bereich besonders interessante Ergebnisse von Meta-Analysen geben Hunter et al. (1982), für die Wirkung von Psychotherapien Grawe et al. (1994).

Zusammenfassende Auswertungen dieser Art ersetzen natürlich nicht die Detailarbeit in den einzelnen Evaluationsprojekten, sind aber eine wertvolle und unverzichtbare Grundlage für allgemeine Empfehlungen. Es wäre anzustreben, daß alle publizierten Evaluationsprojekte die für eine sachgerechte Aufarbeitung in Meta-Analysen erforderlichen Angaben in zusammengefaß-

ter, übersichtlicher Form geben, um die spätere Zusammenfassung in dieser Form zu erleichtern.

5.3.2 Auswertungsverfahren auf der Basis allgemeiner linearer Modellansätze

Möchte man mehr als einfache Gruppenvergleiche auf der Basis elementarer Effektstärken, wird im sozialwissenschaftlichen Bereich für die Analyse von Strukturen in den gefundenen Daten meist auf Spezialfälle des allgemeinen linearen Modells zurückgegriffen (s. etwa Rochel, 1983 oder Moosbrugger, 1978). Auf den ersten Blick sind diese Ansätze nicht nur beliebt, sondern auch sachlich sinnvoll, da sie in einfacher Weise auch die Erfassung komplexer Sachverhalte ermöglichen. Speziell für die Evaluationsforschung, aber nicht nur dort, ist mit diesem Ansatz aber auch eine Reihe von Schwierigkeiten verbunden:

- Diese Modellform ist populationsabhängig (im Sinne fehlender Teilgruppenkonstanz, vgl. Wottawa, 1987).
- Die Ergebnisse können nur deskriptiv, nicht funktional interpretiert werden.
- Das Modell ist stets als Einheit zu sehen, das Herausgreifen von Teilergebnissen ohne Beachtung des Gesamtrahmens ist nicht zulässig.

Populationsabhängigkeit

Das Problem der Populationsabhängigkeit wurde insbesondere im Zusammenhang mit der Faktorenanalyse diskutiert (vgl. dazu Fischer, 1974), trifft aber in gleicher Weise für alle Ansätze des allgemeinen linearen Modells zu. Da die Modellgültigkeit immer für eine vorgegebene Population (aus der der speziell ausgewertete Datensatz als Stichprobe genommen ist) postuliert wird, ist eine Übertragung der Modellergebnisse auf Teilgruppen daraus nicht zulässig und würde zu massiven Fehleinschätzungen führen.

Wieweit dieses Problem für die Evaluationsforschung stört, hängt davon ab, ob sich die evaluativ untersuchten Maßnahmen auf Einzelpersonen (die ja immer Teile einer Population sind) beziehen oder ob vordefinierte, sachlich sinnvolle Populationen den Maßnahmen ausgesetzt werden. Interessiert man sich etwa im Rahmen einer pädagogisch-psychologischen Fragestellung für die Zusammenhangsstruktur verschiedener Einflußgrößen bei Hauptschülern im Gegensatz zu Realschülern, so ist die Population der jeweiligen Schülerschaft durch Sachaspekte definiert. Möchte man diese Population als ganze weiter untersuchen, etwa mit dem Ziel der Evaluation von Maßnahmen, die eine als nicht optimal erscheinende Zusammenhangsstruktur zwischen Variablen günstig beeinflussen sollen, sind entsprechende pfadanalytische oder LISREL-Modelle u. U. sehr nützlich. Gleiches gilt für Vergleiche zwischen verschiedenen Populationen. So konnte etwa Hesse in der oben zitierten Arbeit deutliche strukturelle Unterschiede zwischen Haupt- und Realschule nachweisen. Vergleichbar sind viele Fragestellungen aus dem sozialwissenschaftlichen Bereich, in denen die «Populationen» Parteien, Verbänden, Industriebetrieben oder sogar ganzen Staaten entsprechen. Typische Gegenbeispiele finden sich im Bereich der Einzelfallintervention (zum Beispiel bei psychologischen Therapietechniken oder pädagogischen Maßnahmen). Zeigt sich etwa ein für die Bewertung der Evaluationsergebnisse wichtiger Zusammenhang zwischen Intelligenz und Lernsteigerung durch die Maßnahme, kann dieser je nach Definition der «Population» für die Modellanwendung nahezu beliebig manipuliert werden. Wählt man als Population eine Gruppe von Schülern mit relativ ähnlicher Intelligenz, wird auch ein «an sich» starker Zusammenhang als Folge der Reduktion der true-score-Varianz bei gleichbleibender Fehlervarianz in den Zusammenhangskennziffern nahezu verschwinden; wählt man eine «Population» zum Beispiel aus zwei Extremgruppen (besonders hoch- bzw. niedrig-intelligente Schüler), wird wegen der dann erfolgten massiven Erhöhung der Varianz der true-scores bei sonst gleichem Sachverhalt eine wesentlich bessere Modellanpassung resultieren.

Deskription, nicht Funktionsanalyse

Diese Populationsabhängigkeit ist auch einer der Gründe, warum Auswertungen auf der Grundlage des linearen Modells nur deskriptiv (für die Population), aber nicht funktional verstanden werden können. So hängt zum Beispiel das Verhalten eines Klienten während eines Therapieverlaufes in keiner Weise davon ab, welche anderen Patienten irgendwann einmal mit seinen Daten gemeinsam für die Projektauswertung verrechnet werden. Trotzdem wird je nach Zusammensetzung der Daten für die Auswertung aus den im vorigen Absatz dargestellten Gründen einmal die Beziehung zwischen emotionaler Befindlichkeit und Dauer der Therapie sehr eng sein, das andere Mal verschwindend gering. Gleiches gilt für verwandte Verfahren, etwa auch für die Faktorenanalyse. Da die Zahl der für die Beschreibung der Ergebnisse sinnvollerweise erforderlichen Faktoren ebenfalls von einer Populationsdefinition abhängt, ist die «Intelligenz» oder «Persönlichkeit» eines Menschen je nach der durch den Untersucher willkürlich zu setzenden Populationen einmal durch sehr viele Faktoren zu beschreiben (bei homogenen Gruppen), das andere Mal genügen wesentlich weniger (bei heterogenen Populationen). Diese Artefakte machen es auch unmöglich, solche (linearen) Auswertungen als eine ausreichende Grundlage für Prognosen für Veränderungen von Einzelfällen abzuleiten (währenddem es durchaus möglich ist, durchschnittliche bzw. gruppenbezogene Veränderungen halbwegs sicher in Trendberechnungen auf der Basis von Regressionsgleichungen vorherzusagen).

In manchen Evaluationsprojekten ist man in besonderer Weise auf funktionale Modelle für Einzelfälle angewiesen. Beispiele dafür sind etwa formative Evaluationen von Überwachungs-oder Steuerungsanlagen (wo die Informationsverarbeitung bzw. sensomotorische Koordination des Bedieners möglichst exakt zu modellieren wäre) und bei anderen ergonomischen Fragestellungen, zum Beispiel der Optimierung von Computersoftware. Für Steuerungseinrichtungen haben sich insbesondere Modelle auf der Basis der regelungstechnischen Ansätze bewährt, die zu einer Beschreibung des Verarbeitungsprozesses auf der Basis von Differentialgleichungsmodellen führen (für Anwendungsfälle in der mathematischen Soziologie siehe etwa Coleman, 1964). Beispiele für die funktionale EDV-Modellierung von relevanten Wissens- bzw. Denkstrukturen finden sich bei Kleinmuntz, 1963; 1972.

Kontextabhängigkeit

Eine selbst bei sachgerechter Lösung der ersten beiden Problempunkte verbleibende Schwierigkeit für die Interpretation dieser beliebten Gruppe von Auswertungsverfahren ist das Faktum, daß alle Modellparameter (also alle Aussagen über die Beziehungen zwischen den einzelnen Variablen) im Kontext des Gesamtmodells zu sehen sind. Man kann also etwa aus einer pfadanalytischen oder auf LISREL aufbauenden Auswertung nicht einen einzelnen Parameterwert für eine Teilbeziehung innerhalb des Modelles herausgreifen und dies dann als Ergebnis darstellen; welches β-Gewicht zwischen den Variablen A und B bei der Schätzung der Modellparameter aus den empirischen Daten herauskommt, hängt ganz wesentlich von den übrigen in die Untersuchung aufgenommenen Variablen ab und kann bei einer Änderung dieser Variablenmenge nicht nur im Ausmaß, sondern sogar im Vorzeichen variieren. Auf die damit verbundenen Probleme hinsichtlich von Reihenfolgeneffekten von Variablenaufnahmen bzw. Variablenselektion bei Regressionsansätzen und nicht-orthogonalen varianzanalytischen Plänen verweist zum Beispiel Rochel, 1983. Dieses Faktum ist im übrigen nicht unbedingt eine Schwäche dieses besonderen Auswertungsverfahrens, sondern ergibt sich zwangsläufig aus der inkrementellen Struktur der einzelnen Parameter. Der zusätzliche Beitrag eines Effektes hängt eben auch empirisch davon ab, welche anderen Effekte kontrolliert werden. Aber: Wie vermittelt man einem Auftraggeber, daß ein wichtiger, kostenintensiver Aspekt seiner Maßnahme (als Beispiel etwa die Größe von Schulklassen) sich je nach Auswertungskontext im Ausmaß und evtl. sogar in der Richtung unterschiedlich auswirkt?

Neben diesen kritischen Aspekten muß man aber auch betonen, daß es für eine einfach handhabbare, keine komplizierten Entwicklungsarbeiten erfordernde Auswertung multipler Zusammenhangsstrukturen derzeit eigentlich keine praktikable Alternative zu den verschiedenen Spezialfällen des allgemeinen linearen Modells gibt (auf zumindest partiell konkurrenzfähige konfigurale Ansätze wird im nächsten Abschnitt eingegangen). Die hier sehr pointiert dargestellten Kritikpunkte sollen auch in keiner Weise Auswertungsansätze dieser Art

abwerten. Man muß nur bei der Detailplanung seines Evaluationsprojektes wissen, ob sachimmanente Gründe oder die Wünsche des Auftraggebers zum Beispiel die Erarbeitung funktionaler Modelle erzwingen und in solchen Fällen die dann notwendigen Vorarbeiten rechtzeitig einkalkulieren und auch bedenken, daß die Gewinnung für solche Spezialentwicklungen ausreichend kompetenter Mitarbeiter ein nicht unerhebliches Problem sein kann. Schlecht sind nicht die linear-statistischen Auswertungsverfahren an sich, sondern deren Fehlanwendung bzw. Fehlinterpretation, die vermutlich gar nicht selten auf eine mangelnde Problemsicht des Untersuchungsleiters in der Planungsphase, wo sich noch alternative Lösungskonzepte hätten realisieren lassen, zurückgehen dürften.

5.3.3 Qualitative Auswertungsverfahren

Mit diesem Begriff werden verschiedene Auswertungsstrategien angesprochen, die eigentlich nur gemeinsam haben, daß sie weniger stringente Anforderungen an das Meßniveau stellen und in besonderer Weise zu verbalen Interpretationen kompatibel sind.

Im wesentlichen lassen sich drei oft gebrauchte Begriffsbedeutungen unterscheiden:

- «qualitativ» meint im Gegensatz zu «quantitativ» statistische Verfahren, die nur auf Nominalskalen aufbauen; Beispiele sind etwa die Konfigurationsfrequenzanalyse (Krauth & Lienert, 1973), die Methode GUHA (Hajek & Havranek, 1978), HYPAG/SEARCH (s. Wottawa, 1987) und TYPAG (Hollmann, 1991)
- «qualitativ» ist die Art der Datenauswertung, weil keine statistisch-numerischen Verfahren, sondern EDV-gestützte Strukturierungshilfen eingesetzt werden; hierunter fallen etwa EDV-gestützte Verfahren der Inhaltsanalyse oder die sog. Plan-Analyse (Grawe & Caspar, 1984).
- «qualitativ» ist der Verzicht auf alle zählenden bzw. rechnenden Verfahren, es verbleiben subjektive Interpretationen und Verstehenserlebnisse, etwa vergleichbar mit der Interpretation von Kunstwerken (s. etwa Dilthey, 1896).

Konfigurale Techniken

Diese Auffassung ist natürlich die den im vorhergehenden Abschnitt besprochenen Verfahren am ähnlichsten. Es sind statistische Auswertungstechniken, die nicht auf eine mathematisch-quantitative Beschreibung von Zusammenhangsstrukturen ausgerichtet sind, sondern eigentlich nur Konfigurationen in den Daten (also Kombinationen verschiedener Merkmalsausprägungen auf Nominalskalen) aufbauen.

Ein erheblicher Vorteil gegenüber den linearen Techniken ist bei diesen Ansätzen, daß die gefundenen Konfigurationen strukturgleich mit «wenn-dann-Sätzen» sind (vgl. dazu die Ausführungen im **Diagramm IV/7**). Es entspricht dem normalen Argumentieren, daß «ein bestimmtes Ereignis dann zu erwarten ist, wenn die eine Bedingung und die zweite Bedingung und/oder dritte Bedingung gegeben ist», und dies entspricht unmittelbar den daraus folgenden Datenkonfigurationen; im Gegensatz dazu ist es außerordentlich mühsam, etwa eine multiple Regressionsgleichung aus den drei genannten Bedingungsvariablen zur Vorhersage des Ereignisses verbal darzustellen, da insbesondere die zahlreichen Kompensationsmöglichkeiten bei den verschiedenen quantitativen Ausprägungsgraden der Variablen sich so gut wie nicht in normaler menschlicher Sprache darstellen lassen. Damit hängt auch der weitere Vorteil zusammen, daß zwar die Güte der Ergebnisse insgesamt (also zum Beispiel wieviele Kombinationen mit welchen Vorhersagemöglichkeiten aufgetreten sind) ebenfalls von der Populationsdefinition und der Menge der für die Untersuchung aufgenommenen Variablen abhängt (vergleichbar mit den entsprechenden Problempunkten bei dem allgemeinen linearen Modell), jede einmal erarbeitete Aussage in Form eines «wenn-dann-Satzes» aber unmittelbar für jeden dadurch erfaßbaren Einzelfall formuliert ist. Die Probleme der Populationsabhängigkeit verlagern sich dadurch von der Einzelfallformulierung auf die Heuristik, also darauf, welche Variablen etwa bei Suchvorgängen in Datensätzen als besonders relevant erscheinen. Dies ist daher keine endgültige Lösung für dieses Problem, aber doch eine gerade für einzelfallorientierte Intervention und Evaluation wesentliche Verbesserung (vgl.

für diese Art «qualitativer» Verfahren Henning und Kemnitz, 1986).

Der entscheidende Nachteil aller dieser Ansätze ist aber, daß aus Gründen der Übersichtlichkeit vor allem induktive Verfahren für sehr komplexe, zahlreiche Variablen gleichzeitig berücksichtigende Auswertungen selbst dann ungeeignet sind, wenn die in diesem Fall astronomisch hohen Rechenzeiten bewältigbar wären. Für überschaubare Variablensätze (oder solche, die sich ohne Schaden für das Gesamtprojekt in entsprechend kleine Subgruppen zerlegen lassen) können daher diese Ansätze als ernsthafte Alternative gegenüber dem allgemeinen linearen Modell empfohlen werden, für die Deskription sehr großer Variablenmengen bleibt die traditionelle Auswertungsmethode trotz aller Schwächen aber auch weiterhin unverzichtbar.

Strukturierungshilfen

Die zweite der genannten «qualitativen» Verfahrensgruppen sind Ansätze, bei denen komplexes Material EDV-gestützt ausgewertet bzw. strukturiert wird. Hierzu gehören viele Verfahren der Inhaltsanalyse, sofern sie über einfache Auszählungen von Worthäufigkeiten hinausgehen (s. etwa bei Rust, 1983). Gerade für die Auswertung von offenen Interviews, etwa bei der Bewertung von Maßnahmen im Bildungs- oder Therapiebereich durch unmittelbar betroffene Probanden, können damit interessante Einblicke erarbeitet werden. Oft ist es auch möglich, darauf aufbauende quantitative Auswertung anzuschließen.

Qualitative Strukturierungshilfen sind noch weniger verbreitet. Ein Vorgehen dabei ist die (teil-)formalisierte Darstellung von subjektiven Theorien, etwa SLT oder HYPAG/Structure (vgl. **Diagramme IV/6** und **IV/7**). Gerade bei Weiterbildungsmaßnahmen kann die Veränderung der subjektiv von den Teilnehmern gesehenen Zusammenhänge bzw. möglichen Handlungspläne ein wichtiger Hinweis auf den Erfolg der Maßnahme sein, ein Beispiel unter Verwendung dieser Technik gibt Wottawa und Hof, 1987. EDV-gestützte Strukturierungshilfen können die übersichtliche Darstellung komplexer Sachverhalte, gerade auch bei Interview-Auswertungen, sehr erleichtern.

Ein besonders eindrucksvolles Beispiel dafür ist die Plan-Analyse (Grawe und Caspar, 1984), die vor allem für Anwendungsfälle aus dem Bereich der Therapie und Therapie-Evaluation entwickelt wurde. Die Grundidee dabei ist, daß komplexe Strukturen (zum Beispiel Handlungspläne, das Verfahren läßt sich aber natürlich auch auf jede andere Art von Strukturbeziehungen anwenden) dadurch übersichtlicher gemacht werden, daß vom Untersucher die jeweils paarweisen Beziehungen erarbeitet werden und das Programm dabei hilft, daraus eine nachvollziehbare Gesamtstruktur (etwa in Form hierarchischer Entscheidungsabläufe oder Organisationsstrukturen) aufzubauen. Ansätze dieser Art können eine sehr wertvolle Hilfe sein, um die Erfassung und insbesondere die übersichtliche Präsentation komplexer Befunde in qualitativ orientierten Evaluationsstudien zu beschreiben. Sie sollten aber wegen der relativen Willkürlichkeit immer nur heuristisch-formativ, nicht als endgültig-summatives Ergebnis dargestellt werden.

Da die notwendigen technischen Hilfen, neben den EDV-Programmen auch die Einschulung in ihre sachgerechte Nutzung, bei qualitativen Verfahren noch wesentlich weniger verbreitet sind als für quantitativ-statistische Methoden, sollte vor der endgültigen Festlegung solcher Auswertungsmethoden in der Planungsphase die Verfügbarkeit entsprechender Ressourcen gesichert sein. Auch muß der Arbeitsaufwand relativ hoch veranschlagt werden, und insbesondere ist er nicht delegierbar. Der vorwiegend inhaltlich-wissenschaftlich ausgerichtete Projektmitarbeiter kann für die rein statistische Datenanalyse die entsprechenden Arbeiten (weitgehend) an Spezialisten delegieren, qualitative Auswertungsverfahren setzen aber eine enge Abstimmung zwischen dem inhaltlichen und dem methodischen Vorgehen voraus.

Verstehen

Der im strengsten Sinne «qualitative» Ansatz ist ein rein verstehend-interpretatorisches Vorgehen. Diese Methodik ist in vielen geisteswissenschaftlichen Bereichen unverzichtbar, etwa bei der Interpretation von Kunstwerken oder Gedichten, dort wurden auch Arbeitstechniken dazu entwickelt. Für die empirische Evaluationsforschung ist dieses Vorgehen aber von untergeordneter Bedeutung, man würde zögern, ein solches Projekt zum Beispiel nur auf einer verstehenden Beschreibung einiger Tiefeninterviews aufzubauen. Auch zeigen Erfahrungen im Bildungsbereich, daß die öffentliche Akzeptanz rein beschreibender Arbeiten gering ist.

Trotzdem kann bei vielen Projekten nicht auf eine subjektiv-spekulative Interpretation verzichtet werden, vor allem bei formativen Evaluationen. Es wäre unvertretbar, die oft feststellbaren, wenn auch zunächst nicht geplanten und daher auch nicht quantitativ erfaßten Hinweise auf Optimierungsmöglichkeiten nur deshalb nicht zu nutzen, weil man dafür keine Auswertungsstatistiken vorlegen kann. Man sollte aber solche persönlichen Eindrücke, Meinungen und Vorschläge deutlich als solche kennzeichnen und nicht den Eindruck erwecken, sie seien durch objektivierbare Fakten abgesichert. Manchesmal ist es zur Vermeidung solcher Mißverständnisse sogar besser, Hinweise auf dieser Grundlage nur in einem persönlichen Gespräch mit dem Auftraggeber weiterzugeben und nicht in den offiziellen Bericht aufzunehmen.

Übersicht Kapitel 5:
Planung von Evaluationsprojekten

5.1
Projektmanagement

Wichtige *Informationen im Vorfeld* oder zu Beginn des Projektes:
Informationen über Rahmenbedingungen
Erstellung eines Arbeitsplans
Zeit- und Kostenplan

Informationen zu Projektdetails u. Rahmenbedingungen
- Geschäftsberichte, Veröffentlichungen in Zeitschriften
- Persönliche Kontakte mit dem Auftraggeber etc.

Wichtige Punkte des Arbeitsplans
- Arbeitsschritte in zeitlicher Reihenfolge planen, Aufwand der Schritte einplanen
- Exakte Terminangaben, «Deadlines»
- Finanzielle Aufwendungen
- Entscheidungspunkte mit Auftraggeber klären
- Auflistung aller zu erbringenden Leistungen oder in Auftrag gegebenen Arbeiten

Zeit- und Kostenschätzung
Struktur- und Zeitanalyse
Ziel:
- Zerlegung des Gesamtprojektes in Einzelschritte und Ermittlung der Dauer dieser Schritte
Hilfstechniken
- Balken- und Netzplantechnik
- Entscheidungsbaumverfahren

5.2
Designfragen

Fehlerquellen: Reifung, Nicht-Äquivalenz von Vergleichsgruppen, Mortalität im statistischen Sinne

Untersuchungspläne
Quasi-Experimentelle Designs
- günstig in Evaluationsstudien

Echte Experimentelle Designs
- in Evaluationsstudien kaum anwendbar

«Sonderfall» Qualitätsmanagement
- günstig, um vertraglich zugesagte Leistungen zu überprüfen
- keine Rückschlüsse auf Kausalursachen möglich!

Datenerhebungsverfahren
- Psychologische Tests
- Fragebögen
- Verhaltensbeobachtung
- Offene oder teilstrukturierte Interviews

5.3
Auswertungsverfahren

Unterscheidung Sequentialstatistik oder feste Stichprobengröße

Effektstärke
sinnvoll für einfachen Gruppenvergleich
- Beispiel: Normierte Skalenwerte
- Problem: Signifikant   Relevant

Allgemeines Lineares Modell
sinnvoll bei komplexer Situation
- Problem: Populations- und Kontextabhängigkeit
- Deskription, nicht Funktionsanalyse

Qualitative Auswertungsverfahren
sinnvoll bei wenig stringenten Anforderungen an das Meßniveau
- Beispiel: Konfigurale Techniken
- Strukturierungshilfen
- Verstehen (Hermeneutik)

6. Durchführung von Evaluationsstudien

Je sorgfältiger die Planungsarbeiten durchgeführt wurden, um so weniger prinzipielle Probleme wird die Durchführung des konkreten Projektes machen. Trotzdem wäre es eine Illusion, außerhalb von sehr kleinen und überschaubaren Projekten von einer reibungslosen Durchführung auszugehen. Zumindest bei längerfristigen Vorhaben sind Schwierigkeiten im Bereich der Organisation zu erwarten, typische Beispiele und Maßnahmen für deren partielle Behebung werden im Abschnitt 6.1 diskutiert. Weniger mit Unsicherheiten behaftet ist die sachgerechte Durchführung der Auswertungsarbeiten, doch muß man auch dort auf eine sorgfältige Fehlerkontrolle und die Einhaltung der Vertraulichkeits- bzw. Datenschutzbestimmungen achten. Bei aller Mühe aber nicht vermeidbar ist das prinzipielle Problem, daß von der unübersehbaren Vielzahl der denkbaren Auswertungen nur ein kleiner Teil erfolgen kann und diese Auswahl stets mit dem Vorwurf von «Manipulation» rechnen muß. Fragen dieser Art werden im zweiten Abschnitt dieses Kapitels besprochen (6.2).

Am Schluß des Evaluationsprojektes steht meist eine schriftliche, oft durch eine mündliche Präsentation ergänzte Berichtlegung an den Auftraggeber, ggf. auch an andere Instanzen (zum Beispiel Öffentlichkeit, Schulleiter). Die damit verbundenen Darstellungs- und Kommunikationsprobleme werden von Akademikern ohne einschlägige Erfahrung oft unterschätzt. Man lebt innerhalb einer universitären Bezugsgruppe in einem für Außenstehende schwer nachvollziehbaren Abstraktionsniveau, einer fachspezifischen Begriffsbildung (die leider nicht nur manchmal unverständlich ist, sondern auch zu Mißverständnissen bei «Laien»

führen kann), und die vor allem im wirtschaftsnahen Bereich sehr elaborierten Darstellungshilfen (Medien bei Vorträgen, optische Auflockerung) werden an der Universität nur selten in vergleichbar intensiver Weise gepflegt. Hinweise zu solchen Fragen gibt Abschnitt 6.3.

6.1 Organisatorische Fragen

Die wichtigsten Organisationsprobleme finden sich im Bereich des Personals – sowohl bei den Projektmitarbeitern, als auch bei Auftraggebern oder anderen für die Durchführung erforderlichen Kontaktpersonen (zum Beispiel Lehrer, Verwaltungsbeamte etc.). Zumindest für die eigenen Mitarbeiter kann man einige Schwierigkeiten vermeiden, wenn man rechtzeitig auch deren Einschulungsbedürfnisse und ihre persönlichen Interessen, zum Beispiel im Hinblick auf ihre weitere berufliche Entwicklung, bei der Projektplanung und der Personalführung beachtet (6.1.1). Darüber hinaus muß man sich im klaren sein, daß größere Vorhaben nicht ohne explizite Kontrolltechniken durchgeführt werden können, wenn man vermeiden will, daß sich am Ende einer zum Beispiel zweijährigen Arbeitsphase nicht mehr behebbare Probleme auftürmen und u.U. das ganze Projekt ergebnislos abgebrochen werden muß. Einige Hinweise, die eine entsprechend sorgfältige Einarbeitung natürlich nicht ersetzen können, finden sich im Abschnitt 6.1.2.

Nahezu alle Organisationsprobleme lassen sich lösen, wenn man rechtzeitig an ihr Auftreten denkt, also eine (in den Evaluations-Begriffen gemäß **Diagramm II/2**) «antizipatorische Input-Evaluation» für das eigene Projekt mit ausreichender Aussagekraft anstellt.

Bei aller Sorgfalt muß trotzdem davon ausgegangen werden, daß sich zum Teil vorhersehbare, zum Teil aber völlig überraschende «Katastrophen» ergeben, die ein bei aller Sorgfalt der Planung doch sehr flexibles Krisenmanagement erfordern. Einige Beispiele finden sich in 6.1.3.

6.1.1 Fragen der Personalführung

Die Verhältnisse gestalten sich natürlich unterschiedlich, je nachdem, ob ein Evaluationsprojekt firmen- oder klinikintern, durch Mitarbeiter eines Ministeriums, im Rahmen der Aufgaben eines Universitätsinstituts oder als Auftrag an ein privatwirtschaftlich organisiertes Institut durchgeführt wird (vgl. **Diagramm II/5**). In großen Firmen und bei öffentlichen Arbeitgebern gibt es meist bewährte, langfristig festgelegte Formen der Personalführung, so daß dort keine besonderen Probleme zu erwarten sind. Anders ist die Situation bei privaten (Klein-)Instituten, die zwar einen erheblichen Arbeitsmarkt bieten (es gibt in der Bundesrepublik Deutschland einige hundert angewandtforschende, sozialwissenschaftliche Institute), aber bezüglich der Personalführung schon wegen des größenbedingten Fehlens entsprechender Spezialisten (kein Institut mit vielleicht 5 bis 10 Mitarbeitern kann sich einen eigenen Personalfachmann leisten) auf diesem Gebiet nicht das professionelle Niveau größerer Institutionen erreichen. Gleichzeitig sind bei kleinen Instituten die Folgen von Fehlern besonders gravierend, da Ausfälle kaum durch andere Mitarbeiter abgedeckt werden können.

Aus der Sicht des Arbeitgebers lassen sich die störendsten Punkte wie folgt beschreiben:

- Es besteht ein außerordentlicher Mangel an fachlich qualifiziertem Personal, das zum Zeitpunkt der Übernahme eines neuen Projektes auch tatsächlich zur Verfügung steht.
- Der Arbeitsmarkt für solche Spezialisten ist relativ klein, ein «Abwerben» von anderen Instituten während dort laufender Projekte ist problematisch, und arbeitslose berufserfahrene Kräfte sind selten (umgekehrt kann es wegen dem kleinen Stellenmarkt aber durchaus sein, daß auch gute Spezialisten einige Zeit brauchen, um eine neue Stelle zu finden).

- Bei befristeten Projekten wird die Situation noch durch regionale Mobilitätseinschränkungen erschwert, da viele Interessenten zögern, für vielleicht nur ein Jahr über größere Entfernungen hinweg den Wohnort zu wechseln.

Eine Lösung wäre die rechtzeitige Einstellung und vorbereitende Einschulung von Anfängern. Es können sich aber nur wenige private Institute eine solche langfristige Personalplanung finanziell leisten, und überdies wird die praktische Leistungsfähigkeit von Bewerbern unmittelbar nach Abschluß der akademischen Ausbildung skeptisch beurteilt, vielleicht nicht immer zu recht.

Spezialisten unter den Mitarbeitern (insbesondere im EDV-Bereich) können bei längerfristigen Projekten eine erhebliche informelle Machtstellung erlangen, und zwar dann, wenn ihre Detailkenntnisse (zum Beispiel über die Datenorganisation) oder ihre persönlichen Beziehungen zu externen Stellen (zum Beispiel bei der Organisation einer Untersuchung mit zahlreichen Kontaktpartnern aus wichtigen Kliniken) entweder aus Zeit- oder Kostengründen nicht mehr von anderen übernommen werden können (vor allem nicht im Konfliktfall).

Noch schwieriger als fachlich-wissenschaftlich gut ausgebildete Mitarbeiter sind Bewerber zu finden, die darüber hinaus auch Projekt-Managementaufgaben (Abstimmung und Kontrolle der Teilarbeiten, Kontakte mit dem Auftraggeber und den anderen kooperierenden Stellen, flexible Anpassung der Projektarbeit an geänderte Situationen) eigenständig übernehmen können. Dies gilt ganz besonders zu den Konditionen befristeter Projektstellen und der oft an die Vergütung im Öffentlichen Dienst angeglichenen Bezahlung. Eine Einschulung auch begabter Nachwuchskräfte für solche Aufgaben ist kurzfristig schwierig, so rechnet man etwa in der Marktforschung häufig mit etwa zwei Berufsjahren, bis vom Mitarbeiter selbständig auch die Kontakte nach außen übernommen werden können. Aus der Sicht der Bewerber mag diese Zeitvorstellung übertrieben vorsichtig erscheinen; man muß aber auch sehen, daß der Vorgesetzte bzw. Institutsinhaber bei einer «Verärgerung» eines wichtigen Auftraggebers ein erhebliches Risiko eingeht, das bei kleineren Instituten auch die eigene wirtschaftliche

Existenz gefährden kann. Es mag aber auch unsachliche Gründe für diese Skepsis geben; so wertet die Betonung der besonderen Schwierigkeit des Projekt-Managements die Leistung der «erfahrenen» Kräfte gegenüber den Anfängern auf, was in Anbetracht der eher zunehmenden fachlich-wissenschaftlichen Kompetenz der Universitätsabsolventen die erheblichen Einkommensunterschiede zwischen diesen beiden Gruppen subjektiv rechtfertigt. Ob sachlich voll berechtigt oder übertrieben, in jedem Fall muß man mit dem Bestehen dieser Leistungseinschätzung durch potentielle Arbeitgeber rechnen und bei der eigenen Stellensuche und Karriereplanung beachten.

Plötzliche Kündigungen der Projektmitarbeiter können die gesamte Zeitplanung und auch den Kostenrahmen (durch die dann erforderlichen Einschulungsmaßnahmen) sprengen; vertragliche Vereinbarungen sind dagegen nur bedingt wirksam, da ein an seiner Arbeitsstelle nicht mehr tätig sein wollender Mitarbeiter zu einer massiven Störquelle des gesamten Projektes werden kann.

Organisationsaufgaben

Aus der Sicht der Projektmitarbeiter ist die Arbeitssituation an kleinen Instituten oft problematisch:

- Der Arbeitsplatz wird als unsicher empfunden, vor allem bei befristeten Arbeitsverträgen; Stellenangebote von außen auch während laufender Projekte erscheinen daher besonders attraktiv;
- Die Beschäftigungsdauer sowie die häufige Beschränkung der Arbeit auf typische Spezialistentätigkeit beschränken die Chance zur persönlichen Weiterqualifikation und reduzieren die Möglichkeiten der Befriedigung von Gestaltungsbedürfnissen;
- Es gibt wenig bzw. keine Aufstiegsmöglichkeiten innerhalb des Projektes und später (generell bei kleineren Instituten). Bei Projekten an Universitäten oder vergleichbaren Einrichtungen kann die Projektstelle ein guter Einstieg in ein längerfristig angelegtes Beschäftigungsverhältnis sein, ebenso bei größeren privaten Firmen. Hat aber das beschäftigende private Institut nur zwei oder drei Akademiker als Mitarbeiter, ist eine Beschäf-

tigung über das Projekt hinaus unwahrscheinlich – es sei denn, man ist so gut, daß es aufgrund der eigenen Projekt-(Akquisitions-) Fähigkeit zu einer erheblichen Umsatzerweiterung kommt.
- Es gibt wenig Unterstützung durch den Arbeitgeber im Hinblick auf Weiterbildungsmöglichkeiten, die nicht unmittelbar für das konkrete Projekt relevante Kompetenzsteigerungen erbringen.

Positive Aspekte

Bei diesen Aufstellungen wurden jeweils nur die Negativaspekte betont. Es gibt auch erhebliche positive Anreize durch die Art der Aufgabenstellung, zum Beispiel

- Hohe Identifikationsmöglichkeit mit der eigenen Arbeit als Folge eines überschaubaren Projektes mit erkennbarer eigener Teilleistung;
- Vor allem für Anfänger oft Tätigkeitsanforderungen, die deutlich über den bei Studienabschluß erreichten Fachkompetenzen liegen und entsprechend fordern;
- Die oft hohe Identifikation aller Beteiligten mit den Projektaufgaben und das Wissen, nur bei gemeinsamer Anstrengung wirklichen Erfolg erreichen zu können, führen unter günstigen Voraussetzungen (soziale Kompetenz der Beteiligten, Führungsstil) zu einem sehr angenehmen Betriebsklima innerhalb des Teams.
- Bei guter persönlicher Kompetenz nicht geringe Chancen, allmählich immer selbständigere Bereiche zugewiesen zu bekommen und schließlich selbst Leistungsaufgaben zu übernehmen; diese Chance wird aber meistens nicht vom Vorgesetzten an den Mitarbeiter herangetragen, sondern muß von diesem (manchmal mühsam) erarbeitet werden.

Für die Personalführung selbst werden spezielle Instrumente wie sie etwa für Großunternehmen entwickelt wurden (siehe dazu etwa Gabele und Oechsler, 1984; Zander, 1982; Stroebe und Stroebe, 1984) kaum relevant werden, da der unmittelbare persönliche Kontakt formalisierte Instrumente (zum Beispiel schriftliche Personalbeurteilungen) ersetzt. Man sollte sich aber wechselseitig bemühen, die berechtigten Bedürfnisse des Partners zu erkennen, auch emotional zu akzeptieren und bei der Durchsetzung der eigenen Ziele so weit wie möglich zu berücksichtigen. Die besonderen Arbeitsbedingungen an kleinen privaten Instituten sollte man bei der persönlichen Stellensuche stark beachten. Viele Absolventen, die in einer stark formell gegliederten großen Organisation sich zu sehr eingeschränkt und zu wenig in ihrer Individualität beachtet fühlen, können bei solchen kleinen Arbeitgebern mehr Entfaltungsmöglichkeiten finden. Wer Sicherheit, starke Arbeitsteilung oder hierarchischen Aufstieg sucht, fühlt sich vermutlich in großen Institutionen wohler.

6.1.2 Kontrolltechniken des Projektverlaufes und des Konfliktmanagements

Größere Evaluationsprojekte mit längerer Laufzeit können auch von «genialen» Projektleitern nicht ohne eine regelmäßige Rückmeldung über die Einhaltung von

- Zeitplanung
- Kostenrahmen
- Vereinbarten Qualitätsstandards

durchgeführt werden.

Relativ einfach ist dies bzgl. des Zeitablaufes, wenn bei der Projektplanung ein detaillierter Zeitplan (vgl. **Diagramm V/6**) erarbeitet wurde. In diesem Fall muß man nur sicherstellen, daß die einzelnen Teilschritte nicht über Gebühr überzogen und dadurch die Pufferzeiten zu früh aufgebraucht werden. Ein wenig schwieriger ist es für den «nur-sozialwissenschaftlich» ausgebildeten Projektleiter, sich auch ein sachgerechtes Bild über die tatsächlich entstandenen Kosten zu erarbeiten. Zwar wird es im Regelfall nicht notwendig sein, umfangreiche formalisierte Kontrolltechniken wie bei Wirtschaftsprojekten üblich (vgl. dazu Ziegenbein, 1984; Bramsemann, 1978; Wöhe, 1986) einzusetzen, aber eine regelmäßige (evtl. wöchentliche) Gegenüberstellung der bis zum jeweiligen Arbeitsschritt geplanten Ausgaben, der durch Verträge eingegangenen Zahlungsverpflichtungen und den bereits tatsächlich verausgabten Beträgen sollte selbstverständlich sein. Selbst innerhalb

des jeweiligen Projektbudgets, also ohne Berücksichtigung der zugeschlüsselten Gemeinkosten, gar nicht so seltene Fehler sind:

- Keine Berücksichtigung der Lohnnebenkosten (vgl. Kapitel V, Einleitung)
- Kalkulation der Projektarbeiten auf der Basis eines 52-Wochen-Jahres; im Durchschnitt ist wegen Urlaubs- und anderen Ausfallzeiten der deutsche Arbeitnehmer nur 43 Wochen im Jahr produktiv tätig; werden etwa Urlaubszeiten bei der Planung nicht beachtet, kann dies zu einem ganz erheblichen Kostenfaktor (Ablösung des Urlaubsanspruches bzw., sofern überhaupt möglich, die Bezahlung von Ersatzkräften) werden;
- Keine Reserven für die Überbrückung von Ausfällen (vorzeitige Kündigungen, Mutterschaftsurlaub, längere Erkrankungen);
- Keine rechtzeitige Einplanung von (inflationsbedingten) Lohn- und Preissteigerungen.

Besondere Probleme können auftreten, wenn mit dem Auftraggeber kein Festpreis, sondern zumindest in Teilen der Ersatz der tatsächlichen Aufwendungen verabredet wurde. Dies kann zum Beispiel dann erforderlich sein, wenn sich die Kosten mancher Arbeitsschritte in der Planungsphase nicht realistisch abschätzen lassen oder wesentlich von dem späteren Verhalten des Auftraggebers selbst abhängen. Beispiele sind etwa die teilweise mühevollen und mit Dienstfahrten verbundenen Einholungen von Zustimmungen von Eltern, Lehrern und Schülern bei Schuluntersuchungen, oder die u.U. langwierigen Kommunikationsprozesse zwischen der technischen Entwicklungsabteilung und den Projektmitarbeitern bzgl. der Erarbeitung einer neuen Produktvariante auf der Basis vorläufiger Projektergebnisse im Falle einer formativen Produktevaluation. In solchen Fällen müssen die Bestimmungen des Auftraggebers (zum Beispiel Höchstbeträge für Übernachtungs- und Verpflegungsspesen, Kilometergeld, anzurechnendes Stundenhonorar) zusätzlich zu der eigenen Kalkulation beachtet werden.

Die laufende Kontrolle der dem Auftraggeber zugesicherten Qualitätsstandards kann in formalisierter Form nur für die eher quantitativen Teile der Projektarbeit (Rücklauf von Fragebögen, Verweigerungsraten von mündlichen Interviews, Ausfälle durch fehlende Zustimmung von zum Beispiel Schulen und Kliniken) durchgeführt werden. Hinweise auf entsprechende Verfahren gibt etwa das Bundesministerium für Forschung und Technologie, 1977. Die Sicherung der eher qualitativen Anforderung wie Erfolg der Interviewerschulung, Informationsausschöpfung, sicherstellende Kodierung offener Antworten oder umfassend aussagekräftige Datenauswertung bleibt während der Projektarbeit meist dem subjektiven Eindruck des Leiters, der auf der Basis seiner persönlichen Erfahrung das laufende mit erfolgreich abgeschlossenen Projekten vergleichen kann, überlassen.

Eine Übersicht über einige Kontrolltechniken findet sich im **Diagramm V/3** (vgl. Abschnitt 5.1.3).

6.1.3 Unerwartete Störfälle

Prinzipiell muß man davon ausgehen, daß nahezu jede denkbare Katastrophe im Verlaufe eines längerfristigen Evaluationsprojektes auch tatsächlich eintreten kann. Typische Beispiele:

Änderung der Zielsetzung des Projektes; Ursachen dafür kann ein anderer Verwertungszusammenhang sein (vgl. dazu etwa die Szenario-Technik, **Diagramm IV/3**), ein Personalwechsel beim Auftraggeber mit entsprechend unterschiedlicher Schwerpunktsetzung (als konkretes Beispiel: Plötzliche Aufgabe des vorher als unverzichtbar bezeichneten Grundsatzes, alle Unternehmensteile als Einheit im Hinblick auf die «cooperate identity» aufzufassen und die PR-Maßnahmen auf dieser Grundlage zu optimieren) oder Entfallen der eigentlichen Untersuchungsgrundlage (etwa bei der formativen Evaluation einer Werbekonzeption, wenn von der Konkurrenz ein in jeder Hinsicht überlegenes Produkt überraschend auf den Markt gebracht wird).

Plötzliches Auftreten nicht bekannter oder zumindest vom Auftraggeber verschwiegener *«Nebenwirkungen»;* als ausschließlich der Praxis entnommene Beispiele: Versäumen einer Staatsprüfung einer studentischen Versuchsperson bei der Erprobung der therapeutischen Wirkung eines Psychopharmakons als Folge eines 48-Stunden-Dauerschlafes; eine andere Institution hat die Kooperation mit einem Institut eingestellt, nachdem alle an einem Experiment zur Optimierung von Beipack-Zetteln beteiligten weiblichen Versuchspersonen am nächsten Tag wegen Übelkeit arbeitsunfähig waren, obwohl die verschiedenen Beipack-Varianten ausschließlich mit einem Placebo kombiniert gegeben wurden und damit tatsächliche Medikamentenfolgen ausgeschlossen waren.

Nicht-vorhersehbare Reaktanz; so mußte etwa die empirische Evaluation eines Studienganges einer Hochschule abgebrochen werden, weil sich die Studenten des Fachbereiches geschlossen weigerten, als Interviewpartner zur Verfügung zu stehen. Die Ursache war, daß der Untersuchungsleiter als Finanzier des Evaluationsprojektes das zuständige Landes-Wissenschaftsministerium (für die Studenten damals ein Feindbild) und nicht, wie es auch faktisch richtig gewesen wäre, die Hochschule selbst als Auftraggeber genannt hatte.

Überlappung des Untersuchungsdesigns mit anderen Zielsetzungen; so fanden sich in einer auf zwei Jahre geplanten Evaluation verschiedener Formen von Arbeitsgestaltung am Ende der Projektphase nur noch zwei Personen in der Bedingungskombination, in der sie aufgrund der Untersuchungsplanung hätten sein sollen, die übrigen waren entweder auf eigenen Wunsch (Schichtwechsel, bevorzugte Zusammenarbeit mit bestimmten Kollegen, vielleicht auch Ablehnung der zufällig zugeteilten Arbeitsform) oder aufgrund von gemäß Erfordernissen der Arbeitsorganisation erfolgten Änderungen nicht mehr in der entsprechenden Design-Zelle.

Das Auftreten inakzeptabler Methodenartefakte; so wurden in einer Studie zu verschiedenen Möglichkeiten der Wohnungsgestaltung auch untersucht, wie hoch die vermutliche Verweildauer in den einzelnen Wohnungsformen für Personen mit verschiedenem Alter, Lebenslaufzyklus und dgl. sein würde; als Folge des verwendeten multipel-linearen Regressionsansatzes ergab sich für alle Personen mit einem Einzugsalter von über 55 eine negative prognostizierte Verweildauer, was infolge des Fehlens rechtzeitiger Qualitätskontrollen erst sehr knapp vor dem endgültigen Abgabetermin des Schlußberichtes erkannt wurde.

Auch absolut Unvorhersehbares passiert. So wurden etwa Teile der Daten einer Schulsystemevaluation durch einen Brand vernichtet (Aurin et al., 1986). In einem anderen Projekt verweigerte ein befristet Beschäftigter (und aus anderen Gründen in eine Konfliktkonstellation gedrängter) Mitarbeiter die Herausgabe der von ihm erhobenen Patienteninterviews innerhalb einer Therapieevaluation mit der Begründung, er sehe den Vertraulichkeitsschutz der Patientenangaben durch ungenügende Anonymisierung gefährdet, was zu erheblichen Zeitverzögerungen bei der Projektdurchführung führte.

Unerklärliches; so mußte etwa bei einer Vergleichsuntersuchung über die kognitive Leistungsfähigkeit der Studenten verschiedener Universitäten ein bestimmter Teilbereich bei der Auswertung unberücksichtigt bleiben, da die Studenten einer großen süddeutschen Universität gerade in diesem Bereich so extrem schlechte Werte zeigten, daß diese Ergebnisse ganz einfach nicht stimmen konnten; die Ursachenforschung (u. a. Fehlverhalten des Versuchsleiters, bewußte Sabotage der Untersuchung durch Studenten etc.) erbrachte keine akzeptable Erklärung;

Keines der hier genannten Beispiele ist erfunden, sofern kein Literaturzitat angegeben ist, kommen sie aus der persönlichen Projektarbeit der Verfasser oder wurden von absolut zuverlässigen Kollegen mündlich berichtet. Man sieht daran vielleicht die Vielfältigkeit der auftretenden Störungen, vielleicht auch einige Strategien zu ihrer Begrenzung. Das Problem ist, daß die Kombination aller denkbaren Verhinderungsmaßnahmen für Störfälle jede Untersuchung wesentlich verteuern und u. U. so aufwendig machen würde, daß sie nicht mehr in Auftrag gegeben werden könnte. Man wird «Katastrophen» nie voll ausschließen können, was es um so wichtiger macht, mit dem Auftraggeber ein möglichst positives Verhältnis herzustellen. Korrektes, entgegenkommendes und auch gegenüber Verhaltensweisen des Auftraggebers «fehlerfreundliches» Verhalten kann viel dazu beitragen, im Notfall dessen Verständnis für unvorhergesehene Störungen zu finden.

6.2 Auswertungsarbeiten

Gegenüber den aus dem Studium vertrauten Seminar- bzw. Diplomarbeiten haben größere Evaluationsprojekte den Nachteil, daß sehr viele Detailarbeiten nicht vom Untersuchten selbst durchgeführt oder auch nur annähernd ausreichend supervisiert werden können. Es sind daher für solche Tätigkeiten Kontrollen erforderlich, die gleichzeitig auch eine weitere Motivationshilfe für sorgfältiges Arbeiten sein können (6.2.1). Für viele, gerade vom Inhalt her besonders interessante Evaluationsprojekte stellt sich auch in besonderem Maße die Frage der Vertraulichkeit, und zwar sowohl im Hinblick auf die Interessen der befragten bzw. beobachteten Probanden als auch des jeweiligen Auftraggebers. Hierbei sind neben einer an sich selbstverständlichen professionellen Ethik auch die Rechtsbestimmungen zu beachten (6.2.2). Prinzipiell nicht lösbar ist das Problem, daß durch die spezifizierte Festlegung der Auswertungspläne immer nur ein Teil der denkbaren Vielfalt an Ergebnissen erarbeitet werden kann, was zumindest bei emotional heftig abgelehnten Ergebnissen leicht zum Vorwurf bewußter Manipulation führen kann (6.2.3.).

6.2.1 Kontrolle der Datenqualität

Fehler können sich in jeder Phase der Projektarbeit mit Daten einschleichen:

- Bei der Erhebung: zum Beispiel Probleme mit Interviewern bei mündlicher Befragung oder hohe systematische Antwortverweigerungen bei schriftlichen (postalischen) Erhebungen
- Bei der Datenaufbereitung: Kodierfehler, falsche EDV-Eingabe
- Bei der Auswertung: Verwechseln von Variablennummern oder Codes, falsche (Sub-) Dateien

Eine völlige Sicherheit gegen alle solche projektbedingten Fehler kann nicht garantiert werden, vieles läßt sich aber durch organisatorische Maßnahmen erreichen.

Datenerhebung durch Interview

Interviewer sollten Arbeitsbedingungen erhalten, die eine ehrliche Datenerhebung nahelegen und Verfälschungen zumindest nicht provozieren. Neben einer als zu niedrig empfundenen Bezahlung können sich vor allem folgende Bedingungen negativ auswirken:

- Bezahlung der Interviewer nach «erfolgreich» durchgeführtem Interview ohne faires Entgelt für erfolglose Besuche (Proband nicht angetroffen, Antwort verweigert)
- Keine Vorgabe von Namen und Adressen von zu befragenden Personen (da dann der Interviewer weiß, daß kein nachträgliches Kontrollieren des Stattfindens des Interviews möglich ist); sofern sich dies nicht vermeiden läßt, ist eine Lösungsmöglichkeit das nachträgliche Notieren dieser Daten (aus Vertraulichkeitsgründen unabhängig vom eigentlichen Interviewbogen), dies stößt aber häufig auf erhebliche Reaktanz bei den Befragten (man kann zum Beispiel kaum jemand auf der Straße ansprechen und ihn über seine Meinung etwa zu einer politisch relevanten Maßnahme fragen, ihm Anonymität zusichern, und anschließend Name und Adresse aufschreiben).
- Quotenvorgaben; wenn der Interviewer jeweils bestimmte Prozentsätze von zum Beispiel Geschlecht, Alter und Berufsgruppe befragen muß, kann leicht die Situation entstehen, daß er gegen Ende seiner Datensammlung verzweifelt einen 20jährigen männlichen Altersrentner benötigt. Findet er einen solchen nicht, muß er entweder auf einen Teil der bereits durchgeführten Interviews verzichten (die er dann auch nicht abrechnen kann) oder einen Lösungsweg wählen, den man nicht mehr als «empirische Datenerhebung» bezeichnen kann.
- Unbefriedigende Arbeitskonditionen, fehlerhafte Adressenvorgabe (ein hoher Anteil von nicht auffindbaren Personen), schlecht aufgebaute Fragebögen (zum Beispiel mit vielen Verweigerungen aufgrund unverständlich formulierter oder in der Reihenfolge ungünstig positionierter Fragen) oder fehlender Spesenersatz für erfolglose Fahrten.
- Massive Interviewer- bzw. Untersuchungsleitereffekte sind zu erwarten, wenn sich dieser Personenkreis mit bestimmten Evaluationsergebnissen identifiziert (ein Beispiel dafür sind etwa die Gerüchte, daß bei manchen Schulvergleichsuntersuchungen die für die Testung bzw. Befragung der Schüler eingesetzten Studenten in den von ihnen subjektiv bevorzugten Schulformen gezielt Hinweise für das optimale Ausfüllen gegeben haben sollen).

Neben der Vermeidung solcher organisatorischer Mängel (wobei man auch die Position «sparsamer» Projektleiter sehen muß: häufig werden Projekte auf der Basis von Ausschreibungen vergeben, was zu knapper Kalkulation zwingt!) sollte man sich um eine gute Interviewerschulung bemühen, die meist von den Projektmitarbeitern selbst zu gestalten ist. Diese sollte die Problematik gefälschter Daten im Hinblick auf die Aussagekraft des gesamten Ergebnisses deutlich machen und versuchen, bei den Interviewern auch intrinsische Motivation und Identifikation mit dem Gesamtprojekt zu erreichen. Auch sollte man die Interviewer auf die Durchführung von Kontrollen hinweisen.

Ein auch bei massiver Schulung nicht völlig ausschließbares Problem sind Interviewereinflüsse (für die dadurch ausgelösten Effekte vgl. etwa König, 1976; Roth, 1984, S. 150ff.). Wenn es die Größe des Projektes zuläßt, kann man durch eine bewußte Streuung der Interviewermerkmale einen Ausgleich der einzelnen Störeffekte anstreben, jedenfalls ist es ungünstig, einen einzelnen Interviewer zu große Fallzahlen zuzuordnen (in der Praxis relativ bewährt haben sich etwa 10, bei größeren Studien ausnahmsweise auch 15 Interviews als Höchstgrenze). Daraus ergeben sich natürlich erhöhte Aufwendungen für Interviewer- Suche und Schulung, die man aber in Kauf nehmen sollte.

Interviewerkontrolle

Besonders aussagekräftig sind nachfassende Kontrollen bei den Probanden. Dies sollte nicht unbedingt als «Kontrollanruf» erkennbar sein, günstiger ist ein Anruf bei einer (angeblich) befragten Person mit der Bitte um Aufklärung eines Details oder einer Beurteilung des Interviewerverhaltens. Ein solches Vorgehen ist natürlich nur bei Interviews mit bekannten Probanden, etwa bei vorgegebenen Adressen aus einer Stichprobe, möglich.

Eine zumindest heuristisch wertvolle Hilfe kann auch die Datenanalyse der abgegebenen Interviews sein. Neben Plausibilitätskontrollen (siehe weiter unten) kann auch die Prüfung der Homogenität (erfaßt durch die Varianz) der von einem Interviewer gelieferten Daten im Vergleich zur Gesamtstichprobe (bzw. nach strukturellen Merkmalen ähnlichen Datensätzen) interessante Hinweise geben. Ist die Datenvarianz deutlich geringer, liegt zumindest der Verdacht nahe, daß der Interviewer relativ häufig seine eigene Vormeinung (unmittelbar oder durch Intervieweinflüsse) in die Ergebnisse hat einfließen lassen oder entgegen den üblichen Anweisungen bevorzugt seinen engeren Bekanntenkreis befragt hat, was ebenfalls leicht zu relativ homogenen Antworten führt. Solche Befunde sind aber selbstverständlich nur Hinweise, die nicht zu einem (möglicherweise ungerechtfertigten) Vorwurf führen sollten, sondern vielleicht zu einer gezielten Nachfrage.

Schriftliche Befragung

Bei der postalischen Befragung sind einige Störeffekte noch massiver als beim persönlichen Interview; so weiß man etwa nie genau, wer den Fragebogen tatsächlich ausfüllt, ob es sich um eine «Gruppenarbeit» der ganzen Familie handelt, und ob nicht einige Fragen mißverständlich formuliert waren. Aus dem letzteren Grund muß man bei der Fragebogenkonstruktion besonders sorgfältig vorgehen.

Das Hauptproblem der postalischen Befragung ist sehr häufig die Rücklaufquote. Es gibt einige Tricks, um schon durch die Gestaltung des Materials diese zu erhöhen (zum Beispiel das Antwortcouvert nicht freistempeln lassen, sondern mit einer Briefmarke versehen), doch wird man trotzdem häufig darauf angewiesen sein, bei den nicht antwortenden Befragten nachzufragen. Dies wird wesentlich dadurch erleichtert, wenn man am Posteingang erkennen kann, welche Personen aus der ursprünglichen Adressenliste geantwortet haben. Diese Identifikationsarbeit kann aber erhebliche Schwierigkeiten machen, wenn die Fragebögen aus Gründen der Anonymität keine Namensangaben tragen.

Einige Lösungsmöglichkeiten:

- Die angeschriebenen Personen werden gebeten, bei absoluter Zusicherung der Anonymität der Auswertung den Absender auf dem Couvert (nicht auf dem Fragebogen) zu vermerken.
- Bei schriftlichen Befragungen in Organisationen wie zum Beispiel Unternehmen werden auf den Fragebögen gerne vor dem Austeilen Code-Nummern vermerkt, die eine Identifikation der jeweiligen Abteilung ermöglichen; selbstverständlich muß dies offiziell geschehen und mit dem Betriebsrat geklärt sein!
- Bei manchen schriftlichen Befragungen findet sich auf dem Rückantwortcouvert eine Adresse, die eine «Projektnummer» enthält; diese Projektnummer ist individuell für jede befragte Person (ein entsprechender Ausdruck, zum Beispiel auf Klebeetiketten oder Endlos-Couverts, ist EDV-mäßig unproblematisch) und ermöglicht somit eine Identifikation der antwortenden Personen. Allerdings ist ein solches Vorgehen rechtlich problematisch. Auch fördert es nicht gerade das Vertrauen der Befragten in die Anonymitätsgarantie, wenn mehrfach mit der Begründung «sie haben noch nicht geantwortet» nachgefragt wird, ohne daß den Betroffenen der Kontrollmechanismus für die eingegangene bzw. fehlende Antwort ersichtlich ist. Wertvolle Hinweise für eine rechtlich saubere, allerdings manchmal auch umständliche Regelung finden sich in Lecher, 1988.

Fehler bei der Datenaufbereitung

Codierarbeiten sind lästig, erfordern aber oft eine erhebliche allgemeine Intelligenz, so daß man neben speziell mit solchen Tätigkeiten beschäftigtem Büropersonal bei unregelmäßigem Anfall von Arbeiten auf gutes Aushilfspersonal zurückgreifen muß. Von Mitarbeitern, die nur kurzfristig, ohne Kenntnis der Projektzusammenhänge und oft auch ohne soziale Bindungen an das Projektteam beschäftigt werden, kann man keine ausgeprägte intrinsische Motivation für die Durchführung der (ohnedies meist sehr langweiligen) Codierarbeiten erwarten. Leider ist oft eine erhebliche Fehlerquote zu beobachten, vor allem bei (niedriger) Bezahlung pro durchgearbeitetem Fragebogen. Aus diesem Grund müssen zur Fehlerkorrektur unbedingt Kontrollen erfolgen. Ideal, aber nur selten finanzierbar sind Doppelarbeiten (das gleiche Ausgangsmaterial wird von zwei Hilfskräften codiert, die Ergebnisse werden verglichen). Eher realisierbar ist eine die Sorgfalt unterstützende Entlohnung, insbesondere die Bezahlung nach Zeit anstatt nach Stück (woraus ein gewisses Eigeninteresse entsteht, die Arbeit nicht allzu schnell zu erledigen) sowie Kontrollen mit einer entsprechenden (auch finanziellen) Verrechnung gefundener Fehler.

Prinzipiell Gleiches gilt für Dateneingabearbeiten an die EDV. Hier ist der Leistungsunterschied zwischen professionellen Mitarbeitern und Aushilfspersonal besonders gravierend (geschulte Kräfte haben etwa die doppelte Geschwindigkeit von ungeschulten), auch die Sorgfalt ist bei Spezialisten höher.

Die früher vor allem im kommerziellen Bereich übliche Gewohnheit, zumindest alle wichtigen Daten über einen «Prüflocher» doppelt einzugeben, ist im Zusammenhang mit der unmittelbaren Bildschirmeingabe zumindest bei sozialwissenschaftlichen Projekten deutlich zurückgegangen. Ein leider nur partieller Ausweg sind die unten besprochenen Plausibilitätskontrollen an der EDV.

Leider werden die durch Codier- und Dateneingabefehler verursachten Verzerrungen der Ergebnisse von akademisch gebildeten Anfängern meist unterschätzt.

Plausibilitätskontrollen gehen heute nach den professionellen Standards jeder Datenanalyse voraus. Das Grundprinzip ist, daß man sich zunächst überlegt, welche Konfigurationen in den Daten einzelner Personen außerordentlich unwahrscheinlich sind. Meist nimmt man dazu objektive Merkmale, wie Alter, Geschlecht, Art und Dauer der Ausbildung u. ä. Für Evaluationsstudien außerhalb des allgemeinen sozialwissenschaftlichen Bereiches wichtig sind auch die Möglichkeiten, unplausible Testergebnisse zu identifizieren (massive Abweichungen zwischen einzelnen Subtests der gleichen Person, höhere Beantwortungsraten für «schwierige» als für leichte Items) oder auf wahrscheinlich verfälschendes Antwortverhalten zu schließen (Anlegen von «Strickmustern» auf den Antwortblättern, in dem zum Beispiel immer in der Reihenfolge der Antwortalternativen A, B, C, D etc. geantwortet wird; Auswahl bestimm-

ter Antwortalternativen wie etwa immer eine Extremkategorie oder die Unentschlossen-Möglichkeit).

Solche Programme mit Plausibilitätsüberlegungen erkennen Interviewer-, Aufbereitungs- oder Eingabefehler um so besser, je umfangreicher das entsprechende Programm gehalten wird. Allerdings steigt gleichzeitig auch die Wahrscheinlichkeit, ohne Vorliegen eines Fehlers auffällige Datenkombinationen auszuwerfen (schließlich kann es ja tatsächlich den 23jährigen Promovierten geben, der «Rentner» als Beruf angegeben hat, da seine Waisenrente die finanzielle Haupteinnahmequelle darstellt). Solche «auffälligen» Personen dürfen daher nicht sofort ausgeschieden werden, sondern die Ursache für die auffallenden Kombinationen ist über den Vergleich der Dateneingabe mit den schriftlichen Unterlagen, die richtige Codierung der Unterlagen und schließlich im Extremfall durch Nachfrage zur Kontrolle des Interviewverhaltens nachzuvollziehen. Da dies sehr aufwendig ist, steht man vor dem Dilemma, daß mit steigernder Sicherheit der Identifikation von Inplausibilitäten der Arbeitsaufwand für die Klärung der einzelnen Befunde ansteigt. Im allgemeinen wird man sich mit um so gröberen Plausibilitätskontrollen zufrieden geben können, je sorgfältiger die Kontrolle der einzelnen Arbeitsschritte vorher erfolgt ist.

Datenauswertung

Die typischen Fehler hier (insbesondere Verwechslungen von Variablennummern, was besonders leicht geschehen kann, wenn verschiedene Projektmitarbeiter Aufträge an die EDV mit unterschiedlichen Variablen-Ordnungen geben) treten seltener auf als bei der Dateneingabe, können dann aber um so gravierender sein. Neben sorgfältiger Arbeit – wozu auch gleich bezeichnete Unterlagen und das «Wegsperren» von Vorlagen mit nicht mehr gültiger Numerierung der Variablen gehört – ist die «semantische» Plausibilitätskontrolle zu empfehlen. Jedem (wirklich jedem!) Widerspruch in den Ergebnissen ist nachzugehen, auch wenn dies viel Zeit kostet und rückblickend unnötig erscheint. So kann es ja wirklich sein, daß es zwischen Teilgruppen extreme Varianzunterschiede gibt, die Einteilung nach der Kinderzahl die Zusammenhänge zwischen der Beurteilung von Sach- und Personalausstattung von Leitenden Angestellten völlig verändert (konkret in einem Projekt passiert) oder gegenüber der Erwartung völlig entgegengesetzte empirische Befunde auftreten. Trotzdem sollte man in allen solchen und ähnlichen Fällen die Auswertung kontrollieren, ggf. von einem damit noch nicht befaßten Mitarbeiter unabhängig von den bisherigen Eingaben neu durchführen lassen.

Ein besonderes Problem sind «selbstgestrickte» Programme für die Auswertung. Zwar hat die weite Verfügbarkeit publizierter, ausgetesteter Programme die projektspezifische Programmierarbeit eingeschränkt, doch ist auch die Publikation keine Garantie für Fehlerfreiheit. Ein negatives Beispiel ist etwa bei Härtner et al. (1980) zu finden, der Programmfehler wurde erst wesentlich später entdeckt (s. Baumert et al, 1987). Allerdings ist bei «eigenen» Programmen die Fehlerchance im Regelfall besonders hoch, weil weniger Zeit für das Austesten (und manche Fehler zeigen sich nur in seltenen Situationen) verbleibt. In einem konkreten Fall (Überprüfung der Nebenwirkungen eines Pharmakons unter Benutzung eines seltenen statistischen Verfahrens) wurde ein Programmfehler nur dadurch entdeckt, daß die «Signifikanzen» so massiv waren, daß diese Unglaubwürdigkeit zu einem Nachrechnen von Hand führte (es war bei Korrekturarbeiten im Programm ein Statement mit einer Divisionsanweisung irrtümlich gelöscht worden). Kleine Ursachen können erhebliche Auswirkungen haben!

6.2.2 Datenschutz

Der gerade für den EDV-Einsatz in Behörden und anderen Verwaltungen potentiell besonders gefährdete Schutz der «Privatsphäre» hat eine massive öffentliche Diskussion verursacht, die auch die Möglichkeiten in Forschungsprojekten wesentlich beeinflußt. Die Wahrung des Persönlichkeitsschutzes ist ein wichtiges Anliegen, gerade auch in sozialwissenschaftlichen Evaluationsprojekten, sollte aber nicht zu einer sachlich nicht nachvollziehbaren Behinderung der Projektarbeit führen, was leider gelegentlich vorkommt. Für einen Juristen zum

Beispiel im Öffentlichen Dienst können aus einer irrtümlichen oder wegen seiner persönlichen Einschätzung «zu großzügigen» Genehmigung von Vorhaben deutliche Nachteile entstehen, die Verhinderung von Projekten bleibt für ihn selbst meist völlig folgenlos. Bei einer solchen Reinforcementstruktur führen schon einfachste subjektive Nutzenüberlegungen (ausführlicher bei Wottawa und Hossiep, 1987, S. 48 ff.) zu einer Bevorzugung restriktiver Auffassungen.

Bei Laien bestehen zum Teil erhebliche Mißverständnisse bezüglich des Begriffes «Datenschutz».

Wesentlicher Gesetzesinhalt des Bundesdatenschutzgesetzes (BDSG) ist der Schutz des einzelnen vor den Gefahren der Verbreitung von Daten, die sich auf Personen beziehen. Dabei bezieht es sich, ohne zwischen verschiedenen Arten von Daten zu unterscheiden, auf alle personenbezogenen Daten und regelt die Datenverarbeitung von Behörden und Privatunternehmen.

Im ersten Abschnitt des Gesetzes werden Begriffsbestimmungen, Zuverlässigkeitsvoraussetzungen für die Datenverarbeitung und Rechte der Betroffenen geregelt (§1–§6 BDSG).

Der zweite Abschnitt befaßt sich mit Datenverarbeitung durch öffentliche Verwaltungen (§7–§21 BDSG). Als Überwachungseinrichtung ist der Bundesbeauftragte für den Datenschutz vorgesehen.

Für die Datenverarbeitung im privaten Bereich, insbesondere im Verhältnis zwischen Arbeitgeber und Arbeitnehmer, gilt der dritte Abschnitt (§22–§30 BDSG), während der vierte Abschnitt Sondervorschriften für solche Unternehmen enthält, die Daten für Dritte verarbeiten (§31–§40 BDSG). Der fünfte und sechste Abschnitt des Gesetzes enthalten die Regelungen von Sanktionen sowie Übergangs- und Schlußvorschriften (§41–§47 BDSG). Einige für die Evaluationsarbeit besonders wichtige Paragraphen finden sich im **Diagramm VI/1**.

Die Problematik «Datenschutz» dürfte an sich für die meisten Evaluationsprojekte keinerlei Schwierigkeiten bereiten, da eine personenbezogene Datenauswertung im Regelfall nicht erforderlich ist.

Diagramm VI/1
Auszug aus dem Bundesdatenschutzgesetz (BDSG) (vgl. *Kittner*, 1987)

§2: Begriffsbestimmung

(1) Im Sinne dieses Gesetzes sind personenbezogene Daten Einzelangaben über persönliche oder sachliche Verhältnisse einer bestimmten oder bestimmbaren natürlichen Person (Betroffener).

(2) Im Sinne dieses Gesetzes ist
1. Speichern (Speicherung) das Erfassen, Aufnehmen oder Aufbewahren von Daten auf einem Datenträger zum Zweck ihrer weiteren Verwendung,
2. Übermitteln (Übermittlung) das Bekanntgeben gespeicherter oder durch Datenverarbeitung unmittelbar gewonnener Daten an Dritte in der Weise, daß die Daten durch die speichernde Stelle weitergegeben oder zur Einsichtnahme, namentlich zum Abruf bereitgehalten werden,
3. Verändern (Veränderung) das inhaltliche Umgestalten gespeicherter Daten,
4. Löschen (Löschung) das Unkenntlichmachen gespeicherter Daten, ungeachtet der dabei abgewendeten Verfahren.

(3) Im Sinne dieses Gesetzes ist
1. speichernde Stelle jede der in §1 Abs. 2 Satz 1 genannten Personen oder Stellen, die Daten für sich selbst speichert oder durch andere speichern läßt,
2. Dritter jede Person oder Stelle außerhalb der speichernden Stelle, ausgenommen die Betroffene oder diejenige Personen und Stellen, die in den Fällen der Nummer 1 im Geltungsbereich dieses Gesetzes im Auftrag tätig werden,
3. eine Datei eine gleichartig aufgebaute Sammlung von Daten, die nach bestimmten Merkmalen erfaßt und geordnet, nach anderen bestimmten Merkmalen umgeordnet und ausgewertet werden kann, ungeachtet der dabei angewendeten Verfahren. Nicht hierzu gehören Akten und Aktensammlungen, es sei denn, daß Sie durch automatisierte Verfahren umgeordnet und ausgewertet werden können.

§3: Zulässigkeit der Datenverarbeitung

Die Verarbeitung personenbezogener Daten, die von diesem Gesetz geschützt werden, ist in jeder in §1 Abs. 1 genannten Phasen zulässig, wenn
1. dieses Gesetz oder eine andere Rechtsvorschrift sie erlaubt oder

2. der Betroffene eingewilligt hat. Die Einwilligung bedarf der Schriftform, soweit nicht wegen besonderer Umstände eine andere Form angemessen ist, wird die Einwilligung zusammen mit anderen Erklärungen schriftlich erteilt, ist der Betroffene hierauf schriftlich besonders hinzuweisen.

§10: Datenübermittlung innerhalb des öffentlichen Bereichs

(1) Die Übermittlung personenbezogener Daten an Behörden und sonstige öffentliche Stellen ist zulässig, wenn sie zur rechtmäßigen Erfüllung der in der Zuständigkeit der übermittelnden Stelle oder des Empfängers liegenden Aufgaben erforderlich ist. Unterliegen die personenbezogenen Daten einem Berufs- oder besonderen Amtsgeheimnis (§45 Satz 2 Nr.1, Satz 3) und sind Sie der übermittelnden Stelle von der zur Verschwiegenheit verpflichteten Person in Ausübung ihrer Berufs- oder Amtspflicht übermittelt worden, ist für die Zulässigkeit der Übermittlung ferner erforderlich, daß der Empfänger die Daten zur Erfüllung des gleichen Zweckes benötigt, zu dem sie die übermittelnde Stelle erhalten hat.

§36: Verarbeitung personenbezogener Daten zum Zweck der Übermittlung in anonymisierter Form

(1) Die in §31 Abs. 1 Satz 1 Nr. 2 genannten Personen, Gesellschaften und andere Personenvereinigungen sind verpflichtet, die gespeicherten personenbezogenen Daten zu anonymisieren. Die Merkmale, mit deren Hilfe bestimmte anonymisierte Daten derart verändert werden können, daß sie sich auf eine bestimmte Person beziehen oder eine solche erkennen lassen, sind gesondert zu speichern. Diese Merkmale dürfen mit den anonymisierten Daten nicht zusammengeführt werden, es sei denn, daß die dadurch ermöglichte Nutzung der Daten noch für die Erfüllung des Zweckes der Speicherung oder zu wissenschaftlichen Zwecken erforderlich ist.

(2) ...

(3) Bei automatischer Datenverarbeitung ist die Durchführung der in Absatz 1 vorgesehenen Maßnahmen durch entsprechende Vorkehrungen sicherzustellen.

Die European Science Foundation hat bestimmte Grundsätze und Richtlinien für die Verwendung personenbezogener Daten zu Forschungszwecken herausgegeben. Einige Hauptpunkte sollen an dieser Stelle extrakthaft wiedergegeben werden (nähere Erläuterungen bei Lecher, 1988, S. 28 ff.):

- Jede Verarbeitung personenbezogener Daten für Forschungsziele setzt eine ausdrücklich gesetzliche Ermächtigung oder die informierte Einwilligung des Betroffenen voraus.

- Eine informierte Einwilligung liegt vor, wenn die Betroffenen ausdrücklich und eindeutig darüber aufgeklärt worden sind:
  a) daß die Datenerhebung freiwillig ist;
  b) daß die Weigerung der Datenerhebung keinerlei Konsequenzen hat
  c) welchen Zweck das Forschungsprojekt verfolgt;
  d) wer Auftraggeber der Erhebung ist bzw. wer erhebt;

- Die für Forschungszwecke zur Verfügung gestellten personenbezogenen Daten sollten nicht für andere Zwecke verarbeitet werden, insbesondere nicht für solche, die später für den Betroffenen Konsequenzen haben.

- Die Leiter von Forschungsprojekten, die mit der Verarbeitung personenbezogener Daten verbunden sind, sollten die Verantwortung dafür tragen, daß die gemachten Angaben den aktuellen Datenschutz-Vorschriften und dem momentan herrschenden Technikstand entsprechen.

Es darf aber nicht übersehen werden, daß es auch datenrechtlich problematische Forschungsstrategien gibt. In der Psychologie gibt es Projekte, bei denen eine volle Aufklärung der Beteiligten erst nach ihrem Abschluß erfolgen kann. In solchen Fällen muß diese Bedingung, in Verbindung mit dem Angebot des jederzeit möglichen Rücktritts, den Betroffenen ausdrücklich erklärt und von ihnen akzeptiert werden.

Probleme können auch entstehen, wenn zum Beispiel aus Gründen einer Längsschnittuntersuchung (mehrfache Befragungen bei der gleichen Person) eine Identifikation der Datensätze gesichert werden muß. Hier liegt die einwandfreieste Methode in der Einholung der Zustimmung der Befragten, doch kann diese in Folge von Befürchtungen der Probanden die Verweigerungsraten deutlich erhöhen.

Schutz der Privatsphäre

Im Gegensatz zu den Datenschutzbestimmungen im engeren, gesetzlichen Sinne kann der Schutz der Intimsphäre sowie das Problem des «Geheimnisverrates» in Evaluationsstudien sehr relevant werden. Wie man an der Darstellung einiger wichtiger Rahmenbedingungen in **Diagramm VI/2** entnehmen kann, ist die Situation für «Berufspsychologen mit abgeschlossener Ausbildung» und andere Sozialwissenschaftler verschieden. Dies kann zu der etwas paradoxen Situation führen, daß ein als Interviewer eingesetzter Sozialwissenschaftler dann unter §203 StGB fällt, wenn der Leiter des Evaluationsprojektes ein Diplom-Psychologe ist, diese zusätzliche Strafbewährung des Schutzes der Intimsphäre aber nicht besteht, wenn der Projektleiter eine andere Vorbildung hat. Dies entspricht in keiner Weise der Intention des Gesetzes, mit diesem Paragraphen sollte an sich die Arbeit der genannten Berufsgruppen erleichtert werden, da es zum Beispiel im Rahmen psychologischer Therapien sicher leichter fällt, eine offene Gesprächsatmosphäre zu erzeugen, wenn der Klient zusätzlich zum persönlichen Vertrauen auch noch auf eine rechtliche Absicherung der Vertraulichkeit der Gesprächsinhalte bauen kann.

Datenschutz auch bei Änderung der Rahmenbedingungen!

Die Vertraulichkeit von Informationen ist auch ohne böse Absicht besonders dann gefährdet, wenn die befragte bzw. beobachtete Person und der Projektmitarbeiter untereinander verbundenen Sozialnetzen angehören (zum Beispiel Befragung von Studenten durch Studenten des gleichen Faches, Befragungen in räumlicher Nachbarschaft). Der Versuchung zur Verbreitung personenbezogener «Anekdoten» sollte man stets mit dem Hinweis auf die Rechtslage gemäß **Diagramm VI/2** schon bei der Schulung der Mitarbeiter entgegentreten.

Diagramm VI/2
Wichtige rechtliche Rahmenbedingungen für Psychologen

Beachtung der Persönlichkeitsrechte der Probanden

Grundgesetz (GG)

Artikel 1: Schutz der Menschenwürde
Artikel 2: Freiheitsrechte
Artikel 5: Recht der freien Meinungs-
             äußerung
Artikel 12: Freiheit der Berufswahl

Psychologische Untersuchungen dürfen in dem Umfang geschehen, wie Sie der Würde des Menschen angemessen sind. Das Eindringen in den persönlichkeitsrechtlichen Bereich ist immer dann unproblematisch, wenn es durch die freie Selbstbestimmung des Probanden ermöglicht wird.

Erhebung im Rahmen eines Dienstvertrages
• Verletzungen der Haupt- und Neben-pflichten des Dienstvertrages führen all-gemein zu zivilrechtlichen Sanktionen (z.B. Schadensersatzansprüche)

Zu beachten sind weiterhin
• Berufsgeheimnis §53 StPO
• Geheimnisverletzung §203 StGB

Rechtliche Situation des Beurteilens und Bewertens in der Berufsausbildung, hierzu: Betriebsverfassungsgesetz (BetrVG)
• Mitbestimmungsrechte des Betriebsrates beim Beurteilen und Bewerten im Betrieb: §94, §95, §98 BetrVG, §85 BetrV
• Mitwirkungsrecht der Jugendvertretung über Beurteilungsbögen: §66–68, §70, §80 BetrVG

Relativ schwer zu lösen ist das Problem veränderter Zugangsberechtigungen zum Aktenmaterial. Typisch ist hier etwa die Situation in Universitäten, wo in Zusammenhang mit der Besetzung von Professorenstellen externe Gutachten eingeholt werden müssen, die nur dann wirklich aussagekräftig sind, wenn der Gutachtenersteller von vertraulicher Behandlung ausgehen kann (bei allen anderen Regelungen würde eine erhebliche Gefahr von Gefälligkeitsgutachten, evtl. auf wechselseitiger Basis, entstehen). Dieses Material wird gemeinsam mit den anderen Personalunterlagen üblicherweise im Dekanat gespeichert, die Bewerber haben dazu keinen Zutritt. Nach Ernennung durch den Minister (es kann ohne weiteres sein, daß nicht der in den Gutachten besonders gut abschneidende Erstplazierte, sondern vielleicht ein gerade noch akzeptabel erscheinender Kandidat schließlich die Position erhält) dauert es oft nicht lange, bis der oder die «Neue» zum Dekan gewählt wird oder eine andere, Zugang zu den Dekanatsunterlagen bedingende Funktion in der akademischen Selbstverwaltung übernimmt. Damit automatisch verbunden ist die Zugangsmöglichkeit auch zu Personalunter-

lagen. Es erfordert ein sehr hohes Maß der Verinnerlichung abstrakter Normen, nicht in den die eigenen Person betreffenden Vorgängen zu schmökern. Strukturell Gleiches gilt für den hierarchischen Aufstieg in Verwaltungen, Schulen, Kliniken und Unternehmen. Für Evaluationsprojekte wichtig kann dieses strukturelle Problem werden, wenn die Bewertung von Maßnahmen eng mit Personen verknüpft ist. Dies trifft zum Beispiel bei Untersuchungen zur Bewertung verschiedener Weiterbildungsseminare zu, wo es bei unzureichender Anonymisierung der Unterlagen durchaus passieren kann, daß nach einem beruflichen Aufstieg einer der bewerteten Seminaranbieter mit Interesse liest, was seine jetzigen Untergebenen damals an Kritikpunkten genannt haben. Überlegungen dieser Art sprechen übrigens dafür, in Zweifelsfällen eher externe Evaluatoren heranzuziehen, als die entsprechenden Informationen firmenintern auszuwerten.

Ein theoretisch bestehendes, nach den verfügbaren allgemeinen Informationen aber nicht allzu gravierendes Problem dürfte der Geheimnisverrat in Kombination mit finanziellen Interessen sein. Man muß an diese Möglichkeit aber bei wirtschaftsorientierten Evaluationsstudien (etwa formative Produktevaluation, alle im Zusammenhang mit Marketing-Maßnahmen durchgeführten Studien) denken. Man kann trotz dem Fehlen entsprechender fundierter Gerüchte nicht ausschließen, daß Dinge dieser Art vorkommen (vermutlich hätten im konkreten Fall alle Beteiligten ein erhebliches Interesse, den Vorgang möglichst nicht allzu publik werden zu lassen). Andererseits kann aber angenommen werden, daß das bei sozialwissenschaftlich gestützter Evaluation erhobene Material selten einen so hohen Wert hat, daß sich das Risiko lohnt. Die effektiven informellen Kommunikationskanäle zwischen den Unternehmen machen eine mittelfristige Aufdeckung eines solchen Verhaltens sehr wahrscheinlich, und selbst bei Vermeidung einer Strafanzeige dürfte es sehr schwierig sein, in diesem Berufsfeld später noch Karriere zu machen.

6.2.3 Auswertungspläne

Es ist bei einem realistisch großen sozialwissenschaftlichen Evaluationsprojekt so gut wie ausgeschlossen, sämtliche denkbaren Auswertungen durchzuführen. Nimmt man als Beispiel eine Arbeit mit 40 berücksichtigten Variablen (was vor allem bei Verwendung von Codierungsschemata für Interviews oder Verhaltensbeobachtungen, noch stärker als bei Fragebögen, eine sehr kleine Zahl ist), ergeben sich bereits 780 mögliche, an der EDV mit geringem Zeitaufwand berechenbare Korrelationen. Da man jetzt aber jede Variable (als mindestens zweistufigen) Moderator nehmen kann, was im übrigen auch für die wichtige Identifikation von Wechselwirkungen sehr sinnvoll sein kann, bekommt man selbst bei nur einer zweistufigen Einteilung potentieller Moderatoren weitere 29 640 Korrelationen. Geht man gar dazu über, mehrere Variablen gleichzeitig als Moderatoren zu verwenden (zum Beispiel die Untersuchung der Fragestellung, ob die Kombination einer bestimmten Alters- und Berufsgruppe einen von der Gesamtstichprobe verschiedenen korrelativen Zusammenhang zwischen einer bestimmten Form der Arbeitsgestaltung und der Arbeitszufriedenheit zeigt), wird mit Leichtigkeit die Millionengrenze für

die Anzahl der statistischen Ergebnisse überschritten. Selbst wenn man den unter methodischen Gesichtspunkten natürlich unsinnigen Trick wählt, an der EDV nur die «sehr signifikanten» Resultate ausdrucken zu lassen, erhält man auch bei rein zufälligem Datenmaterial in diesem Fall ca. 10 000 «statistisch auffällige» Einzelbefunde. Es ist selbstverständlich, daß eine solche Auswertungsstrategie absolut unsinnig wäre.

Rechtzeitige Auswahl der Auswertungsdetails

Die einzige Alternative zu einer allumfassenden Auswertung ist, von Anfang an gezielt einige der nahezu unendlich vielen Auffälligkeiten als potentiell erwartbar auszuwählen. Dies hat zur Folge, daß man:

- Nur jene Variablen in der Auswertung berücksichtigt, die man subjektiv für «wichtig» hält.
- Vorher mit dem Auftraggeber abklären muß, ob es bzgl. der vermuteten Wichtigkeit von Effekten die gleichen Meinungen hat.
- Sehr sorgfältig prüft, ob man mit dieser Strategie nicht anstelle einer objektiven Befunderhebung nur die eigenen Vorurteile bestärken möchte.
- Stets der Gefahr ausgesetzt ist, daß andersdenkende Leser des Evaluationsberichtes die gezielte Manipulationsabsicht bei der Datenauswertung unterstellen, auch wenn dies im Einzelfall nicht gegeben sein sollte.

Die Gefahr der Bestätigung der Vormeinung entsteht dadurch, daß man eben nur jene Effekte ausweist, die man von Anfang an vermutet hat. So kann man zum Beispiel bei einer Schulsystemuntersuchung die Klassengröße, Details des Lehrerverhaltens etc. erheben, ausschließlich mit dem Ziel, diese Variablen als Kovariate zur präziseren Herausarbeitung des «eigentlich wichtigen» Systemunterschiedes heranzuziehen. Man wird in Anbetracht der bei ausreichender Trennschärfe stets widerlegbaren Nullhypothese (vgl. dazu Abschnitt 5.3.1) auf diese Weise auch mit guter Chance einen statistisch bedeutsamen Systemunterschied ermitteln. Ebenso gut könnte man aber auch umgekehrt vorgehen und prüfen, ob nicht die aus der subjektiven Sicht nur als Störeffekte aufzunehmenden Variablen um vieles bedeutsamer sind als die eigentlich für wichtig gehaltenen, was man entweder direkt (dann aber in Konfundierung mit dem Systemeffekt) oder unter Auspartialisierung des Beitrages der Systemunterschiede machen kann. Schon aufgrund dieser geänderten Reihenfolge der Aufnahme von Erklärungsvariablen in lineare Modellansätze (s. Abschnitt 5.3.2) sind entsprechende Ergebnisunterschiede zu erwarten, die dann interpretativ entsprechend der eigenen Vormeinung besonders herausgearbeitet werden können.

Antizipatorische Konsensfindung

Eine theoretisch denkbare Lösung wäre, die Auswahl der ausgewerteten Effekte auf wissenschaftliche Erkenntnisse zu gründen, zum Beispiel dann, wenn bereits aus Vorstudien das Auftreten mancher Zusammenhänge besonders plausibel erscheint. Dieser Weg scheitert bei den meisten Evaluationsstudien aber daran, daß sich aus wissenschaftlich-theoretischen Überlegungen oder auch aus der Fülle der Detailergebnisse von Vorstudien für praktisch jede Zusammenhangsanalyse eine zumindest nachträglich sehr plausibel klingende Begründung geben läßt. Es dürfte daher zweckmäßiger sein, die Auswertungsstrategie vorwiegend nutzenbezogen (natürlich nicht unter völligem Verzicht auf die Kenntnis von wissenschaftlichen Vorergebnissen) aufzubauen und nach Möglichkeit rechtzeitig folgende Schritte einzuleiten:

- Versuch einer Konsensbildung vorwiegend mit Wissenschaftlerkollegen, die eine gegenüber den evaluierten Maßnahmen gegenteilige Voreinstellung haben und/oder anderen wissenschaftlichen «Schulen» angehören.
- Mit den von den Evaluationsergebnissen betroffenen Praktikern denkbare Auswertungsergebnisse durchspielen (im Prinzip analog zur Szenariotechnik bzw. Planspielen, vgl. 4.1.3), und mit diesen diskutieren, welche Einwände sie gegen die aus ihrer Sicht unerwünschten Ergebnisse vorbringen würden. Diese Hinweise auf denkbare alternative Erklärungsansätze können gesammelt und in

das geplante Auswertungsprogramm übernommen werden, so daß man deren relative Bestätigung oder Widerlegung bereits mit in den Abschlußbericht aufnehmen kann.
- Vor allem bei öffentlichkeitswirksamen Evaluationsvorhaben nach Möglichkeit rechtzeitig klären, welche Auswertungslücken vor dem Hintergrund aktueller politischer Auseinandersetzungen in der Öffentlichkeit, also insbesondere bei betroffenen Verbänden und Parteien, auf der Basis des vorläufigen Planes gesehen werden; dies setzt allerdings die Schaffung eines ausreichend dichten Netzes informeller Kontakte voraus und sollte im übrigen niemals ohne Abstimmung mit dem Auftraggeber durchgeführt werden.

Nach Durchführung solcher Vorarbeiten hat man zwar einen vertretbaren Auswertungsrahmen, aber meist auch das Problem, daß die Vielzahl der untersuchten Einzelergebnisse kaum noch rezipierbar ist. Dies macht dann eine nachträgliche Beschränkung bei der Berichtlegung erforderlich, in deren Verlauf vieles an guten Vorarbeiten verlorengehen kann.

6.3 Berichtlegung

Das letztlich für die Praxis relevant werdende Ergebnis einer Evaluationsstudie ist nicht das, was im Laufe des Projektes von den dort Beteiligten erfahren wurde, auch nicht das, was in den entsprechenden schriftlichen und mündlichen Berichten enthalten ist; relevant werden höchstens jene Informationen, die bei den Adressaten der Berichte ankommen.

Wie groß die Unterschiede zwischen «gesendeter» und «empfangener» Information sein können, zeigt etwa die Arbeit von Czerwenka et al. (1988) zur Bewertung der Schule durch Schüler. Grundlage waren Aufsätze, in denen Schüler verschiedener Klassenstufen und Schulformen in der Bundesrepublik Deutschland einem «Wesen von einem anderen Stern» schildern sollten, was «Schule» ist. Diese Aufsätze wurden dann unter anderem dahingehend ausgewertet, ob Hinweise für ein eher positives oder negatives Lehrerbild enthalten waren, ob die Schule eher Freude oder keine Freude macht usf. Die Resultate, die auch in den schriftlichen

Pressemitteilungen erläutert wurden, zeigten u.a. ein Überwiegen von «wenig Freude» an der Schule gegenüber «Freude» (besonders deutlich etwa in der 11. Klassenstufe, wo insgesamt 13% positiv und 27% negativ waren). Ähnliche Ergebnisse erbrachten die Aussagen in diesen Aufsätzen über die Lehrer. Die Aufregung über diese Arbeit war vor allem bei den Lehrerverbänden enorm, was bei bloßer Durchsicht des Abschlußberichtes für den Wissenschaftler eigentlich unverständlich bleibt. Erklärbar wird die Aufregung, wenn man die Rezeption dieser Ergebnisse in der Presse liest. Beispiele für (meist groß und fett gedruckte) Überschriften: «Schüler klagen über Leistungsdruck», «Schlechte Noten für das Bildungssystem: Deutsche Schüler haben größten Frust» oder gar «Die Lehrer stellen häufig Feindbild dar» (die letzteren Beispiele übrigens aus dem angesehenen «Münchener Merkur»). Noch krasser formulierte die «Abendzeitung»: «Bayerns Schüler: Unsere Lehrer sind Versager!». Solche Beispiele zeigen vielleicht, welchen (absichtlichen oder tatsächlich auf die Rezeption zurückführbaren) Mißverständnissen die Berichtlegung von Evaluationsstudien ausgesetzt sein kann.

Im Abschnitt 6.3.1 wird zunächst darauf eingegangen, daß jeder Berichtlegung eine sorgfältige Zielgruppenanalyse vorausgehen sollte. Dann anschließend (6.3.2) werden Probleme der Informationsverdichtung behandelt, die einerseits unvermeidlich, andererseits aber gerade wegen der üblichen «projektinternen Sprache» leicht manipulativ wirken können. Im letzten Abschnitt (6.3.3) wird auf einige Fragen bei mündlicher Präsentation verwiesen.

6.3.1 Zielgruppenanalyse

Während des Studiums ist es üblich, daß man Berichte ausschließlich für ähnlich vorgebildete Personen verfaßt. Typische Konsequenzen sind:

- Ein sehr komplexer, durchschnittliche kognitive Fähigkeiten der Sprachverarbeitung weit überfordernder Satzbau. Für wissenschaftsinterne Kommunikation ist eine solche Struktur oft sinnvoll, für andere Zielgruppen und insbesondere für Konsumenten von Massenmedien aber dysfunktional.

- Die nahezu selbstverständliche Verwendung von Fachausdrücken, wobei weniger das «Fremdwort» für die Berichtlegung an anders vorgebildete Berufsgruppen stört, sondern das hohe Abstraktionsniveau und die jeweils definitionsabhängige Bedeutung der verwendeten Begriffe und Konzepte.

- Der häufige Gebrauch von einschränkenden Nebenbemerkungen und Konjunktiven; Formulierungen wie «… es könnte sein, wenn das nicht wäre, vielleicht stimmt es doch!» entsprechen meist der wissenschaftlichen Redlichkeit, sind aber für den Laien wegen mangelnder Handlungsrelevanz inakzeptabel.

- Eine unzureichende Beachtung wertender Nebenbedeutungen; so ist eine «negative Schüleräußerung über Lehrer» für den Wissenschaftler eine bestimmte Auswertungskategorie, für den Laien ist «negativ» mit einer Note von Fünf oder Sechs gleichzusetzen.

Lösbar ist die Abstimmung der Berichtlegung auf den Adressaten am einfachsten dann, wenn der Evaluationsbericht nur an eine ganz bestimmte Personengruppe gerichtet ist, zum Beispiel an die Weiterbildungsabteilung eines Unternehmens oder an die verantwortlichen Produktmanager bei einem Packungstest. Wenn man in solchen Situationen

- die auch «unsachlichen», emotionalen Komponenten des Auftrages
- den Verwertungs- bzw. Entscheidungszusammenhang
- den «Sprachstil» der Adressatengruppen, insbesondere deren Fachtermini

beachtet, sollte der Bericht ein Erfolg werden. Selbstverständlich ist, daß man bei der äußeren Form die dortigen Standards einhält; diese sind vor allem in der Wirtschaft bzgl. der optischen und (druck-)technischen Gestaltung um vieles anspruchsvoller als im universitären Bereich.

Bei sehr heterogenen Adressatengruppen, wie sie vor allem bei größeren, öffentlich finanzierten Evaluationen üblich sind (etwa bei einer Untersuchung im Schulbereich: Ministerium, Lehrerschaft, allgemeine Öffentlichkeit, vielleicht auch noch Wissenschaftler) ist die zielgruppenorientierte Berichtlegung besonders schwierig. Man wird natürlich verschiedene

Varianten erarbeiten, muß aber darauf achten, daß sich dabei nicht scheinbare Widersprüche ergeben. Generelle Erfolgsregeln gibt es nicht; in jedem Fall sollte man aber bei den einzelnen Formulierungen oder Bezeichnungen sorgfältig auf mögliche Mißverständnisse achten und jedes Konzept von wenigstens einem Angehörigen der relevanten Teilgruppen (ersatzweise von Kollegen, die in diesen Bereichen besondere Erfahrung haben) vor der Publikation hinsichtlich dieses Aspektes prüfen lassen.

Beispiele für Präsentationsformen gibt **Diagramm VI/3**.

Diagramm VI/3
Mögliche Präsentationsformen von Evaluationsergebnissen

- Fachbericht
- kommentierte Zusammenfassung
- Veröffentlichung in einer Fachzeitschrift
- populärwissenschaftliche Veröffentlichung
- Pressekonferenz
- Symposium
- Vorstellung in den Medien
- Workshop mit Mitarbeitern in einer Unternehmung
- Poster, Broschüren
- persönliche Diskussion

6.3.2 Informationsverdichtung

Eines der ungelösten Probleme sozialwissenschaftlicher Projektforschung ist die notwendige Begrenzung des Umfanges des tatsächlich handlungsrelevant werdenden Berichtes. Bei größeren, vielleicht auch wissenschaftlich interessanten Projekten ist eine umfangreiche Dokumentation in Buchform üblich, die leicht deutlich mehr als 500 Seiten umfassen kann (Beispiele dazu finden sich in Aurin et al. 1986; Seiffge-Krenke, 1981). Der Zwang zur wissenschaftlichen Redlichkeit der Darstellung erfordert dabei umfangreiche Tabellen, die (wegen

der Möglichkeit, daß auch Laien das Material lesen) zusätzlich relativ ausführlich interpretiert werden. Man kann nun von keinem an der Entscheidung interessierten Auftraggeber, schon gar nicht von einem unter Zeitdruck arbeitenden Journalisten oder Laien erwarten, dieses umfangreiche Material durchzuarbeiten. Außer der Zeitproblematik fehlen oft die Detailkenntnisse, und praktisch immer das Interesse (eine Ausnahme findet sich bei advokatorischer Rezeption von Evaluationsergebnissen, siehe unten).

Um überhaupt vom Auftraggeber rezipiert zu werden, muß dieses Material in einen kurz lesbaren Bericht zusammengefaßt werden, der – solange man ihn als Wissenschaftler noch irgendwie vertreten möchte – meist zwischen 80 und 100 Druckseiten aufweist. Da dies noch immer zuviel ist, muß diesem Bericht eine Zusammenfassung beigelegt werden, die aber mit ca. 3 bis 6 Seiten für jemand, der nur wissen möchte, welche von zwei denkbaren Maßnahmenvarianten er realisieren soll, noch immer unnötig lang ist. Möglicherweise entscheidungsrelevant ist meist nur eine ca. einseitige «Kurzdarstellung» oder «Beschlußvorlage».

Dieser Informationsverdichtungsprozeß ist unvermeidlich, er findet auch dann statt, wenn sich wissenschaftlich tätige Evaluatoren den entsprechenden Arbeiten entziehen. In diesem Fall werden die entsprechenden Kurzdarstellungen durch Sachbearbeiter des Auftraggebers erfolgen, was der Übereinstimmung der Kurzdarstellung mit den tatsächlichen Projektaussagen nicht immer dienlich ist.

Mit diesem Informationsverdichtungsprozeß verbunden ist natürlich die kaum vermeidbare Gefahr, die Ergebnisse verzerrt wiederzugeben. Unabhängig von der bestehenden Möglichkeit absichtlicher Manipulation wirken zahlreiche gut untersuchte psychologische Prozesse (etwa selektive Aufmerksamkeit, Halo-Effekte, Dissonanzreduktionsmechanismen) auf den Verfasser ein. Eine ausführlichere Darstellung findet sich bei Wottawa (1981). Es soll nochmals betont werden, daß diese Mechanismen auch bei größter Sorgfalt nur bedingt einzuschränken sind und man aus entsprechenden Beobachtungen nicht auf absichtliche Verzerrungen der Autoren schließen sollte.

Nahezu unvermeidbare Angriffspunkte

Die Kombination aus notwendig reduzierter Informationsdarstellung und der hohen Plausibilität von Störfaktoren dabei fordert natürlich, gerade bei emotional kontroversen Ergebnissen, Kritiker mit anderer Meinung heraus. Diese sind im allgemeinen bei ihrer Argumentation bzw. Informationsdarstellung mindestens den gleichen Verzerrungen ausgesetzt wie die eigentlichen Autoren, häufig sogar in stärkerem Maße, da sie subjektiv das Gefühl haben, einer verzerrten Darstellung entgegentreten zu müssen und nur durch Überpointierung ihres Standpunktes bei dem Adressaten eine letztlich ausgewogene Meinung erreichen zu können.

Fast immer zur Abwertung veröffentlichter Evaluationsberichte mögliche Argumentationsfiguren sind:

- Offensichtliche methodische Schwächen (daß es diese bei jedem größeren Vorhaben gibt, wurde zum Beispiel in Abschnitt 5.2.2 begründet).
- Es wurde nicht alles berücksichtigt und ausgewertet, was man unbedingt hätte tun müssen (siehe 6.2.3)
- Die verwendeten Operationalisierungen bzw. Meßmethoden sind fehlerhaft (vgl. dazu Abschnitt 4.2.3).
- Die Autoren widersprechen sich selbst (es ist bei umfangreicheren Berichten sehr unwahrscheinlich, daß sich nicht inhaltlich ähnliche, aber in der Aussagerichtung verschiedene Kleindetailergebnisse und entsprechende Interpretationen finden).
- Die Ergebnisse sind nur singulär und nicht verallgemeinerbar (ein oft zutreffendes und im übrigen rhetorisch sehr gutes Argument, da sich große Evaluationsstudien im Regelfall nicht wiederholen lassen).
- Die Ergebnisse sind offensichtlich unsinnig, da sie entweder gesicherten wissenschaftlichen Ergebnissen widersprechen (bei sorgfältiger Suche lassen sich fast immer einige widersprechende Befunde in der Literatur eruieren) oder von angesehenen Experten negativ bewertet wurden (in Anbetracht der Pluralität wissenschaftlicher Meinungen findet sich mit etwas Mühe auch dafür ein Beleg).

Auch hier ist wieder die Schwierigkeit, daß alle diese Kritikpunkte voll zutreffen können, die Möglichkeit von schlechten, elementaren professionellen Standards nicht genügenden Evaluationsprojekten ist natürlich gegeben. Da sich aber die Argumente nahezu bei jeder, auch noch so sorgfältigen Studie (falls diese ausreichend komplex angelegt wurde) verwenden lassen, bleibt es dem Kritiker der Evaluationsprojektkritiker (mit beliebiger Verallgemeinerung dieses Meta-Kritiker-Begriffes) überlassen, die Angemessenheit der Gegendarstellung zu bewerten. Im praxisbezogenen Evaluationsbereich greifen die dafür in der Wissenschaft etablierten Mechanismen (eine breite, vielfältige und relativ wenig interessensbezogene Diskussion, ein allmähliches «Vergessenwerden» unzutreffender Interpretationen) aufgrund des meist bestehenden Zeitdruckes nicht. Lösungen für dieses Problem können nicht angeboten werden – leider.

6.3.3 Mündliche Präsentation

Für diese, besonders wichtige Form der Ergebnisdarstellung gilt zunächst ebenso wie für den schriftlichen Bericht eine besondere Betonung der «Zuhörerfreundlichkeit». Die technischen Kompetenzdefizite in der mündlichen Repräsentation sind bei vielen Studienabgängern noch gravierender als bei schriftlichen Darstellungen, selbst für die Benutzung üblicher Medien fehlt häufig sowohl theoretisches Wissen als auch praktische Übung. Selbstverständlich sollte die freie, gegebenenfalls mediengestützte (Dias, Overhead-Folien) Rede sein, das Vorlesen vorbereiteter Manuskripte ist für die Zuhörer meist trostlos. Das Schreiben eines Textes, der bei mündlichem Vortrag die Verständlichkeit der freien Rede erreicht, ist eine ausgesprochene Kunst, die nur wenige beherrschen. Zumindest elementare Grundsätze der Rhetorik sollte man beachten, sie finden sich zum Beispiel in Hirsch, 1985, Schuh und Watzke, 1983.

Im übrigen dürfte (abgesehen von langfristigen, geistesgeschichtlich bedingten Meinungswellen) dem Ansehen der Wissenschaft kaum etwa so geschadet haben, wie die kontroverse öffentliche Diskussion zu Evaluationsthemen, zum Beispiel bzgl. gesetzlicher Regelungen, der Energieversorgung oder der Schulorganisation. Die Unterstellung simpler Käuflichkeit wie etwa durch den damaligen Vorsitzender der Gewerkschaft Erziehung und Wissenschaft (Frister, 1972) ist zwar für alle an Evaluationsvorhaben beteiligten Wissenschaftler eine Zumutung, aber in Anbetracht der dargelegten unvermeidbaren Probleme bei Evaluationsprojekten und dem fehlenden Kenntnisstand über diese Schwierigkeit auch bei sich selbst kompetent fühlenden Laien psychologisch verständlich. Im übrigen hat sicher auch der manchmal bedauerliche Stil von «wissenschaftlichen» Diskussionen in der Öffentlichkeit ganz wesentlich dazu beigetragen, das Ansehen (nicht nur, aber besonders) der Sozialwissenschaften zu schädigen. Tatsächlich führen verschiedene Formen der mündlichen Darstellung oder Diskussion von Evaluationsergebnissen zu Rollenzwängen, die eine im Extrem selbst nicht mehr so ganz gerechtfertigt erscheinende Überpointierung von Darstellungen nahelegen. Wenn man zu einer Veranstaltung schon als «Anwalt» für eine bestimmte Position gemeinsam mit einem Kollegen, der die gleiche Rolle für eine andere Auffassung

übernimmt, eingeladen wird und zusätzlich vielleicht noch in dem jeweiligen sozialen Netzwerk der zu einer bestimmten Meinung neigende Gruppe eingebunden ist, ist eine «gefärbte» Betrachtungsweise sehr naheliegend. Da der Kollege den analogen Zwängen unterliegt, kann man sich wechselseitig so weit steigern, daß zum Schluß die Glaubwürdigkeit tatsächlich fraglich wird und der Stil der Äußerungen vielleicht manchmal an der Grenze dessen liegt, was man vor sich selbst gerne vertritt. Interessant ist das Phänomen, das nach dem offiziellen Teil solcher Veranstaltungen durchaus ein emotional herzliches Verhältnis zu dem Kontrahenten bestehen kann und man sich eigentlich darüber einig ist, daß man jetzt ein bißchen übertrieben hat.

Es ist schade, daß sich weder bei öffentlich-politischen noch bei kleineren, etwa für einen bestimmten Konzern oder eine bestimmte Klinik relevanten Evaluationsvorhaben ein berufsethisch begründeter Konsens über akzeptable Verhaltensweisen gerade bei der mündlichen Berichtlegung ergeben hat. Hier bleibt noch einiges zu tun.

Übersicht Kapitel 6:
Durchführung von Evaluationsstudien

6.1
Organisatorische Fragen

Fragen der Personalführung

Großfirma als Arbeitgeber
- meist professionelles Personal-management & strukturierte Hierarchie

Kleinere Unternehmen & private Kleininstitute

aus der Sicht des Arbeitgebers
- Mangel an fachlich qualifizier-tem Personal
- Informelle Machtstellung von Spezialisten
- Unerwartete Kündigungen oder Ausfälle
- Mangel an Personal zur Übernahme von Projekt-Management-Aufgaben

aus der Sicht der Mitarbeiter
- Unsicherheit des Arbeitsplatzes
- Beschränkung auf Spezialisten-tätigkeit
- geringe oder keine Aufstiegs-chancen
- geringe Unterstützung bei der individuellen Weiterbildung

Kontrolltechniken des Projektverlaufes

Zeitplanung
- detaillierte Zeitplanung bei der Projektplanung

Kostenplanung
- Gegenüberstellung der geplanten Kosten mit veraus-gabten Beträgen

Qualitätsstandards
- laufende Kontrolle der dem Auftraggeber zugesicherten Qualitätsstandards

Krisenmanagement
Typische Beispiele
- Änderung der Zielsetzung des Projektes
- Überlappungsprozesse

- Unbekannte oder vom Auftraggeber verschwiegene Nebenwirkungen
- Methodenartefakte

- Nicht vorhersehbare Reaktion
- Personalausfälle
- absolut Unvorhersehbares

6.2
Auswertungsarbeiten

Datenerhebung

Probleme bei der Interviewerhebung
- Schlechte Arbeitskonditionen, fehlerhafte Adressenvorgaben, schlecht aufgebaute Fragebö-gen, Interviewer- bzw. Unter-suchungsleitereffekte, Quoten-vorgaben, Bezahlung nach erfolgreich durchgeführten Interviews

Hauptproblem bei der postalischen Befragung
- Rücklaufquote

Vorbeugende Maßnahmen
- Absender der Probanden auf dem Couvert
- Ausstellen von Code-Nummern auf den Fragebögen
- Rückcouvert mit Projektnummern

Datenaufbereitung
Probleme
- Kodierfehler
- fehlerhafte Dateneingabe

Vorbeugende Maßnahmen
- Doppelarbeiten
- Bezahlung nach Zeit und nicht nach «Stückzahl»
- Verrechnung gefundener Fehler
- Plausibilitätskontrollen

Datenauswertung
Probleme
- Verwechslung von Variablennummern oder Codes
- Selbstentwickelte Programme
Vorbeugende Maßnahmen
- sorgfältige Arbeit
- semantische Plausibilitätskontrolle

Datenschutz
- Beachtung des Bundesdaten-schutzgesetzes und der grund-sätzlichen Gesetzlichen Richt-linien zum Schutz der Privat-sphäre

6.3
Berichtlegung

Zielgruppenanalyse
Abstimmung der Berichtlegung mit den Adressaten unter Beachtung von:
- Sprachstil der Adressatengruppen
- Verwertungs- bzw. Entscheidungszusammenhang
- unsachliche – emotionale Komponenten des Auftraggebers

Informationsverdichtung
Probleme
- Absichtliche Manipulation
- Psychologische Prozesse, z.B. Selektive Aufmerksamkeit, Halo-Effekt, Dissonanzeffekte

Mündliche Präsentation
- Beachtung unterschiedlicher Präsentationsmöglichkeiten von Evaluationsergebnissen
- Unterstützung der Präsentation durch Medien bzw. Moderationstechniken
- Vorteil advokatorischer Darstellung

7. Ausblick: Bewertung sozialwissenschaftlicher Evaluation

Die Kriterien für die Bewertung sozialwissenschaftlich gestützter Evaluation stellen sich unterschiedlich dar, je nachdem, ob es um die Bewertung eines einzelnen Projektes oder, globaler gesehen, um das Vorhandensein solcher Arbeiten überhaupt geht (Abschnitt 7.1 bzw. 7.2). Zum Abschluß wird versucht, einige – notwendig subjektiv gefärbte – Zukunftsperspektiven dieses Bereiches aufzuzeigen (7.3).

7.1 Bewertungskriterien einzelner Evaluationsvorhaben

Wie bei jeder Maßnahme ist auch für die Bewertung von Evaluationsprojekten zwischen den Nutzenaspekten zu unterscheiden, die mit den Ergebnissen selbst verbunden sind und den Aspekten, die schon durch die Durchführung des Projektes, jedoch unabhängig von den Ergebnissen entstehen.

Ergebnisabhängige Aspekte

Der Nutzen durch die Ergebnisse ist im wesentlichen eine Verbesserung der Entscheidungen, um deretwillen das Projekt durchgeführt wurde. Das Ausmaß und die Effizienz davon kann nur im jeweiligen Einzelfall bewertet werden; da in absehbarer Zeit nicht mit einer irrationalen Evaluationseuphorie zu rechnen ist, werden i. A. Evaluationsstudien nur dann durchgeführt, wenn eine sehr gute Chance besteht, daß die Ergebnisse in ihrem Nutzen die Aufwendungen übersteigen.

Schwieriger abzuschätzen ist der Schaden, bzw. die «Kosten», die durch Evaluationsergebnisse verursacht werden können. Ein Teilaspekt davon ist das Problem unrichtiger Ergebnisse, wie sie durch unzureichende Designs, schlechter bzw. verzerrter Messung, falsche Datenauswertung, Interpretation und Rezeption der Ergebnisse entstehen können. Solche Irrtümer, die zu projektgestützten Fehlentscheidungen führen, müssen durch die fachliche Kompetenz der Evaluatoren so gering wie möglich gehalten werden. Sie sind vor allem dann zu befürchten, wenn relative Laien selbst Studien durchführen, zum Beispiel deshalb, weil dem «Auftraggeber» oder Vorgesetzten (zum Beispiel in einer Klinik, einer Firma, einem Ministerium) nicht ausreichend bewußt ist, daß Evaluationen im sozialwissenschaftlichen Bereich gar nicht so einfach durchzuführen sind. Die beste Prävention dürfte, neben sachgerechter Aufklärung von Öffentlichkeit und Entscheidern, das allmähliche Entwickeln einer «Evaluationsprofession» mit fachlichen und berufsethischen Standards sein (vgl. dazu etwa die American Evaluation Association). Der andere «Schadens-Aspekt» von Ergebnissen ist, daß im sozialwissenschaftlichen Bereich viele Befunde (im Gegensatz zu den klassischen Naturwissenschaften) keine langfristige Gültigkeit haben, auch wenn sie nach allen methodischen Standards erhoben wurden. Die Änderungen von Rahmenbedingungen (zum Beispiel Führungsstil im Unternehmen oder die jeweilige Wirtschaftslage, die Erwartung der Öffentlichkeit an das Bildungssystem, die Verfügbarkeit von Therapien im Gesundheitswesen u.a.m.) können zu stark geänderten Verhaltens- und Reaktionsweisen führen. Die Projektergebnisse müssen daher unter solchen Zukunftsperspektiven diskutiert werden, wobei manche Techniken (etwa Szenario, s. Abschnitt 4.1.3) hilfreich sein können. Falsch wäre es, als Evaluator die Dauerhaftigkeit der Befunde unrealistisch hoch einzuschätzen und sich für deren unreflektierte Aufnahme in den (meist zukunftsorientierten) Entscheidungsprozeß stark zu machen.

Ergebnisunabhängige Aspekte

Die durch die Evaluation selbst, ohne Beachtung der Ergebnisse, ausgelösten möglichen Kosten betreffen vor allem folgende Punkte:

- Finanzielle und materielle Aufwendungen; diese sind relativ exakt kalkulierbar (vgl. dazu Abschnitt 5.1.3).
- Zeitverluste vor Treffen der Entscheidungen, gegebenenfalls sogar das Überdecken von Entscheidungsschwäche bzw. Verantwortungsscheu.
- Evtl. Verunsicherung der Entscheidungsträger, da die von ihnen zunächst eingeführten bzw. unterstützten Maßnahmen objektiv bewertet und damit Fehlentscheidungen aufgedeckt werden; im Extremfall kann dies bei starker Motivierung zum Vermeiden (relativer) Mißerfolge zur Innovationsscheu führen.
- Verzerrung der realen Verhältnisse durch das Wissen, daß eine Evaluationsstudie durchgeführt wird: zum Beispiel die Anpassung des Leiters einer Weiterbildungsveranstaltung an die von ihm vermuteten, aus der Sicht der Evaluatoren-Auftraggeber «positiven» Kriterien oder die Einhaltung von im Projekt vorgegebenen, dem üblichen Verhalten der Therapeuten widersprechenden Regeln bei Durchführung von Psychotherapien.

Die gleichen Störeffekte können aber auch zu ergebnisunabhängigen Vorteilen führen, etwa

- Zeitgewinn für sorgfältigeres Überlegen und weitere Informationssammlung, Entlastung der Entscheider vor übertriebener Hektik.
- Erhöhung der Innovationsfreude, da die neuen Verfahren sorgfältig überprüft werden, so daß die Gefahr einer langfristig wirksamen Fehlentscheidung verringert wird.

- Verbesserung der realen Verhältnisse durch das Wissen um die Projektdurchführung (etwa besondere Anstrengung der Betroffenen zum Erzielen guter Ergebnisse).

Ob die Vor- oder Nachteile stärker zum Tragen kommen, hängt davon ab, in welches Umfeld die Evaluationsarbeit eingebettet wird, und wie sie die Beteiligten/Betroffenen subjektiv akzeptieren. Sinnvolle Evaluationsstudien sind daher vor allem dann möglich, wenn die jeweilige Organisation einen Entwicklungsstand hat, der durch Rationalität der Maßnahmengestaltung, Vertrauen der Beteiligten untereinander und Kritikfähigkeit (aktiv und passiv) geprägt ist.

7.2 Evaluation als gesellschaftliches Gestaltungsprinzip

Das Prinzip wissenschaftlich gestützter Evaluation ist in keiner Weise wertfrei. Es kann einerseits nur unter bestimmten gesellschaftlichen Verhältnissen zum tragen kommen, beeinflußt aber auch seinerseits die Akzeptanz politischer Grundkonzeptionen. Der Grund dafür liegt in den Erfordernissen sachgerechter Evaluationsprojekte:

- Explikation der Ziele
- Akzeptanz von Fakten bezüglich der Zielerreichung
- Einbettung der Ergebnisse in ein auf Optimierung der Zielerreichung hin angelegtes Entscheidungssystem

Diese stehen im offensichtlichen Gegensatz zu politischen Systemen, die

- Ziele verschleiern wollen (zum Beispiel Machterhalt bestimmter Familien oder Cliquen)
- ideologische Forderungen (wie die Gesellschaft bzw. der Mensch sein sollen) über reale Verhältnisse stellen
- Entscheidungen der rationalen Kontrollen entziehen wollen (zum Beispiel autoritäre Herrschaftsstrukturen, Durchsetzung realitätsresistenter Dogmen)

So betrachtet, ist der gesellschaftliche Nutzen von Evaluationen, selbst ohne die Verbesserungen durch konkrete Projektergebnisse, offensichtlich. Allerdings liegen auch hier potentielle Nachteile genau in den gleichen Aspekten:

- Der «Zwang» zur Zielexplikation kann für neue politische Richtungen, die erst allmählich einen diffusen Stimmungsumschwung zu artikulieren vermögen, zu einer zu frühen, unausgereiften Festlegung führen bzw. sie – wegen des Fehlens expliziter Ziele – zu unrecht in der öffentlichen Meinung abwerten.
- Die Überbetonung der realen Verhältnisse kann zum Fehlen von (politischen) Visionen führen, die gesellschaftliche Basisinnovationen ermöglichen.
- Rein rationale Entscheidungen können nicht nur eine Demotivation der Verantwortlichen bedingen (wem macht es schon Spaß, nur computerartig sachrational zu entscheiden?), sondern können auch, vor allem bei unzureichend breiter Zielfestlegung, gegen humanitäre Aspekte verstoßen (Berücksichtigung von Sonderfällen, besonderen Problemlagen, individuellen Härten).

Berücksichtigt man beide Perspektiven, sollte man auch als Evaluator akzeptieren, daß die rationale Ziel-Mittel-Relation zwar unverzichtbar, aber nicht das einzige Gestaltungsprinzip der Gesellschaft sein kann. Werden gesellschaftlich relevante Evaluationsergebnisse nicht oder nicht voll in politisches Handeln umgesetzt, kann dies, unbeschadet der sachlichen Leistung im jeweiligen Projekt, auch gute Gründe haben.

7.3 Zukunftsperspektiven

Bei der 1. Auflage 1987 wurde folgende Vermutung über die Zukunft an dieser Stelle formuliert:

»Prognosen sind immer problematisch, sie können hier nur sehr subjektive Vermutungen wiedergeben. Es wird interessant sein, etwa im Jahr 2000 die folgenden Aussagen zu evaluieren:

- Die Nachfrage nach sozialwissenschaftlich gestützter Evaluation wird in der Bundesrepublik Deutschland weiter zunehmen; vermutlich weniger im Bereich «großer» Vorhaben (etwa ganze Bildungssysteme), sondern in der Form vieler kleinerer, auf technische Verbesserung abzielender Projekte.
- Die Bedeutung formativer, für Gestaltungsvorhaben auch heuristisch wertvoller Evaluation wird relativ zu summativen Studien zunehmen; daraus leiten sich besondere Methodenerfordernisse ab, da gestaltende Arbeiten nicht nach den üblichen, an Falsifikation orientierten Ansätzen durchgeführt werden können.
- Es wird schwierig werden, die Nachfrage nach Evaluatoren zu befriedigen; dies gilt nicht in quantitativer Hinsicht (im Gegenteil: Die Arbeitsmarktsituation für Psychologen und Sozialwissenschaftler wird dazu führen, daß sich viele Absolventen auch mit Evaluation beschäftigen wollen), sondern in Bezug auf die Qualität der Interessenten.

In der zweiten Auflage 1998 wurde dann betont, daß sich die Nachfrage nach Evaluation vor allem im Zusammenhang mit der DIN-ISO 9000ff und dem auf dieser Grundlage ausgebauten Qualitätsmanagement gerade in Dienstleistungsorganisationen ergibt. Wichtige Entwicklungen dazu zeichneten sich damals vor allem im öffentlichen Sektor bei der Umstellung auf «Outputsteuerung» ab, auch im Hochschulbereich war das Thema «Lehrevaluation» sehr virulent. In all diesen Fällen ging es eher um eine formative Evaluation, also einen Versuch der systematischen Verbesserung bestehender Strukturen, und nicht mehr um die noch in den achtziger Jahren dominierenden «großen» Debatten, etwa der Versuch eine Entscheidung über die Leistungsfähigkeit verschiedener Schulsysteme auf der Basis von Schulsystemvergleichen mit einem «summativen» Evaluationsansatz.

Heute kann man feststellen, daß die ISO-9000-Welle inzwischen deutlich abgeebbt ist, viele Organisationen haben sich an diesen Grundsätzen orientiert, manche – die solche Konzepte auch wirklich gelebt und nicht nur zum Zwecke der Zertifizierung oberflächlich eingeführt haben – haben davon auch zweifellos profitiert. Das gesellschaftliche Klima hat sich noch weit stärker als Ende der neunziger Jahre in Richtung «Outputsteuerung und Kontrolle der Effizienz» hin verlagert. Selbst große gesellschaftliche Systeme wie der Gesundheitsbereich, für die eine effizienzorientierte Outputkontrolle vor wenigen Jahren noch nahezu undenkbar erschien (zumindest in Deutschland), stehen heute unter massivem Druck, solchen Anforderungen gerecht zu werden. Je weiter sich diese Konzeption, der Ersatz der Kontrolle des «richtigen Tuns» zur Kontrolle des «richtigen Bewirkens», in der Gesellschaft durchsetzt, um so größer ist der Bedarf an Evaluation, die am tatsächlich erreichten Output ansetzt. Soweit es sich hierbei um die Arbeit mit und an Menschen handelt, sind sozialwissenschaftliche Evaluationsansätze in besonderem Maße zur Erfolgskontrolle geeignet, von der Erfassung der Lebensqualität von Patienten bis hin zur Erfassung der Kompetenzveränderung von Schulabgängern bei modernisierten Bildungssystemen.

Was sich seit 1998 nicht verändert hat, ist eine nicht befriedigende Arbeitsmarktsituation für Psychologen und Sozialwissenschaftler. Trotzdem gibt es noch immer ein Defizit an akzeptierten Evaluatoren, wie die deutliche Konzentration der Nachfrage auf eine relativ kleine Gruppe von Personen zeigt. Ein aktuell sehr großes Problem ist natürlich die Finanzlage des Öffentlichen Bereiches und im Gesundheitswesen, da durch sie die Beschäftigung von bzw. die Projektvergabe an Evaluatoren stark ge-

bremst wird. So zwingt zum Beispiel die katastrophale Haushaltssituation der meisten Städte diese dazu, soweit nur irgend möglich für die unverzichtbaren Evaluationsarbeiten auf bereits vorhandenes Personal, ggf. mit entsprechender Einschulung, zurückzugreifen. Hier liegt ein potentiell aussichtsreiches Beschäftigungsfeld vor, wenn sich in mittlerer Zukunft die Finanzlage potentieller Arbeitgeber in diesen Berufsfeldern verbessern sollte.

Im übrigen bleibt unsere schon 1987 geäußerte Hoffnung bestehen, daß die Entwicklung der politischen Rahmenbedingungen eine offene, sich nach rationalen Prinzipien gestaltende und evaluationsgestützt lernfähige Gesellschaft sichert. Innerhalb dieses Rahmens liegt es dann in der Verantwortung der Human- und Sozialwissenschaften (und -wissenschaftlern!) selbst, ihren Beitrag zu einer positiven Entwicklung unserer Lebensbedingungen zu leisten.

Bei Beachtung und Respektierung der Grenzen der Wissenschaft und unter der Verwendung von sozialwissenschaftlichen Grundlagen kann Evaluation auf vielen unterschiedlichen Einsatzgebieten einen wertvollen Beitrag leisten.

Beachtet man bei der Planung und Durchführung von Evaluationsprojekten die speziellen Ziele und Bewertungskriterien der Zielgruppen und Auftraggeber, wird sich die Evaluation als gesellschaftliches Gestaltungsprinzip bewähren.

Bei Beachtung und Respektierung der Grenzen der Wissenschaft und unter Verwendung von sozialwissenschaftlichen Grundlagen kann Evaluation auf vielen unterschiedlichen Einsatzgebieten einen wertvollen Beitrag leisten.
Beachtet man bei der Planung und Durchführung von Evaluationsprojekten die speziellen Ziele und Bewertungskriterien der Zielgruppen und Auftraggeber, wird sich die Evaluation als gesellschaftliches Gestaltungsprinzip bewähren.

8. Literaturverzeichnis

Abramson, T.: *Handbook of vocational education evaluation.* Beverly Hills: Sage, 1979.

Albrecht, U., Pfitzinger, E., Vogel, M.: *Projekt DIN EN ISO 9000. Vorgehensmodell zur Implementierung eines Qualitätsmanagementsystems.* Berlin: Beuth Verlag, 1995.

Alkin, M.C.: Die Aufwands-Effektivitäts-Evaluation von Unterrichtsprogrammen. In: Wulf, C.: *Evaluation. Die Beschreibung und Bewertung von Unterricht, Curricula und Schulversuchen.* München: Piper, 1972.

Amelang, M. & Bartussek, D.: *Differentielle Psychologie und Persönlichkeitsforschung.* Stuttgart: Kohlhammer, 1996.

Amt für Statistik und Stadtforschung der Stadt Bochum (Hrsg.): *Das räumliche Ordnungskonzept Bochums – Erfolgskontrolle der Entwicklungsziele.* Bochum: Heft 16, Dez. 1975.

Aristoteles: *Politik.* Hamburg: Meiner, 1981.

Atiya, A.S.: *Kreuzfahrer und Kaufleute.* Die Begegnung von Christentum und Islam. Stuttgart: Kohlhammer, 1964.

Attkinson, C.C. & Broskowski, A.: Evaluation and the emerging human service concept. In: Attkinson, C.C., Hargreaves, W.A., Horrowitz, M.J., Sorenson, J.E. (Eds.): *Evaluation of human service programs.* New York: Academic Press, 1978.

Aurin, K., Schwarz, B., Thiel, R.-D.: *Vergleichsuntersuchung des Landes Baden-Württemberg. Gegliedertes Schulsystem und Gesamtschule.* Forschungskonzept und Methoden, Bd. 1. Ministerium für Kultus und Sport. Stuttgart: Verlag und Druck GmbH, 1986.

Baehr, J. & Eberle, P.: DUPPS – Ein Metaplanspiel für die Produktionswirtschaft. In: *Personalwirtschaft,* 10/1986.

Bandura, (1986). Social foundations of thought and action: A social cognitive theory. Englewood Cliffs, NJ: Prenticc Hall.

Battegay, R.: *Der Mensch in der Gruppe.* Bern: Huber, 1973.

Bauer, P., Scheibe, V., Wohlzogen, F.X.: *Sequentielle statistische Verfahren.* Stuttgart: Fischer, 1986.

Baumert, J., Naumann, J., Roeder, P.M., Trommer, L.: *Zur institutionellen Stratifizierung im Hochschulsystem der Bundesrepublik Deutschland.* Forschungsbereich Schule & Unterricht. Max-Planck-Institut für Bildungsforschung. Berlin: Nr. 16 SuU, 1987.

Baumert, J.: *Curriculumsentwicklung und Lehrerfortbildung für die Berliner Gesamtschulen.* Berlin: Max-Planck-Institut für Bildungsforschung – Studien und Berichte Nr. 41, 1980.

Berthold, H.-J., Gebert, D., Rehmann, B. Rosenstiel, L.v.: Schulung von Führungskräften – eine empirische Untersuchung über Bedingungen und Effizienz. *Zeitschrift für Organisation* 4/1980, S. 221–229.

Beywl, W., Geiter, C.: *Evaluation – Controlling – Qualitätsmanagement in der Weiterbildung.* Bielefeld: Bertelsmann Verlag, 1997.

Biefang, S.: *Evaluationsforschung in der Psychiatrie.* Fragestellung und Methoden. Stuttgart: Enke, 1980.

Birnbacher, D. & Hoerster, N.: *Texte zur Ethik.* München: Deutscher Taschenbuch-Verlag, 1976, S. 198–229.

Bolles, R.C.: *Learning theory.* New York: Holt, Rinehart & Winston, 1975.

Bommert, H. & Petermann, F.: *Diagnostik und Praxiskontrolle in der Klinischen Psychologie.* Köln: DGVT und GWG, 1982.

Borg, J.: *Anwendungsorientierte multidimensionale Skalierung.* New York: Springer, 1981.

Bortz, J. (1979). *Lehrbuch der Statistik für Sozialwissenschaftler. Korrigierter Nachdruck der ersten Auflage.* Springer.

Bortz, J.: *Lehrbuch der empirischen Forschung.* Für Sozialwissenschaftler. Berlin: Springer, 1984.

Bortz, J.: *Lehrbuch der Statistik.* Für Sozialwissenschaftler. Berlin. Springer, 4. Auflage, 1994.

Bortz, Jürgen & Döring, Nicola (1995). *Forschungsmethoden und Evaluation für Sozialwissenschaftler (2. Aufl.).* Berlin, Heidelberg: Springer. Cronbach, L.J. (1978). Designing evaluations of educational and social programs. San Francisco: Jossey-Bass.

Bramsemann, R.: *Controlling.* Wiesbaden: Gabler, 1978.

Brecht, B.: *Das Leben des Galilei.* Frankfurt: Suhrkamp, 1963.

Briam, K.-H.: *Unternehmenskultur als Erfolgsfaktor: Plädoyer für eine mitarbeiter- und marktorientierte Strategie der Zukunft.* Gütersloh: Verlag Bertelsmann-Stiftung, 1996.

Brockmeier, J.: *Die Naturtheorie Giordano Brunos,* 1980.

Bronner, R. & Schröder, W.: *Weiterbildungserfolg.* München: Hanser, 1983.

Bruner, J.S.: *The process of education.* New York: Random (Vintage), 1963.

Bund-Länder-Kommission für Bildungsplanung (BLK): *Bildungsgesamtplan,* Bd. 1. Stuttgart: 1973.

Bundesministerium für Forschung und Technologie (Hrsg.): *Ein Handbuch zur Planung und Durchführung von Projekten.* Köln: Deutscher Gemeindeverlag GmbH & Verlag W. Kohlhammer GmbH, 1977.

Burgtorf, W. & Weiß, R.: Einfluß von Verkehrslärm auf die Gehörerholung während der Freizeit. Umweltbundesamt, (Hrsg.), *Forschungsbericht* 81 – 10501108. Berlin, 1980.

Clauß, G. & Ebner, H.: *Grundlagen der Statistik für Psychologen, Pädagogen und Soziologen.* Frankfurt/M.: Deutsch, 1972.

Coleman, J.S.: *Introduction to mathematical sociology.* New York: The Free Press of Glencoe, 1964.

Cook, T.D. & Campbell, D.T.: The design and conduct of quasi-experiments and true experiments in field settings. In: Dunnette, M.D. (Ed.): *Handbook of industrial and organizational psychology.* Chicago: Rand McNally College Publishing Company, S. 223–326, 1976.

Cook, T.D. & Reichard, C.S. (Eds.): *Quantitative and qualitative methods in evaluation research.* Beverly Hills: Sage, 1979.

Cronbach, L.J. & Suppes, P.: *Research for tomorrow's schools:* Disciplined inquiry for education. New York: MacMillan, 1969, 20–21.

Czerwenka, K., Nölle, K., Pause, G., Schlotthaus, W. & Schmidt, H.-J.: *Was Schüler von der Schule halten.* München: Bayrischer Lehrer- und Lehrerinnenverband e.V., 1988.

Dembski, M., Lorenz, T.: *Zertifizierung von Qualitätsmanagementsystemen bei Bildungsträgern.* Renningen-Malmsheim: expert-Verlag, 1996.

Diederich, J. & Wulf, Ch.: *Gesamtschulalltag. Die Fallstudie Kierspe.* Lehr-, Lern- und Sozialverhalten an nordrhein-westfälischen Gesamtschulen. Paderborn: Schöningh, 1979.

Dienel, P.C.: *Die Planungszelle.* Opladen: Westdeutscher Verlag GmbH, 1978.

Diepgen, R.: Sequential analysis, the ignored alternative. *German Journal of Psychology* 11, 266–267, 1987.

Dilthey, W.: *Beiträge zum Studium der Individualität.* Berlin, 1896.

DIN, *Deutsches Institut für Normung e.V.: DIN EN ISO 9000ff, ÖNORN EN ISO 9000ff, SN EN ISO 9000ff für kleine und mittelständische Unternehmen (KMU).* Beuth, 1997.

Dörner, D.: Lohhausen (Hrsg.): *Vom Umgang mit Unbestimmtheit und Komplexität.* Bern: Huber, 1983.

Dörner, D.: *Problemlösen als Informationsverarbeitung.* Stuttgart: Kohlhammer, 1979.

Drenth, P.J.D.: *Der psychologische Test.* Eine Einführung in seine Theorie und Anwendung. München: Barth, 1969.

Dünkel, F. & Johnson, E. H. (1980). Introduction of therapy into Tegel Prison: evaluation of an experiment. 4 International Journal of Comparative and Applied Criminal Justice, 233–247.

Echterhoff, W.: *Erfolgskontrolle zur Verhaltensbeeinflussung von Verkehrsteilnehmern: Grundlagen und Empfehlungen.* Köln: Verlag TÜV Rheinland GmbH, 1981.

Eysenck, H.J.: *Dimensions of personality.* London: Routledge and Kegan Paul, 1947.

Fink, A.: *Evaluation for Education and Psychology.* London: Sage, 1995.

Fishburn, P.C.: *Methods of estimating additive utilities.* Management Science, 1967, 13, 7.

Fischer, G.: *Einführung in die Theorie psychologischer Tests.* Grundlagen und Anwendungen. Stuttgart: Huber, 1974.

Fischer, G. W. (1975). Experimental applications of multi-attribute utility models. In C.A.J. Vlck and D. Wendt (Eds.), *Utility, Probability and Human Decision Making,* Dordrecht, Holland / Boston: D. Reidl Publishing.

Franklin, J.L. & Trasher, J.H.: *An introduction to program evaluation.* New York: Wiley, 1976.

Frassine, J.: Evaluation von sozialen Modellen auf Klientenebene. *Österreichische Zeitschrift für Soziologie,* 5/1, 1980, S. 53–58.

Freeman, H.E. & Solomon, M.A.: Das nächste Jahrzehnt in der Evaluierungsforschung. In: Hellstern, G.-M. & Wollmann, H. (Hrsg.): *Handbuch zur Evaluierungsforschung,* Bd. 1. Opladen: Westdeutscher Verlag, 1984, S. 134–151.

Fricke, R. & Treinies, G. (1995). *Einführung in die Metaanalyse.* Bern: Hans Huber Verlag.

Frister, E.: Gewerkschaften und Hochschulen. *Im Brennpunkt,* Sonderausgabe Oktober 1972.

Gabele, E. & Oechsler, W.A.: *Führungsgrundsätze und Führungsmodelle,* Bamberg: Bayerische Verlagsanstalt, 1984.

Gell, H. & Pehl, K.: *Evaluation in der Erwachsenenbildung.* Bad Heilbronn: Klinkhardt, 1970.

Geschka, H.: Kreativitätstechniken in Produktplanung und -entwicklung. In: Löhn (Hrsg.): *Innovationsberater II.* Freiburg: Rudolf Hanfe Verlag, 1988.

Gigerenzer, P. & Sedlmeier, P.: Do studies of statistical power have effect on the power of studies? *Psychological Bulletin,* 1989, 105, No. 2, S. 109–316.

Glass, G.V. & Ellet, F.S.: Evaluation research. *Annual review of Psychology,* 1980, 31, S. 211–228.

Glass, G.V.: Die Entwicklung einer Methodologie der Evaluation. In: Wulf, C. (Hrsg.): *Evaluation.* München: Piper, 1972, S. 167–170.

Gniech, G.: *Störeffekte in psychologischen Experimenten.* Stuttgart: Kohlhammer, 1976.

Grawe, K., & Caspar, F. (1984). Die Plananalyse als Konzept und Instrument für die Psychotherapieforschung. In U. Baumann (Hrsg.), *Psychotherapie: Makro- und Mikroperspektiven* (S. 177–197). Göttingen: Hogrefe.

Grawe, K., Donati, R., Bernauer, F.: *Psychotherapie im Wandel, von der Konfession zur Profession.* Göttingen: Hogrefe, 1994.

Groeben, N. & Scheele, B.: *Heidelberger-Struktur-Legetechnik.* Weinheim: Beltz, 1984.

Guilford, J.P.: *Personality.* New York: McGraw-Hill, 1959.

Gulden, G.: *Evaluation von Traineeprogrammen als Alternative zur klassischen Form des Berufseinstiegs.* Betrachtung aus Firmen- und Studentensicht. München und Mering: Hampp, 1996.

Gülpen, B.: *Evaluation betrieblicher Verhaltenstrainings unter besonderer Berücksichtigung des Nutzens.* München und Mering: Hampp, 1996.

Gumpp, G.: *ISO 9000 entschlüsselt.* Landsberg/Lech: Verlag Moderne Industrie, 1996

Guttman, L.: Introduction to face design & analysis. In: *Proceedings of the Fifteenth International Congress of Psychology,* Brussels. Amsterdam, North-Holland, 1957.

Haenisch, H., Lukesch, H., Klaghofer, R., Krüger-Haenisch, E:-M.: *Gesamtschule und dreigliedriges Schulsystem in Nordrhein-Westfalen – Schulleistungsvergleich in Deutsch, Mathematik, Englisch und Physik.* Paderborn: Schöningh, 1979.

Hajek, P. & Havranek, T.: *Mechanizing hypothesis formation.* Mathematical foundations for a general theory. Berlin: Springer, 1978.

Halbach, A.: *Theorie und Praxis der Evaluierung von Projekten in Entwicklungsländern.* München: Weltforum, 1972.

Halbach, G., Mertens, A., Schwedes, R., Wlotzke, O.: *Übersicht über das Recht der Arbeit.* Bonn: Bundesministerium für Arbeit und Soziales, 1987.

Härtner, R. Mattes, K., Wottawa, H.: Computerunterstützte Hypothesenagglutination zur Erfassung komplexer Zusammenhänge. *EDV in Medizin und Biologie*, 11 (2), S. 23–29, 1980.

Häußler, P., Frey, K, Hoffmann, L., Rost, J., Spada, H.: Physikalische Bildung: Eine curriculare Delphi-Studie: Teil I und Teil II. Kiel: *IPN-Arbeitsberichte*, 1980.

Harder J, Maschke C, Ising H (1999): Längsschnittstudie zum Verlauf von Streßreaktionen unter Einfluß von nächtlichem Fluglärm. WaBoLu-Hefte. Umweltbundesamt, Berlin

Heckhausen, H.: *Motivation und Handeln*. Lehrbuch der Motivationspsychologie. München: Springer, 1989.

Heider, F.: *The Psychology of interpersonal relations*. New York: Wiley. 1958.

Hellstern, G.M. & Wollmann, H.: (Hrsg.): *Handbuch zur Evaluierungsforschung*, Bd. 1. Opladen: Westdeutscher Verlag, 1984.

Henning, H.-J.: *Skalenanalyse und Rasch-Modell*. Bonn: Phil. Diss., 1974.

Henning, H.J. & Kemnitz, W.: Evaluation of sequential and categorical data. *Bremer Beiträge zur Psychologie*, 1986.

Hering, E.: *Zertifizierung nach DIN EN ISO 9000: Prozeßoptimierung und Steigerung der Wertschöpfung*. Düsseldorf: VDI-Verlag, 1996.

Herman, J.L., Morris, L.L., Taylor Fitz-Gibbon, C.: *Evaluator's handbook*. Beverly Hills: Sage, 1988.

Herzberg, F.H., Mausner, B. & Snyderman, B.B.: *The motivation to work*. New York: Wiley, 1959.

Hilgard, E.R. & Bower, G.H.: *Theories of learning*. Engelwood Cliffs: Prenctice Hall, 1981.

Hirsch, G.: *Die Kunst der freien Rede*. Niederhausen/Ts.: Falken-Verlag GmbH, 1985.

Hoerster, N.: *Utilitaristische Ethik und Verallgemeinerung*. Freiburg: Alber, 1971.

Hoffe, O.: *Einführung in die utilitaristische Ethik*. München: Beck, 1975.

Hollmann, H.: Validität in der Eignungsdiagnostik: neue Ansätze einer sachgerechten Bewertung und effizienten Verbesserung. Göttingen: Hogrefe, 1991.

Holly, W.: *Imagearbeit in Gesprächen*. Tübingen: Max Niemeyer Verlag, 1979.

Hornke, L. (1986). Rule-based item bank construction and evaluation within the linear logistic framework. Applied Psychological Measurement, 10 (4), 369–380.

Huber, K.: *Einheit und Vielfalt in Denken und Sprache Giordano Brunos*. Winterthur: 1965.

Hunter, J.E., Schmidt, F.L., Jackson, G.B.: *Meta-analysis*. Cumulating research findings across studies. Beverly Hills: Sage CA, 1984.

Jäger, A.O.: *Dimensionen der Intelligenz*. Göttingen: Hogrefe, 1967.

Joint Committee on Standards for Educational Evaluation: *The program evaluation standards: how to assess evaluations of educational programms*. Thousand Oaks: Sage, 1994.

Kasubek, W. & Aschenbrenner, K.M.: Optimierung subjektiver Urteile: Anwendung der Multiattributiven Nutzentheorie bei medizinischen Therapieentscheidungen. *Zeitschrift für experimentelle und angewandte Psychologie* 1978, 25, 594–616.

Kernberg, O.F. et al. (1972). Psychotherapy research: facet theory, scalogram analysis data. *Bull. Menninger Clin.*, 36:87–178.

Kittner, M.: *Arbeits- und Sozialordnung*. Köln: Bund, 1987.

Klauer, K.L.: *Kriteriumsorientierte Tests*. Göttingen: Hogrefe, 1987.

Klebert, K. & Schrader, W.G.: *Kurzmoderation*. Hamburg: Windmühle, 1987.

Kleinmuntz, B.: *Computers in personality assessment*. Morristown: General Lerning Press, 1972.

Kleinmuntz, B.: MMPI decision rules for the identification of college mal adjustment: A digital computer approach. In: *Psychological Monographs*, 1963, 77.

Kopperschmidt, J.: *Allgemeine Rhetorik*. Stuttgart, Kohlhammer, 1976.

König, R.: *Das Interview*. Köln: Kiepenheuer & Witsch, 1976.

Krauth, J. & Lienert, G.A.: *Die Konfigurationsfrequenzanalyse (KFA) und ihre Anwendung in Psychologie und Medizin*. Ein multivariates nichtparametrisches Verfahren zur Aufdeckung von Typen und Syndromen. Freiburg: Adler, 1973.

Krauth, J.: *Testkonstuktion und Testtheorie*. Weinheim: Psychologie Verlags Union, 1995

Kromrey, H.: *Empirische Sozialforschung: Modelle und Methoden der Datenerhebung und Datenauswertung*. Opladen: Leske & Budrich, 1995.

Kuhn, Th.S.: *Die Struktur wissenschaftlicher Revolutionen*. Frankfurt a.M.: Suhrkamp, 1967.

Landtag Mecklenburg-Vorpommern (2001). Unterrichtung durch die Landesregierung – Bericht über die Gestaltung des Strafvollzugs. Drucksache 3/2046. 3. Wahlperiode 27.04.2001.

Lange, E.: Zur Entwicklung und Methodik der Evaluationsforschung in der Bundesrepublik Deutschland. *Zeitschrift für Soziologie* 3/1983, S. 253–270.

Langer, E.: *The Psychology of control*. Beverly Hills: Sage CA, 1983.

Lantermann, E.D: *Interaktionen*. Person, Situation und Handlung. München: Urban und Schwarzenberg, 1980.

Lecher, T.: *Datenschutz und psychologische Forschung*. Göttingen: Hogrefe, 1988.

Levin, H.M., Glass, G.V., Meister, G.R.: Different approaches to improving performance at school: a coast-effectiveness comparison. *Zeitschrift für internationale sozialwissenschaftliche Forschung*, 3(2), 1986, S. 155–176.

Lienert, G.A.: *Testaufbau und Testanalyse*. Weinheim: Beltz, 1969.

Linstone, H.A. & Turoff, M. (Eds.): *The Delphi Method*. London: Addison-Wesley, 1975

Lord, F.M. & Novik, M.R.: *Statistical theories of mental test scores.*, Reading/Mass. Addison-Wesley, 1968.

Lukesch, H. Schuppe, H., Dreher, E., Haenisch, H., Klaghofer, R.: *Gesamtschule und dreigliedriges Schulsystem in Nordrhein-Westfalen*. Paderborn: Schönigh. 1979.

Luckie, M.: Evaluation innerbetrieblicher Traineeprogramme. In: Will, H., Winteler, A., Kapp, A.: *Evaluation in der beruflichen Aus- und Weiterbildung*. Heidelberg: Sauer, 1987.

Mason, S.F.: *Geschichte der Naturwissenschaft in der Entwicklung ihrer Denkweisen*. Stuttgart: Kröner, 1961.

Matt, G.E.: Meta-Analyse deutschsprachiger Psychotherapie der Jahre 1973-1982. Freiburg i.Br.: *Unveröffentlichte Diplomarbeit im Fach Psychologie*, 1983.

Mayer, R.E.: *Denken und Problemlösen*. Eine Einführung in menschliches Denken und Lernen. New York: Springer, 1979.

McClelland, D.C.: Opinions predict opinions: So what else is new? *Journal of Consulting and Clinical Psychology*, (38) 1972.

Meyer, W.U. & Schmalt, H.-D.: Die Attributionstheorie. In: Frey, D. & Irle M.: *Theorien der Sozialspsychologie*, Bd. 1. Bern: Huber, 1984.

Mietzel, G. (1998). Pädagogische Psychologie des Lehrens und Lernens, 5. Aufl. Göttingen: Hogrefe.

Miles, M.B. & Huberman, A.M.: *Qualitative data analysis*. A sourcebook of new methods. Beverly Hills: Sage CA, 1984.

Mischel, W.: Preference for delayed reinforcement: An experimental study of a cultural observation. *Journal of abnormal and Social Psychology*, 1958, 56, S. 57–61.

Mischel, W.: Processes in delay gratification. In: Berkowitz, L. (Ed.): *Advances in experimental social psychology*, Vol.7. New York: Academic Press, 1974.

Mittelstraß, J. (Hrsg.): *Enzyklopädie Philosophie und Wissenschaftstheorie*. Bd. 2. Mannheim: Wissenschaftsverlag, 1983.

Mitter, W. & Weishaupt, H. (Hrsg.): *Ansätze zur Analyse der wissenschaftlichen Begleitung bildungspolitischer Innovationen*. Weinheim, Beltz, 1977.

Moosbrugger, H.: *Multivariate statistische Analyseverfahren*. Stuttgart: Kohlhammer, 1978.

Morris, L.L., Fritz-Gibbon, C.T., Freeman, M.E.: *How to communicate evaluation findings*. Beverly Hills: Sage, 1988.

Murray, H.A.: Explorations in personality. New York: Oxford University Press, 1938.

Offe, C. & Hinrichs, K.: Sozialökonomie des Arbeitsmarktes und die Lage benachteiligter Gruppen von Arbeitnehmern. In: *Projektgruppe Marktpolitik*. Offe, C. (Hrsg.): Opfer der Arbeitslosigkeit. Neuwied und Darmstadt, 1977.

Ortmann, R.: Zum Resozialisierungseffekt der Sozialtherapie anhand einer experimentellen Längsschnittstudie zu Justizvollzugsanstalten des Landes Nordrhein-Westfalen. Empirische Ergebnisse und theoretische Analysen. In: Müller-Dietz, H. & Walter, M. (Hrsg.): *Strafvollzug in den 90er Jahren. Perspektiven und Herausforderungen*. Pfaffenweiler: Zentaurus-Verlagsgesellschaft, 1995.

Osborn, A.F.: *Applied imagination*. Principles and procedures of creative problem solving. New York: Scribners, 1963.

Osnabrügge, G. Stahlberg, D., Frey, D. & Irle, M. (Hrsg.): Theorien der kognizierten Kontrolle. In Frey, D. & Irle, M. (Hrsg.): *Theorien der Sozialpsychologie*. Bern: Huber, 1985.

Osterhold, G.: *Veränderungsmanagement: Visionen und Wege zu einer neuen Unternehmenskultur*. Wiesbaden: Gabler, 1996.

Patry, J.-L. (Hrsg.): *Feldforschung*. Wien: Huber, 1982.

Petermann, F. & Hehl, F.-J.: *Einzelfallanalyse*. München: Baltimore, 1979.

Pfohl, H.-C.: *Planung und Kontrolle*. Stuttgart: Kohlhammer, 1981.

Pollard, W.E.: *Bayesian statistics for evaluation research*. An Introduction. Beverly Hills: Sage CA, 1986.

Präfflin, F. (1979). The contempt of psychiatric experts for sexual convicts: evaluation of 936 files from sexual offence cases in the State of Hamburg, Germany. 2. International Journal of Law and Psychiatry 485–497.

Preiser, S.: *Kreativitätsforschung*. Darmstadt: Wissenschaftliche Buchgesellschaft, 1976, S. 94ff.

Prell, S.: *Handlungsorientierte Schulbegleitforschung*. Frankfurt a.M.: Lang 1984.

Putz-Osterloh, W.: *Problemlöseprozesse und Intelligenzleistung*. Bern: Huber, 1981.

Rausch, K.: *Vergleichende Betrachtung psychologischer Arbeitsanalyseverfahren vor dem Hintergrund ihrer Anwendbarkeit zur Unterstützung komplexer militärischer Mensch-Maschine-Systeme*. BMVg P 11 4, Bonn, 1985.

REFA (Verband für Arbeitsstudien und Betriebsorganisationen e.V.): *Methodenlehre der Planung und Steuerung*, Teil 5. München: Hanser, 1985.

Reibnitz, U.v.: Die Szenario-Technik-Ein Instrument der Zukunftsanalyse und der strategischen Planung. In: Haase, H. & Koeppler, K. (Hrsg.): *Fortschritte der Marktpsychologie*. Bd. 3. Frankfurt: Fachbuchhandlung für Psychologie Verlagsabteilung, 1983.

Richter-Appelt, H. (1991). How to prevent sexual abuse? Conclusions from two empirical studies with teachers and pediatricians. In: Kaiser, G./Kury, H./Albrecht, H.-J. (Eds.), Victims and criminal justice, 3 vols., 479–492 (Eigenverlag MPI, Band 52, Freiburg 1991).

Ritter, J. & Gründer, K.: *Historisches Wörterbuch der Philosophie*. Bd. 6. Darmstadt: Wissenschaftliche Buchgesellschaft, 1982, S. 992ff.

Rochel, H.: *Planung und Analyse des allgemeinen linearen Modells*. New York: Springer, 1983

Roethlisberger, F.J. & Dickson, U.J.: *Management and the worker*. Cambridge: MIT-Press, 1939.

Rohn, W.E.: *Methodik und Didaktik des Planspiels*. Wuppertal: Deutsche Planspielzentrale, 1980

Rohn, W.E.: Der Einsatz von Planspielen bei der Personalauswahl. In: *Personalführung* 3/1986, S. 117–120

Rost, J.: *Lehrbuch Testtheorie und Testkonstruktion*. Bern: Huber, 1996.

Rossi, P.H. & Freeman, H.E.: *Evaluation*. A systematic approach. Beverly Hills: Sage 1993.

Rossi, P.H.: Professionalisierung der Evaluationsforschung? Beobachtungen zu Entwicklungstrends in den USA. In: Hellstern, G.-M. & Wollman, H. (Hrsg.): *Handbuch der Evaluationsforschung*, Bd. 1. Opladen: Westdeutscher Verlag, 1984.

Roth, E.: *Sozialwissenschaftliche Methoden*. München: Oldenbourg, 1984.

Rust, H.: *Interaktionsanalyse*. Die Praxis der indirekten Interaktionsforschung in Psychologie und Psychotherapie. München: Urban & Schwarzenberg, 1983.

Rutman, L.: *Evaluation research methods: A basic guide*. Beverly Hills: Sage CA, 1977.

Sbandi, P: *Gruppenpsychologie*. Einführung in die Wirklichkeit der Gruppendynamik aus sozialpsychologischer Sicht. München: Pfeiffer, 1973.

Scharnberg, T., Wühler, K., Finke, H.-O., Guski, R.: Beeinträchtigung des Nachtschlafes durch Lärm. Umweltforschungsplan des Bundesministers des Inneren. Lärmbekämpfung. *Forschungsbericht* 82/10501207. Berlin: 1982.

Schäfers, B.: *Einführung in die Gruppensoziologie*. Heidelberg: Quelle & Meyer, 1980

Schein, E.H.: *Unternehmenskultur: Ein Handbuch für Führungskräfte*. Frankfurt: Campus-Verlag, 1995

Schmalt, H.-D.: Leistungsthematische Kognitionen 11, Kausalattribuierungen, Erfolgserwartungen und Affekte. *Zeitschrift für Experimentelle und Angewandte Psychologie*, 26,1979.

Schneider, H.-D.: *Kleingruppenforschung.* Stuttgart: Teubner, 1985.

Schnelle, E. (Hrsg.): *Metaplan Gesprächstechnik.* Kommunikationswerkzeug für die Gruppenarbeit. Quickborn: Metaplan GmbH, 1982.

Schuh, H. & Watzke, W. (1983): Erfolgreich Reden und Argumentieren. Grundkurs Rhetorik, Hueber-Holzmann Verlag, Ismaning.

Schulz, T., Muthig, K.-P., Koepller, K.: *Theorie, Experiment und Versuchsplanung in der Psychologie.* Stuttgart: Kohlhammer, 1981.

Scriven, N.: Die Methodologie der Evaluation. In: Wulf, C. (Hrsg.): *Evaluation.* München: Piper, 1972.

Scriven, N.: *The Logic of evaluation.* California: Edg-Press, 1980.

Seiffge-Krenke, I.: *Handbuch Psychologieunterricht.* Bd. 1 & 2. Düsseldorf: Pädagogischer Verlag Schwann, 1981.

Sherman, R.: Will goal attainment scaling solve the problems of program evaluation in the mental health field? In: Coursey, R.D., Specter, G.A., Murrel, S.A., Hunt, B.: *Program Evaluation for mental health. Methods, strategies & participants.* New York: Grunt & Stratton, 1977.

Siegel, S.: *Nonparametic statistics. For the behavioral sciences.* New York: McGraw Hill, 1956.

Siegwart, H. & Menzel, J.: *Kontrolle der Führungsaufgabe.* Bern: Haupt, 1978.

Smith, M.L. & Glass, G.V.: *Meta-analysis of social research.* Beverly Hills: Sage CA, 1981.

Stelzl, I.: Ist der Modelltest des Rasch-Modells geeignet, Homogenitätshyphothesen zu prüfen? Ein Bericht über Simulationsstudien mit inhomogenen Daten. *Zeitschrift für Experimentelle und Angewandte Psychologie* 1979, 26, S. 652–672.

Stifel, R.Th.: *Evaluierung als Chance.* MAO, 1/1997, S. 27.

Stratemann, I. & Wottawa, H.: *Bürger als Kunden: Wie Sie Reformkonzepte für den öffentlichen Dienst mit Leben füllen.* Frankfurt: Campus-Verlag, 1995.

Stroebe, R.W. & Stroebe, G.H.: *Grundlagen der Führung mit Führungsmodellen.* Heidelberg: Sauer 1984.

Stufflebeam, D.L.: Evaluation als Entscheidungshilfe. In: Wulf, C. (Hrsg.): *Evaluation.* München: Piper, 1972.

Sturm, H.: *Emotionale Wirkung des Fernsehens – Jugendliche als Rezipienten.* München: Verlag Dokumentationen Saur KG, 1978.

Sturm, U.: *Erfolge durch kreative Teamarbeit.* Oberhausen: Verlag für Wirtschafts- und Kartografie-Publikationen, 1979.

Suchman, E.A.: *Evaluative research:* Principle and practice in public service and social action Programs. New York: Russell. Sage, Foundation, 1967.

Tarpy, R.M.: *Lernen. Experimentelle Grundlagen.* New York: Springer, 1979.

Thiele, H.: Zur Beeinflussung des Entscheidungsverhaltens im Unterricht. In: Hofer, M. (Hrsg.): *Informationsverarbeitung und Entscheidungsverhalten von Lehrern.* München: Urban & Schwarzenberg 1981, S. 278–311.

Thierau, H.: Effizienz von Evaluationsmaßnahmen in der betrieblichen Weiterbildung. *Diplomarbeit am Psychologischen Institut der Ruhr Universität Bochum,* 1987.

Thombansen, U., Laske, M., Possler, C. Rasmussen, B.: *Vertrauen durch Qualität. Qualitätsmanagement im Weiterbildungsunternehmen.* München: Verlag Neuer Merkur, 1994.

Thorndike, R.L.: *Personnel selection.* Test and measurement techniques. New York: Wiley, 1949.

Trochim, W.N.K.: *Research design for program evaluation.* Beverly Hills: Sage CA, 1984.

Uleman, J.S.: The need for influence: development and validation or a measure and comparison with the need of power. *Genetic Psychology Monographs,* 1972.

Ulmann, G.: *Kreativität.* Weinheim: Beltz, 1968.

Wald, A.: *Sequential analysis.* New York: Wiley, 1947.

Waxweiler, R.: *Psychotherapie im Strafvollzug.* Eine empirische Erfolgsuntersuchung am Beispiel der sozialtherapeutischen Abteilung in einer Justizvollzugsanstalt. Weinheim: Beltz, 1980.

Weiner, B.: *Motivationspsychologie.* Weinheim: Beltz, 1984.

Weiss, C.H.: *Evaluierungsforschung.* Opladen: Westdeutscher Verlag, 1974.

Weizsäcker, C.-F. v.: Über die moralische Verantwortung des Forschers. In: *Das Parlament,* 1983, 7 (2), S. 8.

Werbik, H.: *Handlungstheorien.* Stuttgart: Kohlhammer, 1978.

Will, H., Winterler, A., Krapp, A. (Hrsg): *Evaluation in der beruflichen Aus- und Weiterbildung. Konzepte und Strategien.* Heidelberg: Sauer, 1987.

Will, H., Winteler, A., Krapp, A.: Von der Erfolgskontrolle zur Evaluation. In: Will, H., Winterler, A., Krapp, A.: *Evaluation in der beruflichen Aus- und Weiterbildung. Konzepte und Strategien.* Heidelberg: Sauer, 1987. S. 25–30.

Winterfeld, D.: Entscheidungshilfesysteme. In: Eckensberger, L.H., Eckensberger, U.S. (Hrsg.): *Bericht über den 20. Kongreß der deutschen Gesellschaft für Psychologie in Saarbrücken 1972.* Göttingen: Hogrefe 1974.

Witt, F.J.: No-Name-Produkte und Arbeitspolitik im Spiegel einer empirischen Analyse des Verbraucherverhaltens. *Zeitschrift für Markt-, Meinungs- & Zukunftsforschung,* 1985, 28, S. 6313–6326.

Wittmann, W.: *Evaluationsforschung. Aufgaben, Probleme & Anwendungen.* Berlin: Springer, 1985.

Wittmann, W.: Möglichkeiten der Evaluationsforschung im Rahmen des Verbandes deutscher Rentenversicherungsträger, dargestellt an einem empirischen Projekt zur Diagnostik und Schweregradeinteilung bei chronischen nicht spezifischen Atemwegserkrankungen (CNSRD). *Bericht für den leitenden Arzt der BfA.* Freiburg im Br., 1979 (unveröffentlicht).

Wittrock, M.C. & Wiley, D.E.: *The evaluation of instruction.* New York: Holt, Rinehardt & Winston Inc., 1970.

Worthen, B.R. & Sanders, J.R.: *Educational evaluation:* Theory and practice. Belmont, CA.: Wadsworth, 1973.

Wottawa, H. & Echterhoff, K.: Formalisierung der diagnostischen Urteilsfindung: Ein Vergleich von linearen und auf Psychologenaussagen gestützten konfiguralen Ansätzen. *Zeitschrift für Differentielle und Diagnostische Psychologie,* 1982, 13, S. 301–309.

Wottawa, H. & Hof. A.: Individualmodelle zur Erfassung handlungsrelevanter Strukturen als Hilfsmittel zur Verbesserung von Weiterbildungsmaßnahmen. In: Winterler, A., Krapp, A.: *Evaluation in der beruflichen Aus- und Weiterbildung. Konzepte und Strategien.* Heidelberg: Sauer, 1987.

Wottawa, H. & Hossiep, R.: *Grundlagen psychologischer Diagnostik.* Göttingen: Hogrefe, 1987.

Wottawa, H.: Evaluation. In: Weidenmann, B., Krapp, A., Hofer, M., Haber, G.L., Mandl, H. (Hrsg.): *Pädagogische Psychologie*. München: Urban & Schwarzenberg, 1986, S. 703–733.

Wottawa, H.: Die Kunst der manipulativen Berichtlegung in der Evaluationsforschung. *Zeitschrift für Entwicklungspsychologie und Pädagogische Psychologie*, XIII, 1, 1981, S. 45–60.

Wottawa, H.: *Gesamtschule. Was sie uns wirklich bringt.* Eine methodische Darstellung der Schulvergleiche in Hessen, Nordrhein-Westfalen und Niedersachsen. Düsseldorf: Pädagogischer Verlag Schwann, 1982.

Wottawa, H.: *Grundlagen und Probleme von Dimensionen in der Psychologie*. Meisenheim am Glan: Hain 1979.

Wottawa, H.: Hyphothesis agglutination (HYPAG): A method for configuration-based analysis of mutivariate data. In: *Methodika*, 1, 1987, S. 68–92.

Wottawa, H.: *Psychologische Methodenlehre*. München: Juventa, 1988.

Wottawa, H.: *Strategien und Modelle in der Psychologie.* München: Urban & Schwarzenberg, 1984.

Wottawa, H.: *Projektmanagement. Wozu Planung, es geht doch auch so?* In: Engel, S.(Hrsg.): Die Diplomarbeit. UTB Schäfer-Poeschel, 1997.

Wöhe, G.: *Einführung in die allgemeine Betriebswirtschaftslehre*. München: Vahlen, 1986.

Wulf, C. (Hrsg.): *Evaluation*. Beschreibung und Bewertung von Unterricht, Curricula und Schulversuchen. München: Piper, 1972.

Wußing, H. (Hrsg.): *Geschichte der Naturwissenschaft*. Köln: Aulis-Verlag Deubner, 1983.

Zajonc, R. B. & Markus, G. B. (1975). Birth order and intellectual development. Psychological Review, 82, 74–88.

Zander, E.: *Taschenbuch für Führungstechnik*. Heidelberg: Sauer, 1982.

Ziegenbein, K.: *Controlling*. Ludwigshafen: Kiehl, 1984.

Zink, F.: *Wendezeit für Manager: Wege zu einer neuen Unternehmenskultur*. Ullstein, 1994.

9. Stichwortverzeichnis